Information Behavior 2015 in Japan

日本人の情報行動 2015

Yoshiaki Hashimoto
橋元良明
編

東京大学出版会

Information Behavior 2015 in Japan
Yoshiaki Hashimoto, editor

University of Tokyo Press, 2016
ISBN 978-4-13-050190-3

序

　我々が1995年に第1回「日本人の情報行動調査」を実施して20年が経過する．2000年の第2回調査で調査対象者全体のインターネットの利用率は24.4%であったものが，今回の2015年調査では87.3%に上昇した．これはテレビの利用率とほぼ同率である．特に60代のネット利用率は4.5%から66.0%に急増している．

　この十数年は日本人だけでなく，人類にとってメディア環境の大変革期であったと言って過言でない．特にインターネットが我々の社会や生活に及ぼすインパクトは，テレビの出現と同等，あるいはそれ以上である．例えば，他メディアに対する影響という側面で見ても，テレビは新聞や雑誌と共存共栄関係を保持したが，インターネットの普及によって，新聞，雑誌の発行部数は激減し，テレビ視聴時間についても，特に若年層においては大きく減少した．

　こうした激動期における研究者の責務の1つは，メディア環境の変動を数値として記録しておくことであろう．そうした時代に研究者として身を置けたということは，我々にとって僥倖である．

　本書で示す我々の調査研究は，人々のメディア利用行動やコミュニケーション行動，すなわち我々が「情報行動」と呼んでいる生活行動に焦点を絞り，それに費やした時間量や利用の実態を，日記式調査と質問票調査の両面から明らかにしようとしたものである．我々の調査は，調査内容を情報行動に特化しており，この種の調査としては後発隊であることのメリットを生かして，新しいメディアの利用形態についても可能な範囲内で柔軟に対処している．日々刻々変わるメディア環境下で，人々の行動がどのように変化するかを明らかにすることが我々の調査研究の趣旨である．

　今回，2015年6月に調査を実施し，本書はその報告である．

　第1部では全国の満13歳から69歳までの個人を対象に実施した調査の結果を記述する．第2部では，これまでの調査をベースに，様々な角度から日本人

の情報行動に関して実証的に考察した論考を集めた．

　2005年4月に全面施行された個人情報保護法で，近年，ランダム・サンプリングの基礎となる住民基本台帳の閲覧にきわめて厳しい条件が課されるようになった．また，市民1人1人のプライバシー意識の高まりにより，サンプリングにより調査の対象者になっても，回答を拒否する例が飛躍的に多くなった．また，この種の調査は，文系の研究としては膨大な資金を要するものであるが，昨今の経済状況下で，公的な調査経費の調達もままならぬ情勢になった．そうした中で実施し得たということでも，我々の調査は，貴重なものと言えよう．

　なお，2015年調査については，科学研究費助成事業（研究種目名：基盤研究B，研究課題名「情報環境の構造転換期における情報行動変容の世代間／世代内比較分析」，研究代表者：東京経済大学北村智）による助成を研究経費の一部とした．

2016年8月

橋元良明

目　次

序 ———————————————————— 橋元良明　i

第 1 部　日本人の情報行動の現状と変化

0 「2015 年日本人の情報行動調査」の概要 ———— 橋元良明　3

0.1　研究の経緯　3
0.2　調査の概要　5

1 情報行動の全般的傾向 ———— 北村　智・森　康俊・辻　大介　9

1.1　情報行動の概況　9
　　1.1.1　情報行動の概略　9
　　1.1.2　年齢層別にみた情報行動　11
　　1.1.3　2010 年調査結果との比較　16
1.2　時間帯別にみたおもな情報行動　17
　　1.2.1　テレビ視聴の時刻変化　17
　　1.2.2　インターネット利用の時刻変化　26
　　1.2.3　その他おもなメディアの時刻変化　44
1.3　情報機器の所有・利用　50
1.4　情報領域と情報源　57
　　1.4.1　「ニュース」領域の情報源　58
　　1.4.2　「ニュース」領域でもっともよく利用される情報源　59

  1.4.3　「趣味・関心事」領域の情報源　60
  1.4.4　「趣味・関心事」領域でもっともよく利用される情報源　61
  1.4.5　属性別にみた情報源　62
1.5　メディアの重要性・有用性認識　66
  1.5.1　情報入手手段としてのメディアの重要性認識　66
  1.5.2　娯楽手段としてのメディアの重要性認識　68
  1.5.3　情報源としてのメディアの信頼性認識　70
  1.5.4　目的別のメディア利用状況──経年比較　72
  1.5.5　目的別のメディア利用状況──属性による比較　75
1.6　動画メディアの視聴　79

2　メディア別にみた情報行動
──── 橋元良明・河井大介・小笠原盛浩・是永　論・北村　智　83

2.1　インターネット利用　83
  2.1.1　インターネット利用者の概観　83
  2.1.2　日記式調査からみたインターネット利用の実態　87
  2.1.3　インターネット利用の同時並行行動　100
  2.1.4　インターネット利用内容　103
2.2　テレビとその他の映像メディア　109
  2.2.1　日記式調査からみたテレビ放送と録画の視聴実態と要因分析　109
  2.2.2　テレビのながら視聴, 同時並行行動　115
  2.2.3　視聴番組ジャンルとニュース接触　122
2.3　その他のメディア利用　125
  2.3.1　新　聞　125
  2.3.2　本・雑誌・マンガ　129
  2.3.3　ラジオ　133
  2.3.4　DVDとテレビゲーム　135
  2.3.5　音声通話　137

3　ソーシャルメディアと動画サイトの利用 ── 木村忠正　143

3.1　「ソーシャルメディア」とは　143
3.2　「日本人の情報行動」調査における「ソーシャルメディア」　144
3.3　ソーシャルメディア利用の概況　147
　　3.3.1　性・年齢層別にみる全般的傾向　147
　　3.3.2　ソーシャルメディア利用に寄与する社会経済的属性　149
　　3.3.3　30代以下にみるソーシャルメディア利用と社会心理的変数　152
3.4　個別ソーシャルメディア利用の概況　155
3.5　LINE, facebook, Twitter　158
3.6　動画サイトの利用　164
3.7　動画サイト利用とSocM利用　167
3.8　SocM, 動画サイト利用とテレビ視聴　171

第2部　2015年情報行動の諸相

4　この20年間でのテレビ視聴 vs. ネット利用 ── 橋元良明　183

4.1　若年層のテレビ視聴時間は20年で半減　183
4.2　テレビ視聴時間減少の要因　184
　　4.2.1　在宅時間　184
　　4.2.2　インターネット利用の増加　185
4.3　時刻別にみたテレビ視聴行動の変化　189
4.4　ネット利用行動の中身　191
4.5　結婚によって変わるテレビ vs. ネット　193

5　移動と情報行動 ── 是永　論　197

5.1　移動（モビリティーズ）の社会学から　197

5.2 移動中における情報行動の実態　199
5.3 移動中の通信行動　204
　5.3.1 コミュニケーションに関する意識と移動中の通信行動　204
　5.3.2 移動中の通信行動とメディア接触の傾向　206
5.4 移動における「絶え間ない交信」　207

6 情報行動における年齢・時代・世代効果の検討
――――――――――――――――――― 北村　智　211

6.1 情報行動の変化に関する論点　211
6.2 メディアと世代論　212
6.3 年齢効果・時代効果・世代効果と識別問題　214
6.4 分析の目的とデータ，分析モデル　216
　6.4.1 目的変数のコーホート表――テレビ，新聞，インターネット　216
　6.4.2 分析モデル　220
6.5 階層的 APC 分析による結果　220
　6.5.1 情報目的の重要性，娯楽目的の重要性　220
　6.5.2 日記式調査法による行動時間　227
6.6 考察・結論・今後の展望　233

7 ソーシャルメディア利用と他のネット利用の関連
――――――――――――――――――― 河井大介　239

7.1 ソーシャルメディアの普及と多義性　239
7.2 日記式調査からみたソーシャルメディア利用と他のネット利用　242
　7.2.1 他のネット利用時間との関連　242
　7.2.2 利用有無による他のネット利用時間の差異　243
　7.2.3 利用日・非利用日の他のネット利用時間の差異　245
7.3 考察と今後の展望　246

第3部　調査票（単純集計結果）

調査票および単純集計結果／日記式調査票　　251
生活行動時間調査票　　270

図表一覧　　281

第1部　日本人の情報行動の現状と変化

0 「2015年日本人の情報行動調査」の概要

橋元良明

0.1 研究の経緯

「日本人の情報行動調査」は1995年,当時の東京大学社会情報研究所の一部の教員が中心となって開始した.

メディア利用やコミュニケーション行動,すなわち「情報行動」に焦点を絞って,日本人の情報行動の変化を継続的調査によって明らかにすること,これは社会情報研究所の前身の新聞研究所時代から社会心理領域の教員にとって悲願であった.そのためのプリテスト的な意味をもつ単発的調査はそれまで何度か実施されてきた.古くは1958年から1960年にかけて池内一,岡部慶三らが実施した「東京都民の生活時間と生活意識調査」(1960) である.当時「情報行動」というタームは未だ人口に膾炙していなかったが,この調査は余暇時間におけるマスメディア接触(当時はラジオ,新聞が中心)やコミュニケーション行動を詳細に分析しており,実質的に「情報行動」調査であった.1985年には岡部慶三,田崎篤郎を中心とする「情報行動研究会」が,日記式調査と質問票調査からなる『「情報行動センサス」に関する予備的調査研究』(1986) を実施した.「情報行動センサス」とは,将来的に情報行動に関し大規模調査を実施し,これを国民の生活指標の1つとして位置づける,という希望を含めた命名であり,当該の調査はそのためのプリテストという位置づけであった.その後,研究所では,地域間比較を主眼とした調査(報告書『情報化の地域間格差と

情報行動』1989）や東京都民に調査対象を限定した情報行動調査（「1991 年東京都民情報行動の実態」1992）が実施された．後者は 1991 年から開始され 4 年にわたって行われた文部省重点領域研究「情報化社会と人間」の助成を得てなされたものであり，2 年後には同一サンプルに対する追跡調査を行い，総合的にみて情報行動パターンの大枠は短期間に大きな変化を示さないが，急速な情報化の動きを反映して，その間にもパソコン利用等，個別的メディア利用にかなりの変化が生じたことを明らかにしている（「東京都民情報行動の変化と実態――1991 年/1993 年パネル調査結果を中心に」1994）．

　その後，1995 年 3 月には鈴木裕久を中心に全国の 13 歳から 59 歳を対象に「第 1 回日本人の情報行動調査」が実施された．日記式調査と質問票調査から構成され，有効サンプル数 1,025 と小規模ながら，デモグラフィック要因別の情報行動比較，地域別比較，個々のメディア利用に関する要因分析等，多角的な角度から分析が実施された．叢書『日本人の情報行動 1995』(1997) はそれらの成果を集成したものである．

　次いで 2000 年 3 月に「第 2 回日本人の情報行動調査」を実施した．この調査では，日記式調査において「情報行動」と別途に「インターネット利用行動」の記入欄を追加している．これは当時，普及初期にあったインターネットの利用実態を，リアルタイムで数値として把握しようという意図に基づくものであり，調査当日における行為者率は 10% 程度であるが，行為者にあっては利用時間が 88 分にも及び，将来的にテレビを脅かす可能性を示唆するものであった．調査報告とともに 2000 年当時の日本人の情報行動に関する論考をまとめたものが『日本人の情報行動 2000』(2001) である．

　さらに 2005 年には第 3 回，2010 年には第 4 回の日本人の情報行動調査を実施し，その成果は『日本人の情報行動 2005』(2006)，『日本人の情報行動 2010』(2011) としてまとめられた．

　本書は，これまでの成果を受け，2015 年 6 月に実施した「第 5 回日本人の情報行動調査」の結果に基づいて記述されている．

0.2 調査の概要

この節では 2015 年 6 月に実施した調査の概要を示す．本書の第 1 部のデータはすべてこの調査に基づいている．

a．調査目的
　2015 年 6 月時点での日本人の情報行動の実態を明らかにし，あわせて適宜 1995 年から 2010 年にかけて 5 年おきに実施されたこれまでの調査結果と比較することを目的とする．

b．調査方法
　「日本人の情報行動調査」は以下の 2 つの調査から構成された．
　（1）日記式調査
　　2015 年 6 月 16 日（火）〜6 月 18 日（木），6 月 23 日（火）〜25 日（木）のうち，2 日間計 48 時間の情報行動を記録．
　　具体的には，①「火曜・水曜」と②「水曜・木曜」の連続する 2 日間の 2 パターンを設定し，地域等に偏りが出ないよう，対象番号の偶数・奇数によってパターンを振り分けた．
　　記録は基本的には 15 分単位（情報行動については 10 分以下の行動も記録）．

　（2）質問票調査
　　上記調査対象者に対し，メディア利用等に関し質問票で調査
　　調査実施期間は 2015 年 6 月 12 日〜6 月 29 日
　　いずれも調査対象，調査方法は以下の通りである．
　　　調査対象：全国満 13 歳以上 69 歳以下の男女
　　　調査方法：住民基本台帳に基づく層化二段無作為抽出（全国 157 地点）
　　　　　　　　調査員による個別訪問留置法
　　　回収率等：抽出標本数 2,500 人．有効回収票 1,362 人（回収率 54.5%）

c．日記式調査の内容と記入方法

日記式調査票の（1）から（3）については，2日間の情報行動を15分きざみで，あらかじめ決められたコードを記入した．その他，（4）通話回数，その日に会って話を交わした人数については回数等を記入した（詳細は添付調査票を参照）．

(1) 所在（5カテゴリー）
(2) 生活基本行動（7カテゴリー）
(3) 情報行動（36カテゴリー）
(4) その他のコミュニケーション行動の頻度（固定電話での通話回数，モバイル機器での通話回数，ネットでの音声通話回数，その日に会って話を交わした人数について24時間ごとに回数を記入）

(1) 所在（あなたのいた場所）については「自宅」「職場（自宅兼職場を含む）」「学校」「移動中」「その他」の5カテゴリーを設けた．

(2) 生活基本行動（主な生活行動）については，「睡眠」「飲食・身じたく・家事・買物など」「移動」「仕事」「授業・勉強・クラブ活動」「趣味・娯楽・休息」「その他」の計7カテゴリーである．なお，我々の調査の主眼は，あくまで情報行動の分析であるため，生活基本行動に関しては，NHKの生活時間調査などで使用されている分類カテゴリーよりかなり簡略化されたコードを使っている．

この（1）および（2）に関しては，調査対象の48時間を15分単位で分割し，その記録単位すべてにそれぞれいずれか1つのカテゴリーを選択して記入することを求めた．つまり「所在」「生活基本行動」は，情報行動欄に記入がある，なしにかかわらず，必ずいずれかのカテゴリーが記入されるものである．また，「生活基本行動」は，「仕事」「趣味・娯楽・休息」等のカテゴリーからも推察されるように，同時に何らかの情報行動が選択されていた場合，その目的も意味するものである．

(3) 情報行動に関しては，基本的に2010年調査のカテゴリーを踏襲している（カテゴリー（各情報行動の詳細項目）に関しては，「1.1　情報行動の概況」または

巻末の調査票サンプルを参照のこと）．

　記入する場合の時間単位は15分であるが，情報行動については，15分単位のセルで，10分以上続いた行動を矢印で記入させ15分として計算し，10分未満の行動は×印で記入させ5分として計算した．

d．日記式調査の分析に用いた基本変量の定義と計算方法
　（1）　平均時間
　　　情報行動各カテゴリーの時間について，調査日数（2日間）の1日あたりの平均時間を求めた．計算上は，次の行為者率，行為者平均時間と同様，「調査日数2日間×調査対象者」が基本サンプル数となる．
　（2）　行為者率
　　　調査対象の2日間の1日ごとに，あるカテゴリーの情報行動を行った人の比率を求め，2日間の平均をとった数値である．
　（3）　行為者平均時間
　　　調査日ごとの該当カテゴリーの行動時間の合計を，同じ調査日の行為者の合計で除した数値である．すなわち，調査日1日あたりで，ある情報行動を行った人がどのくらいの時間，その情報行動を行ったかを算出した．

参考文献
橋元良明・三上俊治・石井健一・若林直樹・平林紀子・中村功・是永論・見城武秀（1992）「1991年東京都民情報行動の実態」，『東京大学社会情報研究所調査研究紀要』，2．
橋元良明・吉井博明・三上俊治・水野博介・石井健一・平林紀子・見城武秀・中村功・是永論・福田充・辻大介・森康俊・柳澤花芽（1994）「東京都民情報行動の変化と実態――1991年/1993年パネル調査結果を中心に」，『東京大学社会情報研究所調査研究紀要』，4．
橋元良明編（2011）『日本人の情報行動2010』，東京大学出版会．
池内一・岡部慶三・竹内郁郎・藤竹暁・岡田直之（1960）「東京都民の生活時間と生活意識（その一）」，『東京大学新聞研究所紀要』，10．
情報行動研究会（1986）『「情報行動センサス」に関する予備的調査研究』．
「情報行動」研究班（1989）『情報化の地域間格差と情報行動』．

東京大学社会情報研究所編（1996）『情報行動と地域情報システム』，東京大学出版会．
東京大学社会情報研究所編（1997）『日本人の情報行動1995』，東京大学出版会．
東京大学社会情報研究所編（2001）『日本人の情報行動2000』，東京大学出版会．
東京大学大学院情報学環編（2006）『日本人の情報行動2005』，東京大学出版会．

1 情報行動の全般的傾向

北村　智・森　康俊・辻　大介

1.1 情報行動の概況

1.1.1 情報行動の概略

　表1.1.1は2015年調査の各行動の平均時間, 行為者率, 行為者平均時間を示したものである. 基本のサンプルサイズは有効調査対象者1362であるが, 行為者率の計算は有効調査対象者数に調査日数である2日をかけた2724をサンプルサイズとしている. また, 行為者平均時間の計算は, 調査対象日2日間を別人の行動とみなして, 調査対象日に少しでも当該行為を行った人数をもとにした. 以下, 情報行動についてのみ, 2015年調査結果の概略について記述する.

　全体平均時間でもっとも時間が長いのは172.8分の「(テレビで) テレビ放送をみる (テレビ視聴)」であった.「日本人の情報行動」調査において, 平均的にもっとも長い時間が費やされる情報行動がテレビ視聴である点は, 1995年以来, 一貫した点である (橋元ほか, 2011). 全体平均時間でみると, 2番目に長い時間が費やされた情報行動は「ネット以外のラジオ (ラジオ聴取)」の23.2分であり, 3番目が「(テレビで) 録画した番組を見る (テレビ録画視聴)」の21.8分であった.

　行為者率がもっとも高い情報行動も, 全体平均時間と同様に「テレビ視聴」(84.9%) であった. 2番目に行為者率が高かった情報行動は「新聞を読む (新

表 1.1.1 各行動の平均時間，行為者率，行為者平均時間

		番号	$N\times2$	全体平均時間(分)	標準偏差($N\times2$)	行為者率	行為者数	行為者平均時間(分)	標準偏差(行為者数)
あなたのいた場所	自宅	01	2724	864.3	304.0	99.2%	2701	871.6	294.6
	職場	02	2724	320.2	317.5	57.4%	1564	557.7	207.5
	学校	03	2724	65.1	177.4	14.4%	392	452.4	208.5
	移動中	04	2724	84.4	76.7	83.8%	2282	100.7	73.3
	その他	05	2724	106.0	188.5	52.9%	1440	200.6	219.7
主な生活行動	睡眠	06	2724	413.8	110.3	99.4%	2707	416.4	105.6
	飲食・身じたく・家事	07	2724	280.1	207.4	98.6%	2686	284.1	206.1
	移動	08	2724	84.5	78.4	83.7%	2281	100.9	75.4
	仕事	09	2724	318.2	298.6	59.9%	1633	530.8	189.3
	授業・勉強・クラブ活動	10	2724	71.1	191.5	15.7%	428	452.3	246.9
	趣味・娯楽・休息	11	2724	197.3	189.1	80.9%	2203	243.9	181.2
	その他	12	2724	75.1	169.7	40.8%	1111	184.1	224.9
情報行動	テレビで テレビ放送を見る	13	2724	172.8	170.1	84.9%	2314	203.4	166.9
	録画した番組を見る	14	2724	21.8	56.0	21.3%	581	102.4	80.5
	DVDなどを見る	15	2724	6.1	38.9	4.5%	123	135.6	126.9
	テレビゲームをする	16	2724	3.2	31.8	2.5%	69	128.3	155.7
	スマートフォン・従来型携帯電話・PHSで メールを読む・書く	17	2724	12.6	38.4	33.7%	919	37.3	58.7
	ソーシャルメディア	18	2724	17.9	58.5	26.2%	714	68.3	98.0
	ソーシャルメディア以外	19	2724	8.3	31.5	14.6%	399	56.8	63.4
	ネット動画を見る	20	2724	4.1	23.9	6.8%	185	61.0	70.4
	ネットで音声通話	21	2724	3.6	25.7	5.6%	153	64.0	89.1
	ゲーム(ネット経由)	22	2724	11.8	45.6	13.3%	362	88.7	94.0
	電子書籍	23	2724	0.9	11.4	1.7%	46	55.5	68.6
	通話をする	24	2724	6.9	38.8	20.8%	566	33.4	79.9
	テレビ放送を見る	25	2724	1.1	13.1	1.2%	34	85.7	81.4
	録画した番組を見る	26	2724	0.4	6.8	0.5%	14	70.7	65.6
	ゲーム（オフライン）	27	2724	2.8	24.6	2.8%	75	100.8	110.8
	文章や表の作成，写真の加工	28	2724	0.7	17.5	0.6%	15	125.0	206.6
	パソコン・タブレット端末で メールを読む・書く	29	2724	11.4	52.6	15.9%	433	72.0	114.3
	ソーシャルメディア	30	2724	4.3	38.5	5.0%	135	86.3	151.8
	ソーシャルメディア以外	31	2724	9.7	44.7	11.5%	312	84.6	105.4
	ネット動画	32	2724	4.9	30.6	4.9%	134	99.5	98.6
	ネットで音声通話	33	2724	1.4	20.2	1.0%	27	136.9	153.7
	ゲーム（ネット経由）	34	2724	4.5	39.6	2.9%	79	155.5	176.2
	電子書籍	35	2724	0.9	14.8	0.6%	17	142.1	125.6
	テレビ放送を見る	36	2724	2.1	20.8	1.8%	50	116.5	102.6

1 情報行動の全般的傾向

		番号	N×2	全体平均時間（分）	標準偏差(N×2)	行為者率	行為者数	行為者平均時間（分）	標準偏差（行為者数）
	録画した番組を見る	37	2724	1.3	26.0	0.8%	23	157.2	241.3
	DVDなどを見る	38	2724	0.7	10.1	0.7%	19	96.1	76.8
	ゲーム(オフライン)	39	2724	1.3	15.2	1.7%	46	79.5	87.2
	文章や表の作成，写真の加工	40	2724	16.2	82.2	6.6%	180	245.4	215.2
印刷物	新聞を読む	41	2724	15.1	27.6	39.4%	1072	38.3	32.5
	マンガを読む	42	2724	1.6	13.3	3.0%	83	53.6	55.6
	雑誌を読む	43	2724	1.9	12.1	4.1%	112	45.8	39.9
	書籍を読む	44	2724	7.5	35.2	9.2%	250	81.2	86.6
	上記以外の文章を読む	45	2724	3.2	28.2	3.6%	98	90.2	120.0
その他	ネット以外のラジオ	46	2724	23.2	87.2	13.5%	368	171.5	176.0
	ネットでラジオ	47	2724	2.0	28.8	1.3%	36	152.8	202.3
	固定電話で通話	48	2724	3.9	26.3	11.4%	311	34.5	70.9

聞閲読)」(39.4%) であり，3番目が「(スマートフォン・従来型携帯電話・PHSで) メールを読む・書く」(33.7%) であった．携帯電話によるメールの読み書き，新聞閲読の行為者率が相対的に高い点は，2010年調査とも共通した結果である (橋元ほか，2011)．

行為者平均時間がもっとも長かった情報行動は，245.4分の「(パソコン・タブレット端末で) 文章や表の作成，写真の加工などをする」であった．

1.1.2 年齢層別にみた情報行動

表 1.1.2 は年齢層別に「場所」と「生活行動」の平均時間をみたものである．平均在宅時間は10代がもっとも短く (平均736.1分)，60代がもっとも長い (平均1001.4分)．この傾向は2010年調査の結果と共通したものである (橋元ほか，2011)．橋元 (2006; 2009) の提唱する「在宅時間相応配分説」の観点にたてば，情報行動に費やされる時間，特にテレビ視聴時間に対する重要な変数として確認しておく必要があるだろう．

次に，表 1.1.3 が年齢層別に各情報行動の平均時間をみたものである．

情報行動の年代別平均時間をみると，特にインターネット利用に関して20代の情報行動が活発に行われていることが示されている．20代の平均時間が他の年代と比較してもっとも長かった項目は，「テレビゲームをする」(平均

表1.1.2　年齢層別にみた場所・生活行動の平均時間　(分)

	行動の種類	番号	全体 (N=2724)	10代 (N=280)	20代 (N=292)	30代 (N=426)	40代 (N=582)	50代 (N=492)	60代 (N=652)
あなたのいた場所	自宅	01	864.3	736.1	806.7	840.3	840.4	838.7	1001.4
	職場	02	320.2	42.6	361.7	400.4	411.7	420.7	211.0
	学校	03	65.1	484.9	74.8	14.7	9.3	8.5	6.0
	移動中	04	84.4	89.1	92.8	92.2	88.7	81.0	72.1
	その他	05	106.0	87.3	103.9	92.4	90.0	91.1	149.5
主な生活行動	睡眠	06	413.8	408.3	430.0	423.2	397.2	383.6	440.4
	飲食・身じたく・家事	07	280.1	131.5	212.6	289.3	316.9	294.4	324.5
	移動	08	84.5	93.4	93.9	97.1	91.4	79.0	66.1
	仕事	09	318.2	36.5	364.0	395.1	411.3	429.5	201.3
	授業・勉強・クラブ活動	10	71.1	543.9	76.5	11.3	7.7	5.0	11.1
	趣味・娯楽・休息	11	197.3	163.7	204.3	173.3	161.4	177.7	271.0
	その他	12	75.1	62.8	58.6	50.7	54.1	70.7	125.6

18.6分），モバイルでの「メールを読む・書く」（平均18.7分），「ソーシャルメディア」（平均45.8分），「ソーシャルメディア以外」（平均18.7分），「ネット動画を見る」（平均11.6分），「ゲーム（ネット経由）」（平均26.5分）など，PCでの「ソーシャルメディア」（平均12.2分），「ソーシャルメディア以外」（平均17.7分），「ネット動画」（平均17.4分），「ネットで音声通話」（平均4.6分），「ゲーム（ネット経由）」（平均17.0分），その他の「ネットでラジオ」（平均4.5分）などであった．このように，インターネット利用にかかわる項目それぞれに関して，モバイル，PCを問わず20代がもっとも長い時間を費やしていることが示された．

モバイルからのインターネット利用に関しては，10代の平均時間が多くの項目で20代に次ぐものであった．また，情報行動の平均時間で10代がもっとも長かった項目は，モバイルでの「ネットで音声通話」（平均15.5分）と「ゲーム（オフライン）」（平均10.0分）などモバイル利用にかかわる項目であった．

一方で，主要なマスメディアであるテレビや新聞に関しては，若年層の情報行動は他の年代に比べて活発ではない．テレビで「テレビ放送を見る」は10代がもっとも短く平均72.6分，20代はそれに次いで平均111.3分であった．また，印刷物の「新聞を読む」は10代が平均1.7分，20代が平均1.5分であった．

これらの点についての分析は，第2章の「メディア別にみた情報行動」で詳

1 情報行動の全般的傾向

表 1.1.3 年齢層別にみた各情報行動の平均時間 (分)

	行動の種類	番号	全体 (N=2724)	10代 (N=280)	20代 (N=292)	30代 (N=426)	40代 (N=582)	50代 (N=492)	60代 (N=652)
テレビで	テレビ放送を見る	13	172.8	72.6	111.3	142.9	147.8	188.7	273.0
	録画した番組を見る	14	21.8	14.8	20.9	21.5	25.0	23.0	21.8
	DVDなどを見る	15	6.1	3.5	6.7	5.4	6.5	8.1	5.5
	テレビゲームをする	16	3.2	4.3	18.6	1.4	1.1	0.9	0.9
スマートフォン・従来型携帯電話・PHSで	メールを読む・書く	17	12.6	12.0	18.7	14.6	13.3	11.2	9.2
	ソーシャルメディア	18	17.9	44.2	45.8	23.1	14.1	8.3	1.4
	ソーシャルメディア以外	19	8.3	10.8	18.7	15.4	9.6	3.1	0.8
	ネット動画を見る	20	4.1	10.7	11.6	4.5	3.2	1.5	0.6
	ネットで音声通話	21	3.6	15.5	9.7	1.7	1.6	1.1	0.6
	ゲーム（ネット経由）	22	11.8	20.6	26.5	19.9	12.0	5.8	0.5
	電子書籍	23	0.9	1.0	1.5	1.9	0.2	0.9	0.6
	通話をする	24	6.9	2.9	4.6	10.3	7.7	5.1	8.2
	テレビ放送を見る	25	1.1	1.3	2.1	0.5	0.8	1.4	0.9
	録画した番組を見る	26	0.4	0.9	0.0	0.1	0.4	0.7	0.2
	ゲーム（オフライン）	27	2.8	10.0	5.3	2.5	2.4	1.5	0.0
	文章や表の作成，写真の加工	28	0.7	0.0	0.4	0.1	0.1	1.5	1.4
情報行動 パソコン・タブレット端末で	メールを読む・書く	29	11.4	1.0	10.2	14.3	17.3	12.9	8.3
	ソーシャルメディア	30	4.3	0.3	12.2	7.4	3.0	3.4	2.2
	ソーシャルメディア以外	31	9.7	2.3	17.7	10.5	8.4	12.3	7.9
	ネット動画	32	4.9	3.8	17.4	4.7	3.3	3.7	2.2
	ネットで音声通話	33	1.4	3.5	4.6	1.9	0.9	0.1	0.0
	ゲーム（ネット経由）	34	4.5	5.1	17.0	7.0	4.2	0.6	0.2
	電子書籍	35	0.9	0.0	0.2	1.7	1.5	1.1	0.4
	テレビ放送を見る	36	2.1	0.9	1.6	0.0	1.1	4.3	3.7
	録画した番組を見る	37	1.3	0.2	0.5	0.7	1.1	4.6	0.3
	DVDなどを見る	38	0.7	0.0	0.1	0.1	0.4	1.7	1.0
	ゲーム（オフライン）	39	1.3	0.4	3.7	0.3	0.4	2.4	1.4
	文章や表の作成，写真の加工	40	16.2	5.5	10.3	17.7	29.6	23.3	5.2
印刷物	新聞を読む	41	15.1	1.7	1.5	4.3	10.2	19.8	34.6
	マンガを読む	42	1.6	2.2	6.3	1.6	1.4	0.5	0.4
	雑誌を読む	43	1.9	0.6	0.3	1.6	1.3	1.7	4.1
	書籍を読む	44	7.5	7.7	6.0	4.3	5.1	7.9	11.9
	上記以外の文章を読む	45	3.2	9.0	0.6	1.0	3.6	4.6	2.1
その他	ネット以外のラジオ	46	23.2	0.5	7.4	21.0	22.5	27.0	39.1
	ネットでラジオ	47	2.0	1.9	4.5	2.2	1.6	2.6	0.8
	固定電話で通話	48	3.9	0.2	2.3	4.8	2.8	6.9	4.5

第1部　日本人の情報行動の現状と変化

表1.1.4　2015年調査結果

				全体平均時間（分）		
				2015年	2010年	2015−2010
テレビ	テレビ放送を見る	13		172.8	184.5	−11.8
	録画した番組を見る	14		21.8	11.5	10.3
	DVDなどを見る	15	※	6.1	3.1	3.0
	テレビゲームをする	16		3.2	3.0	0.3
携帯電話	メールを読む・書く	17		12.6	20.6	−8.0
（ネット利用）	ソーシャルメディア	18		17.9	—	—
	ソーシャルメディア以外	19		8.3	—	—
	ネット動画を見る	20	※	4.1	1.0	3.1
	ネットで音声通話	21		3.6	—	—
	ゲーム(ネット経由)	22		11.8	—	—
	電子書籍	23		0.9	—	—
携帯電話	通話をする	24		6.9	8.6	−1.7
（ネット以外）	テレビ放送を見る	25		1.1	1.7	−0.7
	録画した番組を見る	26		0.4	0.3	0.1
	ゲーム（オフライン）	27		2.8	—	—
	文章や表の作成，写真の加工	28		0.7	—	—
パソコン	メールを読む・書く	29		11.4	19.7	−8.3
（ネット利用）	ソーシャルメディア	30		4.3	—	—
	ソーシャルメディア以外	31		9.7	—	—
	ネット動画を見る	32	※	4.9	3.1	1.8
	ネットで音声通話	33		1.4	—	—
	ゲーム（ネット経由）	34		4.5	—	—
	電子書籍	35		0.9	—	—
パソコン	テレビ放送を見る	36		2.1	1.8	0.3
（ネット以外）	録画した番組を見る	37		1.3	0.3	1.0
	DVDなどを見る	38		0.7	0.9	−0.2
	ゲーム（オフライン）	39		1.3	—	—
	文章や表の作成，写真の加工	40	※	16.2	38.5	−22.2
印刷物	新聞を読む	41		15.1	18.8	−3.7
	マンガを読む	42		1.6	1.1	0.6
	雑誌を読む	43		1.9	2.0	−0.1
	書籍を読む	44		7.5	9.0	−1.6
	上記以外の文章を読む	45		3.2	3.7	−0.4
その他	ネット以外のラジオ	46	※	23.2	17.2	6.0
	ネットでラジオ	47		2.0	—	—
	固定電話で通話	48		3.9	10.3	−6.3

2010年調査から文言の変更を行った項目．

1 情報行動の全般的傾向　　　　　　　15

と 2010 年調査結果の比較

行為者率（%）			行為者平均時間（分）		
2015 年	2010 年	2015－2010	2015 年	2010 年	2015－2010
84.9	91.4	－6.5	203.4	201.8	1.5
21.3	12.3	9.0	102.4	93.5	8.9
4.5	3.3	1.2	135.6	95.6	40.0
2.5	2.1	0.5	128.3	144.1	－15.8
33.7	47.8	－14.0	37.3	43.0	－5.8
26.2	—	—	68.3	—	—
14.6	—	—	56.8	—	—
6.8	1.3	5.5	61.0	79.9	－18.9
5.6	—	—	64.0	—	—
13.3	—	—	88.7	—	—
1.7	—	—	55.5	—	—
20.8	32.0	－11.2	33.4	26.9	6.5
1.2	2.2	－0.9	85.7	80.5	5.2
0.5	0.4	0.1	70.7	65.4	5.3
2.8	—	—	100.8	—	—
0.6	—	—	125.0	—	—
15.9	27.0	－11.1	72.0	73.0	－1.0
5.0	—	—	86.3	—	—
11.5	—	—	84.6	—	—
4.9	4.0	0.9	99.5	78.5	21.0
1.0	—	—	136.9	—	—
2.9	—	—	155.5	—	—
0.6	—	—	142.1	—	—
1.8	1.5	0.3	116.5	119.9	－3.4
0.8	0.5	0.4	157.2	72.1	85.0
0.7	0.9	－0.2	96.1	96.7	－0.6
1.7	—	—	79.5	—	—
6.6	16.8	－10.2	245.4	228.2	17.1
39.4	47.6	－8.2	38.3	39.4	－1.2
3.0	2.5	0.5	53.6	41.7	11.8
4.1	5.2	－1.1	45.8	38.4	7.4
9.2	10.9	－1.7	81.2	82.6	－1.3
3.6	4.7	－1.1	90.2	78.7	11.4
13.5	11.5	2.0	171.5	149.4	22.0
1.3	—	—	152.8	—	—
11.4	23.8	－12.4	34.5	43.0	－8.5

述される．

1.1.3　2010 年調査結果との比較

表 1.1.4 は標本全体における各情報行動の平均時間（分），行為者率（％），行為者平均時間（分）について，2010 年調査と 2015 年調査を比較したものである．なお，メディア環境の変化にともない，日記式調査における調査項目の変更を行っているため，ここでは基本的文言の変更のなかった項目と表現の変更はあるが内容的変更のなかった項目（テレビの「DVD・ブルーレイなどを見る」，モバイルおよび PC の「ネット動画を見る」「文章や表の作成，写真の加工」，その他の「ネット以外のラジオ」）のみ，2010 年の結果を記して比較した．

情報行動のうち，もっとも平均時間の長いテレビでの「テレビ放送を見る」に関していえば，5 年で 11.8 分減少した．2005 年調査と 2010 年調査との比較では 2010 年調査で 4.2 分増加しており，それは調査対象者の高齢者比率が増加したことに由来するものと考えられた（橋元ほか，2011）．2015 年調査での標本構成は 10 代，20 代がそれぞれ 10.3％，10.7％であり，50 代，60 代がそれぞれ 18.1％，23.9％であった．2010 年調査は 10 代，20 代がそれぞれ 8.6％，9.7％であったので，テレビ視聴時間の短い 10 代，20 代の構成比率が増加したといえる．また，2010 年調査での 50 代，60 代の構成比率はそれぞれ 23.2％，21.9％と，60 代は増加したが，50 代は減少した．各年齢層における平均時間が 60 代を除いて減少したことに加え，こうした年齢構成の変化もあり，全体として 11.8 分の減少が生じたといえる．また，行為者率においても，テレビでの「テレビ放送を見る」は 2005 年調査で 90.5％，2010 年調査で 91.4％であったのに対し，2015 年調査で 84.9％と 2010 年調査と比べて 6.5 ポイントの減少という結果もみられた．行為者平均時間では 2010 年調査とほぼ変わらない値であったことを考えれば，こうした非行為者の増加が全体平均時間の減少に寄与していると考えられる．

電子メールはインターネットにおける中心的なコミュニケーション手段であったが，2010 年からの 5 年間でモバイルにおいても，PC においても平均時間，行為者率ともに減少した．こうした変化は後の章で詳細が論じられることとなるが，PC とモバイルの間の関係，ソーシャルメディアに代表される新しいコ

ミュニケーション手段の普及と活性化がかかわっているといえるだろう．

また，この5年間においてはモバイルにおけるスマートフォンの普及があり，LTE（Long Term Evolution）と呼ばれるモバイルの高速通信規格の普及があった（総務省，2014）．例えば，2010年調査ではスマートフォン利用率は4.0%であったのに対し，2015年調査では61.7%であった．利用されるモバイル端末が大きく変化したことは明らかである．モバイルにおける「ネット動画を見る」の行為者率が5.5ポイント増加したことは，こうした環境変化に伴うものと推測される．

その他のメディアにおいては，印刷物の「新聞を読む」の行為者率が8.2ポイントの減少を示した．2005年調査から2010年調査にかけても「新聞を読む」の行為者率は14.0ポイントの減少を示しており，この10年では22.2ポイントの減少を示したことになる．この点に関しては，2.3.1項で詳述する．

1.2 時間帯別にみたおもな情報行動

本節では2010年調査と同様に（橋元ほか，2011），日記式調査における各時刻の行為者率（該当の1時間において1度でも行為した人の百分率）を1時間ごとに計算し，2日間の行為者率をそれぞれの行為者数で重み付けて平均した数値を用いることで，時間帯別の情報行動の行為者率変化を確認する．

1.2.1 テレビ視聴の時刻変化

2010年調査と同様に2015年調査でもテレビ視聴に関する項目を「テレビ放送を見る」（リアルタイム視聴）と「録画したテレビ番組を見る」（タイムシフト視聴）の2つに分け，それぞれテレビ（テレビ受像機），モバイル（スマートフォン・従来型携帯電話・PHS），PC（パソコン・タブレット端末）について行為の記録を求めた．

（1）リアルタイム視聴

2005年調査，2010年調査，2015年調査のそれぞれについて，回答者全体の

第1部 日本人の情報行動の現状と変化

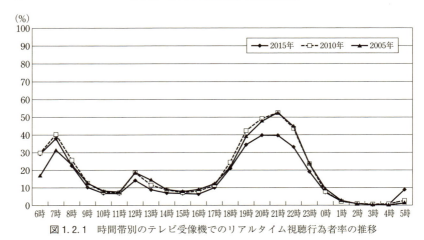

図 1.2.1　時間帯別のテレビ受像機でのリアルタイム視聴行為者率の推移

表 1.2.1　時間帯別のテレビ受像機でのリアルタイム視聴行為者率　(%)

時刻	2015年 (全体)	2015年 (テレビ受像機)	2010年	2005年
6:00	29.2	29.1	29.9	16.8
7:00	38.0	37.8	40.4	31.5
8:00	22.5	22.4	25.8	23.0
9:00	10.2	10.1	12.8	12.6
10:00	6.8	6.8	7.6	8.2
11:00	6.7	6.6	7.2	7.6
12:00	14.2	13.9	18.6	18.7
13:00	8.8	8.8	11.5	14.3
14:00	7.0	7.0	8.8	9.0
15:00	6.7	6.7	7.2	7.8
16:00	6.4	6.3	8.1	9.0
17:00	10.0	9.9	11.4	12.2
18:00	20.9	20.6	24.5	21.7
19:00	34.5	33.9	42.3	39.0
20:00	**39.8**	39.1	49.3	47.7
21:00	39.7	**39.3**	52.6	52.7
22:00	33.1	32.6	43.6	44.6
23:00	19.1	18.7	23.6	23.5
0:00	7.3	7.0	7.8	9.4
1:00	2.3	2.3	2.2	2.7
2:00	0.9	0.9	1.0	0.8
3:00	0.3	0.3	0.6	0.3
4:00	0.4	0.4	0.8	0.1
5:00	8.9	8.9	2.7	1.2

リアルタイム視聴行為者率の時間帯別推移をまとめたのが，表1.2.1および図1.2.1である．表1.2.1の2005年調査，2010年調査の数字はテレビ受像機のみのものであり，図1.2.1はすべてテレビ受像機のみのものである．表1.2.1におけるゴシック体表記箇所は，もっとも行為者率の高かった時間帯を示す．

表1.2.1および図1.2.1からわかるように，2005年調査，2010年調査からの大きな変化はいわゆるプライムタイム（19時〜23時）におけるリアルタイム視聴行為者率の低下である．2005年調査，2010年調査ともにもっとも行為者率の高い時間帯は21時台で，それぞれ52.7%，52.6%であった．しかし，2015年調査では同じくピークとなった21時台でも39.3%にとどまった．

朝のピーク時間帯である7時台は2010年調査と同水準の37.8%であり，プライムタイムと朝のリアルタイム視聴行為者率が同水準となっている．ただし，時間帯推移パターンとしては大きな変化は生じていない．2015年調査と2010年調査の時間帯推移パターンの相関係数は0.986，2005年調査との相関係数は0.939であった．

次に回答者を男性と女性に分けて，リアルタイム視聴行為者率の時間帯推移についてまとめたのが，表1.2.2および図1.2.2である．男性と女性のリアルタイム視聴行為の時間帯推移パターンの相関係数は0.955と，変動パターンそのものはおおむね類似している．しかし，男性の行為者率のピークが20時台（40.5%）にあるのに対し，女性の行為者率のピークは7時台（44.4%）にあった．2010年調査では19時台から21時台にかけて約10ポイント程度，女性の行為者率のほうが男性のそれよりも高かったが，2015年調査では同時間帯における男女差は縮小していた．

回答者を年齢層別に分けてリアルタイム視聴行為者率の時間帯推移についてまとめたのが表1.2.3および図1.2.3である．時間帯変動パターンについては，10代以外は7時台，12時台，プライムタイムの3つのピークがあることが一致しており，年齢層間の時間帯推移パターンの相関係数をみても最小値が30代と60代のあいだの0.830であった．行為者率としては従来の結果と同様に（橋元ほか，2011），全体として年齢層が上になるにしたがって行為者率が高くなる傾向にあったといえる．ただし，1日のなかで行為者率が最大になる時間帯は，10代，30代，40代では7時台であった点が2010年調査における結果

第1部　日本人の情報行動の現状と変化

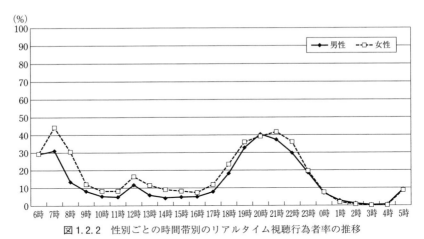

図1.2.2　性別ごとの時間帯別のリアルタイム視聴行為者率の推移

表1.2.2　性別ごとの時間帯別のリアルタイム視聴行為者率　(%)

時刻	テレビ放送を見る（全体）	
	男性	女性
6:00	29.1	29.3
7:00	31.1	44.4
8:00	13.4	30.5
9:00	8.2	12.1
10:00	5.3	8.2
11:00	4.9	8.3
12:00	11.7	16.4
13:00	5.9	11.5
14:00	4.5	9.1
15:00	4.9	8.2
16:00	5.1	7.4
17:00	7.8	11.9
18:00	18.2	23.4
19:00	32.8	36.0
20:00	40.5	39.2
21:00	37.3	41.8
22:00	29.7	36.1
23:00	18.6	19.6
0:00	7.1	7.5
1:00	2.8	1.9
2:00	1.2	0.7
3:00	0.4	0.1
4:00	0.6	0.2
5:00	9.2	8.6

1　情報行動の全般的傾向

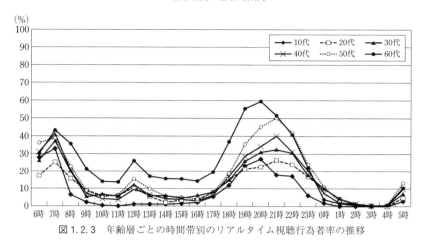

図1.2.3　年齢層ごとの時間帯別のリアルタイム視聴行為者率の推移

表1.2.3　年齢層ごとの時間帯別のリアルタイム視聴行為者率　　(%)

時刻	テレビ放送を見る（全体）					
	10代	20代	30代	40代	50代	60代
6:00	27.9	17.5	26.3	31.1	36.2	30.1
7:00	32.9	25.3	37.1	41.2	38.8	43.3
8:00	6.4	15.8	20.0	20.3	22.8	35.6
9:00	2.1	8.9	5.2	7.2	8.7	21.3
10:00	0.4	5.8	6.6	4.1	5.1	14.0
11:00	0.0	5.8	5.6	3.6	6.3	13.7
12:00	1.1	10.6	12.2	9.5	15.5	26.1
13:00	1.1	5.5	5.9	6.5	9.8	17.0
14:00	1.1	2.1	5.9	4.1	5.7	15.6
15:00	1.4	3.4	4.5	3.8	5.1	15.5
16:00	2.1	3.4	5.9	2.9	4.1	14.3
17:00	5.4	7.9	8.0	6.2	7.5	19.5
18:00	11.8	15.1	14.6	17.0	18.7	36.8
19:00	23.2	21.2	25.8	28.7	35.4	55.4
20:00	27.1	22.6	31.0	34.2	45.3	59.5
21:00	17.9	26.4	32.4	40.0	50.2	51.5
22:00	17.1	24.0	30.5	31.1	41.9	40.8
23:00	6.1	16.8	17.6	20.3	24.0	22.1
0:00	1.8	9.9	10.1	7.4	11.0	3.8
1:00	0.0	4.1	4.2	1.7	2.6	1.5
2:00	0.0	1.0	1.4	1.4	0.8	0.6
3:00	0.0	0.3	0.5	0.3	0.0	0.3
4:00	0.0	0.0	0.5	0.3	0.6	0.6
5:00	2.9	4.8	7.0	9.8	13.2	10.4

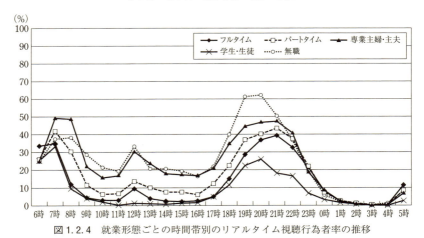

図1.2.4 就業形態ごとの時間帯別のリアルタイム視聴行為者率の推移

表1.2.4 就業形態ごとの時間帯別のリアルタイム視聴行為者率 (%)

時刻	テレビ放送を見る（全体）				
	フルタイム	パートタイム	専業主婦・主夫	学生・生徒	無職
6:00	33.5	26.0	24.9	25.3	24.8
7:00	34.9	41.9	49.2	33.2	37.4
8:00	12.0	30.3	48.6	9.5	38.2
9:00	4.5	11.6	21.9	4.0	28.6
10:00	3.0	6.4	15.6	2.0	21.4
11:00	3.0	6.8	16.7	0.3	19.3
12:00	9.5	13.6	30.3	1.3	33.2
13:00	3.9	10.0	23.5	1.0	20.6
14:00	2.5	7.6	17.8	0.7	20.6
15:00	2.2	7.6	17.2	1.3	19.3
16:00	2.6	6.1	16.7	1.6	16.4
17:00	5.0	12.3	20.8	4.9	21.9
18:00	15.0	22.5	34.4	11.5	39.9
19:00	28.6	36.9	44.5	22.4	61.3
20:00	36.8	40.2	46.7	26.0	62.2
21:00	39.3	43.4	47.3	18.1	50.4
22:00	32.5	37.5	40.7	16.5	36.6
23:00	21.2	22.0	18.6	6.9	19.3
0:00	8.2	7.4	8.5	3.3	5.9
1:00	2.4	2.7	2.5	1.6	2.1
2:00	0.9	1.3	0.8	0.7	0.8
3:00	0.3	0.4	0.0	0.0	0.4
4:00	0.5	0.2	0.3	0.0	1.3
5:00	11.4	8.5	6.8	2.6	8.0

1 情報行動の全般的傾向

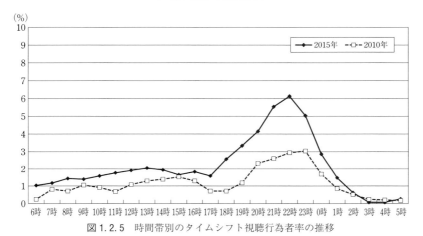

図 1.2.5 時間帯別のタイムシフト視聴行為者率の推移

表 1.2.5 時間帯別のタイムシフト視聴行為者率 (%)

時刻	録画したテレビ番組を見る（全体）	
	2015 年	2010 年
6：00	1.0	0.2
7：00	1.2	0.8
8：00	1.4	0.7
9：00	1.4	1.1
10：00	1.6	0.9
11：00	1.8	0.7
12：00	1.9	1.1
13：00	2.1	1.3
14：00	1.9	1.4
15：00	1.7	1.5
16：00	1.8	1.3
17：00	1.6	0.7
18：00	2.6	0.7
19：00	3.3	1.2
20：00	4.2	2.3
21：00	5.5	2.6
22：00	6.1	2.9
23：00	5.0	3.0
0：00	2.9	1.7
1：00	1.5	0.9
2：00	0.6	0.5
3：00	0.1	0.2
4：00	0.1	0.2
5：00	0.3	0.2

第1部　日本人の情報行動の現状と変化

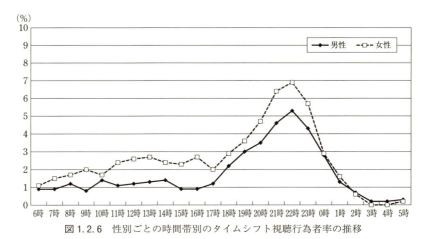

図 1.2.6　性別ごとの時間帯別のタイムシフト視聴行為者率の推移

表 1.2.6　性別ごとの時間帯別のタイムシフト視聴行為者率　(%)

時刻	録画したテレビ番組を見る（全体）	
	男性	女性
6：00	0.9	1.1
7：00	0.9	1.5
8：00	1.2	1.7
9：00	0.8	2.0
10：00	1.4	1.7
11：00	1.1	2.4
12：00	1.2	2.6
13：00	1.3	2.7
14：00	1.4	2.4
15：00	0.9	2.3
16：00	0.9	2.7
17：00	1.2	2.0
18：00	2.2	2.9
19：00	3.0	3.6
20：00	3.5	4.7
21：00	4.6	6.4
22：00	5.3	6.9
23：00	4.3	5.7
0：00	2.8	2.9
1：00	1.3	1.6
2：00	0.7	0.6
3：00	0.2	0.0
4：00	0.2	0.0
5：00	0.3	0.2

1 情報行動の全般的傾向

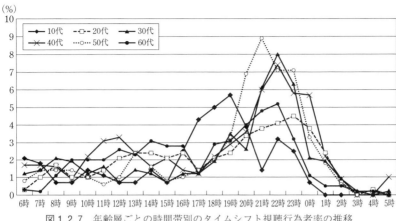

図 1.2.7　年齢層ごとの時間帯別のタイムシフト視聴行為者率の推移

表 1.2.7　年齢層ごとの時間帯別のタイムシフト視聴行為者率　　(%)

時刻	録画したテレビ番組を見る（全体）					
	10代	20代	30代	40代	50代	60代
6:00	2.1	0.3	1.2	1.7	0.8	0.3
7:00	1.8	1.0	1.4	1.7	1.4	0.2
8:00	0.7	1.7	2.1	1.6	1.4	1.1
9:00	0.7	1.0	1.9	0.9	1.4	2.0
10:00	1.4	1.0	1.2	2.2	1.0	2.0
11:00	1.1	1.4	1.6	3.1	0.6	2.0
12:00	0.7	2.1	0.7	3.3	1.0	2.6
13:00	0.7	2.4	1.4	2.4	2.4	2.3
14:00	1.4	2.4	1.2	1.6	1.6	3.1
15:00	0.7	2.1	0.7	2.1	0.8	2.8
16:00	2.5	2.4	1.2	1.4	1.0	2.8
17:00	4.3	1.4	1.2	1.2	1.4	1.2
18:00	5.0	2.1	1.9	2.2	2.0	2.9
19:00	5.7	2.4	3.5	2.9	3.3	3.1
20:00	3.9	3.4	2.6	3.6	6.9	4.0
21:00	1.4	3.8	6.1	6.0	8.9	4.8
22:00	3.2	4.1	8.0	7.4	7.1	5.2
23:00	2.5	4.5	6.3	5.8	7.1	3.2
0:00	0.7	3.8	2.1	5.7	3.3	1.1
1:00	0.0	2.4	1.9	2.2	1.8	0.5
2:00	0.0	0.7	0.9	0.9	0.6	0.5
3:00	0.0	0.0	0.2	0.0	0.0	0.2
4:00	0.0	0.3	0.0	0.0	0.0	0.2
5:00	0.0	0.0	0.2	1.0	0.0	0.0

との大きな違いである.

就業形態別のリアルタイム視聴行為者率の時間帯推移をまとめたのが,表1.2.4および図1.2.4である.ここまでみてきたように2015年調査で特徴的なプライムタイムよりも朝の行為者率のほうが高いという結果は,専業主婦・主夫および学生・生徒で確認された.また,2010年調査では行為者率の時間帯別最大値が,フルタイムで51.2%(21時台),パートタイムで58.2%(20時台),専業主婦・主夫で60.6%(20-21時台)と50%を超過していたが,2015年調査ではこの3カテゴリーでも最大値で50%を下回った.

(2) タイムシフト視聴

回答者全体のタイムシフト視聴行為者率の時間帯別推移についてまとめたのが表1.2.5および図1.2.5である.比較のために,2010年調査の結果についても併記した.図1.2.5の縦軸は%であるが,全体の行為者率が低いため,上限を10%にして図示した.全体としての行為者率が低いため,時間帯推移パターンはリアルタイム視聴行為ほど明確ではないが,18時台から22時台にかけて行為者率が上昇する傾向が,2010年調査よりも明確にみられた.

回答者を男性と女性に分けてタイムシフト視聴行為者率の時間帯推移についてまとめたのが表1.2.6および図1.2.6である.リアルタイム視聴行為者率では男女差が2010年調査に比して縮小したことを指摘したが,タイムシフト視聴行為者率においては2015年調査でもおおむね女性のほうが高い行為者率を示したといえる.

年齢層ごとにタイムシフト視聴行為者率の時間帯推移をまとめたのが表1.2.7および図1.2.7である.2010年調査と同様に,全体として低い行為者率のなかでの変動であるため,年齢層ごとのパターンは明確ではない.ただし,どの年齢層でも夕刻以降の時間帯に行為者率が最大となる時間帯がくる点は共通していた.また,2010年調査では60代の行為者率は一貫して2%未満で推移していたが,2015年調査では最大5.2%(22時台)の行為者率が示された.

1.2.2 インターネット利用の時刻変化

今回の調査ではインターネット利用をパソコン・タブレット端末からのイン

ターネット利用（以下，PCインターネット利用）とスマートフォン・従来型携帯電話・PHSからのインターネット利用（以下，モバイルインターネット利用）に分けて，インターネット利用に関する行為の記録を求めた．PCインターネット利用，モバイルインターネット利用ともに「メールを読む・書く」「ソーシャルメディアを見る・書く」「ソーシャルメディア以外のサイトを見る・書く」「ネット動画を見る」「LINEやスカイプなどネットで音声通話をする」「ゲームをする（ネット経由・オンラインで）」「電子書籍を見る（ダウンロード含む）」の7項目に分けて行為の記録を求めた．ここでは，インターネット利用（PCインターネット利用，モバイルインターネット利用を合わせた14項目のうち，いずれかのインターネット利用を行っていた場合には，その時間帯にインターネット利用を行ったとみなす計算），PCインターネット利用（7項目のうち，いずれかのPCインターネット利用を行っていた場合には，その時間帯にPCインターネット利用を行ったとみなす計算），モバイルインターネット利用（7項目のうち，いずれかのモバイルインターネット利用を行っていた場合には，その時間帯にモバイルインターネット利用を行ったとみなす計算）に分けて時間帯別の行為者率の推移について検討していく．

（1）インターネット利用

回答者全体のインターネット利用行為者率の時間帯推移についてまとめたのが表1.2.8および図1.2.8である．表1.2.8および図1.2.8には比較対象としてPCインターネット利用とモバイルインターネット利用の結果を併記した．

図1.2.8からわかるように，インターネット利用全体の行為者率推移パターンはPCインターネット利用よりもモバイルインターネット利用のそれと類似したものであった．時間帯推移パターンの相関係数を算出すると，インターネット利用とPCインターネット利用の相関係数は0.874であったのに対し，インターネット利用とモバイルインターネット利用の相関係数は0.982であった．2010年調査では前者が0.924，後者が0.959であったことから，インターネット利用行為の中心的部分がモバイルインターネット利用に移行していることを示唆する結果であるといえよう．

次に，インターネット利用のみについて男女別に時間帯ごとの行為者率の推

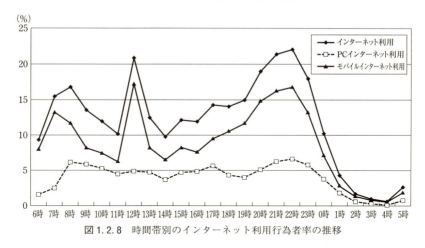

図 1.2.8　時間帯別のインターネット利用行為者率の推移

表 1.2.8　時間帯別のインターネット利用行為者率　(%)

時刻	インターネット利用	PCインターネット利用	モバイルインターネット利用
6:00	9.3	1.6	8.0
7:00	15.5	2.5	13.2
8:00	16.8	6.2	11.7
9:00	13.5	5.9	8.2
10:00	11.9	5.3	7.5
11:00	10.2	4.5	6.2
12:00	20.9	4.9	17.3
13:00	12.5	4.7	8.2
14:00	9.8	3.7	6.5
15:00	12.1	4.7	8.3
16:00	11.9	4.8	7.6
17:00	14.3	5.7	9.5
18:00	14.1	4.3	10.5
19:00	15.0	4.0	11.7
20:00	19.0	5.1	14.8
21:00	21.4	6.3	16.3
22:00	22.1	6.6	16.8
23:00	18.0	5.8	13.2
0:00	10.2	3.8	7.1
1:00	4.3	1.8	2.8
2:00	1.7	0.6	1.3
3:00	1.0	0.3	0.8
4:00	0.6	0.1	0.6
5:00	2.6	0.8	1.9

1 情報行動の全般的傾向

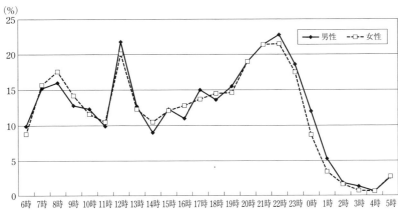

図 1.2.9 性別ごとの時間帯別のインターネット利用行為者率の推移

表 1.2.9　性別ごとの時間帯別のインターネット利用行為者率　(%)

時刻	インターネット利用	
	男性	女性
6:00	9.9	8.8
7:00	15.2	15.7
8:00	16.0	17.6
9:00	12.8	14.2
10:00	12.3	11.6
11:00	9.9	10.5
12:00	21.8	20.1
13:00	12.7	12.3
14:00	9.0	10.5
15:00	12.3	12.1
16:00	11.0	12.8
17:00	15.0	13.7
18:00	13.6	14.5
19:00	15.5	14.6
20:00	19.0	19.0
21:00	21.4	21.4
22:00	**22.8**	21.5
23:00	18.6	17.5
0:00	12.0	8.7
1:00	5.3	3.4
2:00	1.8	1.6
3:00	1.3	0.7
4:00	0.6	0.6
5:00	2.6	2.7

第1部 日本人の情報行動の現状と変化

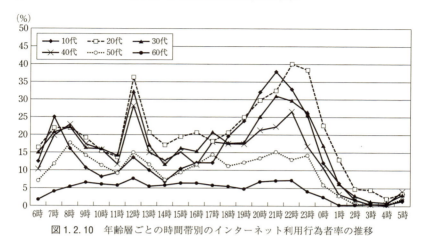

図 1.2.10 年齢層ごとの時間帯別のインターネット利用行為者率の推移

表 1.2.10 年齢層ごとの時間帯別のインターネット利用行為者率　(%)

時刻	インターネット利用					
	10代	20代	30代	40代	50代	60代
6:00	12.5	16.4	15.0	10.3	7.1	1.8
7:00	25.0	21.9	20.7	19.8	11.8	4.1
8:00	16.1	21.9	22.1	22.9	17.7	5.4
9:00	10.7	19.2	16.2	17.4	14.2	6.6
10:00	8.2	15.4	16.0	15.8	11.4	6.1
11:00	9.3	13.7	14.1	11.7	9.2	5.8
12:00	13.6	36.3	32.2	28.2	15.0	7.7
13:00	10.0	20.6	16.9	15.0	11.6	5.5
14:00	6.8	17.1	11.5	12.7	7.3	5.8
15:00	10.4	19.5	16.2	15.1	9.4	6.4
16:00	12.1	20.6	15.3	11.5	11.6	6.4
17:00	12.1	18.2	20.7	18.0	14.4	5.8
18:00	19.6	20.6	17.6	17.5	11.2	5.5
19:00	23.9	25.0	17.8	17.4	12.2	4.8
20:00	32.1	29.8	25.1	21.3	13.4	6.8
21:00	37.9	32.5	31.0	22.2	15.2	7.1
22:00	32.9	40.1	29.6	26.6	13.0	7.2
23:00	25.4	38.4	26.3	16.8	14.2	4.1
0:00	12.1	22.6	16.9	10.7	5.9	2.5
1:00	6.4	13.0	6.1	3.3	2.9	0.3
2:00	1.8	4.8	2.8	1.7	0.6	0.3
3:00	0.4	4.5	1.2	0.5	0.4	0.5
4:00	0.4	2.1	0.9	0.5	0.4	0.2
5:00	1.4	3.4	3.1	4.1	2.0	1.7

移をまとめたのが表 1.2.9 および図 1.2.9 である．表 1.2.9 に示された数値からも明らかなように，男女の間で時間帯ごとのインターネット利用行為者率に大きな差はなく，相関係数も 0.982 と類似したパターンが示されたといえる．

同様に年齢層ごとに時間帯別のインターネット利用行為者率の推移をまとめたのが表 1.2.10 および図 1.2.10 である．50 代および 60 代は深夜を除くと行為者率に大きな変動がないこと，40 代は 12 時台の行為者率がもっとも高いこと，10 代，20 代に関しては夜の時間帯に行為者率がもっとも高まっていたことなどは，2010 年調査と同様の結果であった．一方で，40 代で夜の時間帯に行為者率の上昇が生じるようになったこと，10 代の行為者率が 2010 年調査と比較して最大で約 10 ポイント（21 時台）上昇したことなどの変化が確認された．

（2） PC インターネット利用

回答者全体の PC インターネット利用行為者率の時間帯推移についてまとめたのが表 1.2.11 および図 1.2.11 である．比較のために，2005 年調査における「パソコン系インターネット」の利用行為者率，2010 年調査における PC インターネットの利用行為者率（橋元ほか，2011）の時間帯推移を併記した．

PC インターネット利用に関しては，深夜を除く全体の時間帯を通して 2015 年調査の行為者率は 2005 年調査と 2010 年調査の中間程度という結果となった．つまり，2015 年調査の行為者率は 2005 年調査での行為者率より高かったが，2010 年調査の行為者率より低かったということである．

性別ごとに PC インターネット利用行為者率の時間帯推移についてまとめたのが，表 1.2.12 および図 1.2.12 である．性別ごとの時間帯別のインターネット利用行為者率の推移では男女差はほとんどみられなかったが，PC インターネット利用行為者率の推移では，全体的な男女差がみられた．表 1.2.12 に示された数値から確認できるように，一貫してどの時間帯でも女性よりも男性のほうが，行為者率が高かった．男性のほうが PC インターネット利用に関して高い行為者率を示すという結果は，2010 年調査でも確認された．

年齢層ごとに PC インターネット利用行為者率の時間帯推移についてまとめたのが，表 1.2.13 および図 1.2.13 である．深夜時間帯を除いて，60 代は行為者率の変動が小さく，相対的にみて 20 代の行為者率の変動が大きかった．ま

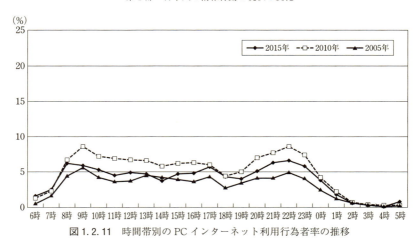

図 1.2.11　時間帯別の PC インターネット利用行為者率の推移

表 1.2.11　時間帯別の PC インターネット利用行為者率　(%)

時刻	PC インターネット利用		
	2015 年	2010 年	2005 年
6：00	1.6	1.3	0.5
7：00	2.5	2.3	1.6
8：00	6.2	6.7	4.4
9：00	5.9	8.6	5.6
10：00	5.3	7.2	4.2
11：00	4.5	6.9	3.6
12：00	4.9	6.7	3.7
13：00	4.7	6.6	4.5
14：00	3.7	5.8	4.2
15：00	4.7	6.2	3.9
16：00	4.8	6.3	3.6
17：00	5.7	6.0	4.3
18：00	4.3	4.4	2.7
19：00	4.0	5.0	3.4
20：00	5.1	7.0	4.1
21：00	6.3	7.7	4.1
22：00	6.6	8.6	4.9
23：00	5.8	7.4	4.0
0：00	3.8	4.2	2.4
1：00	1.8	2.2	1.2
2：00	0.6	0.7	0.6
3：00	0.3	0.4	0.3
4：00	0.1	0.3	0.1
5：00	0.8	0.3	0.2

1 情報行動の全般的傾向

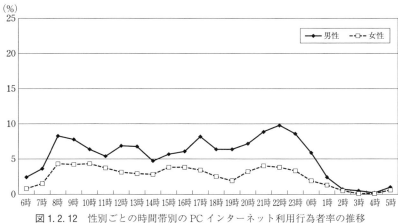

図 1.2.12　性別ごとの時間帯別の PC インターネット利用行為者率の推移

表 1.2.12　性別ごとの時間帯別の PC インターネット利用行為者率　(%)

時刻	PC インターネット利用	
	男性	女性
6：00	2.4	0.8
7：00	3.6	1.5
8：00	8.3	4.3
9：00	7.8	4.2
10：00	6.4	4.3
11：00	5.4	3.7
12：00	6.9	3.1
13：00	6.8	2.9
14：00	4.7	2.8
15：00	5.7	3.8
16：00	6.1	3.8
17：00	8.2	3.4
18：00	6.4	2.5
19：00	6.4	1.9
20：00	7.2	3.2
21：00	8.9	4.0
22：00	9.8	3.8
23：00	8.6	3.3
0：00	5.9	1.9
1：00	2.4	1.3
2：00	0.7	0.5
3：00	0.5	0.1
4：00	0.2	0.1
5：00	1.0	0.6

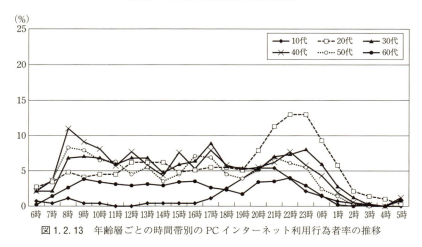

図 1.2.13 年齢層ごとの時間帯別の PC インターネット利用行為者率の推移

表 1.2.13　年齢層ごとの時間帯別の PC インターネット利用行為者率　(%)

時刻	PC インターネット利用					
	10代	20代	30代	40代	50代	60代
6:00	0.7	2.7	2.1	2.1	2.2	0.2
7:00	0.4	3.4	2.1	3.6	3.7	1.4
8:00	1.1	4.8	6.8	11.0	8.3	2.6
9:00	0.4	4.1	7.0	9.1	7.9	3.8
10:00	0.4	4.5	6.8	8.1	6.5	3.4
11:00	0.0	4.5	5.9	5.7	6.3	3.1
12:00	0.0	6.2	6.8	7.7	4.5	2.9
13:00	0.4	6.2	6.8	5.8	5.5	3.1
14:00	0.4	6.2	4.7	4.3	3.5	2.9
15:00	0.4	4.8	5.9	7.6	4.5	3.4
16:00	0.4	5.1	6.3	5.3	7.1	3.5
17:00	1.1	5.5	8.9	7.9	4.5	2.6
18:00	2.5	5.5	5.6	5.8	4.5	2.3
19:00	3.9	5.1	5.4	5.2	3.9	1.7
20:00	5.4	7.9	5.2	5.5	5.1	3.4
21:00	5.4	11.3	7.0	6.2	6.9	3.5
22:00	3.9	13.0	7.3	7.7	6.1	4.0
23:00	2.1	13.0	8.0	5.8	5.5	2.9
0:00	1.4	9.3	5.9	4.3	2.4	1.5
1:00	0.7	5.8	2.8	1.9	1.4	0.2
2:00	0.4	2.1	1.2	0.5	0.2	0.0
3:00	0.0	1.4	0.2	0.2	0.0	0.3
4:00	0.0	1.0	0.0	0.0	0.0	0.0
5:00	0.0	0.3	0.9	1.2	0.8	0.8

1 情報行動の全般的傾向

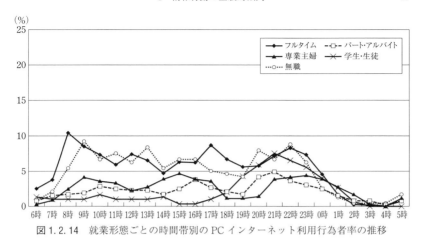

図 1.2.14　就業形態ごとの時間帯別の PC インターネット利用行為者率の推移

表 1.2.14　就業形態ごとの時間帯別の PC インターネット利用行為者率　(%)

時刻	フルタイム	パート・アルバイト	専業主婦	学生・生徒	無職
6:00	2.5	0.8	0.3	1.3	0.8
7:00	3.8	1.5	0.8	1.0	2.1
8:00	**10.4**	1.7	2.5	1.0	5.5
9:00	8.5	1.9	4.1	1.0	**9.2**
10:00	7.4	2.8	3.6	1.6	6.7
11:00	6.0	2.5	3.3	1.0	7.6
12:00	7.5	2.3	2.2	1.0	6.3
13:00	6.6	2.3	2.7	1.0	8.4
14:00	4.7	1.7	3.8	1.3	5.5
15:00	6.4	2.5	**4.6**	0.3	6.7
16:00	6.3	3.8	3.8	0.3	6.7
17:00	8.7	2.7	3.6	1.0	5.0
18:00	6.7	2.1	1.1	2.0	4.6
19:00	5.6	1.7	1.1	4.3	4.2
20:00	5.8	4.2	1.4	5.9	8.0
21:00	7.2	**4.9**	3.8	7.6	6.7
22:00	8.3	3.6	4.1	6.6	8.8
23:00	7.4	3.0	4.4	5.6	6.3
0:00	4.6	2.5	3.8	4.0	2.5
1:00	1.7	1.5	2.7	2.6	1.3
2:00	0.2	0.8	1.6	0.7	0.4
3:00	0.2	0.8	0.3	0.0	0.4
4:00	0.1	0.2	0.0	0.0	0.4
5:00	0.7	0.8	1.1	0.0	1.7

た，10代のPCインターネット利用は2010年調査と同様に夜間の利用が中心的であった．

就業形態ごとにPCインターネット利用行為者率の時間帯推移についてまとめたのが表1.2.14および図1.2.14である．2010年調査ではフルタイムワーカーの行為者率が他の就業形態に比べて明確に高かったが，今回の調査ではそのような結果は得られなかった．全体的に各時間帯でPCインターネット利用行為者率が2010年調査に比べて2015年調査では低下したことを表1.2.11および図1.2.11で示したが，そうした低下がフルタイムワーカーで特にみられた．

（3）モバイルインターネット利用

回答者全体のモバイルインターネット利用行為者率の時間帯推移についてまとめたのが表1.2.15および図1.2.15である．比較のために2005年調査における「携帯系インターネット」利用行為者率および2010年調査における携帯インターネット利用行為者率（橋元ほか，2011）の時間帯推移を併記した．

PCインターネット利用とは異なり，モバイルインターネット利用に関しては2005年調査，2010年調査のいずれと比べても全時間帯を通じて上昇した．この5年間でスマートフォンおよびLTEの普及が進んだことによる影響であると考えられるだろう．さらに，2010年調査以上に朝，昼，夜の3つの時点での行為者率のピークが明確になったことも指摘できる．

性別ごとにモバイルインターネット利用行為者率の時間帯推移についてまとめたのが表1.2.16および図1.2.16である．PCインターネット利用行為者率に関しては，全時間帯で一貫して女性に比べて男性のほうが高い行為者率を示したが，モバイルインターネット利用行為者率では深夜時間帯を除いて，男性に比べて女性の行為者率が高かった．この点は，2010年調査でも同様に示された結果であり，インターネット利用におけるPCとモバイルの対照的な性差は継続していると考えられる．

年齢層ごとにモバイルインターネット利用行為者率の時間帯推移についてまとめたのが表1.2.17および図1.2.17である．20代以上では12時台に最大の行為者率が示された．そして，深夜時間帯を除いた時間帯別の行為者率の変動は年齢層が下がるほど大きなものとなっていることがわかる．また，10代お

1 情報行動の全般的傾向

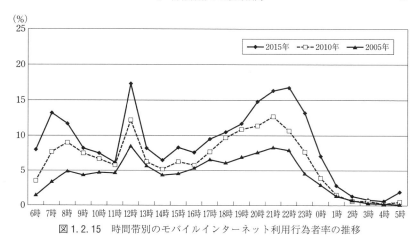

図1.2.15 時間帯別のモバイルインターネット利用行為者率の推移

表1.2.15 時間帯別のモバイルインターネット利用行為者率 (%)

時刻	モバイルインターネット利用		
	2015年	2010年	2005年
6:00	8.0	3.5	1.4
7:00	13.2	7.7	3.3
8:00	11.7	9.0	4.9
9:00	8.2	7.5	4.3
10:00	7.5	6.7	4.7
11:00	6.2	5.8	4.6
12:00	17.3	12.2	8.5
13:00	8.2	6.3	5.7
14:00	6.5	5.2	4.3
15:00	8.3	6.3	4.5
16:00	7.6	5.8	5.3
17:00	9.5	7.7	6.6
18:00	10.5	9.7	6.1
19:00	11.7	10.9	6.9
20:00	14.8	11.4	7.6
21:00	16.3	12.7	8.3
22:00	16.8	10.7	7.9
23:00	13.2	7.7	4.5
0:00	7.1	3.9	2.9
1:00	2.8	1.5	1.3
2:00	1.3	0.6	0.7
3:00	0.8	0.6	0.3
4:00	0.6	0.2	0.2
5:00	1.9	0.5	0.1

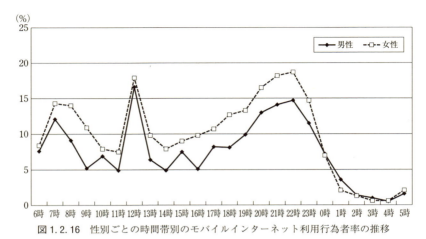

図 1.2.16　性別ごとの時間帯別のモバイルインターネット利用行為者率の推移

表 1.2.16　性別ごとの時間帯別のモバイルインターネット利用行為者率　(%)

時刻	モバイルインターネット利用	
	男性	女性
6:00	7.6	8.4
7:00	12.1	14.3
8:00	9.1	14.0
9:00	5.2	10.9
10:00	6.9	7.9
11:00	4.9	7.5
12:00	16.6	17.9
13:00	6.4	9.8
14:00	4.9	7.9
15:00	7.5	9.0
16:00	5.1	9.8
17:00	8.2	10.7
18:00	8.1	12.7
19:00	9.9	13.3
20:00	13.0	16.5
21:00	14.1	18.2
22:00	14.7	18.7
23:00	11.5	14.7
0:00	7.2	7.0
1:00	3.6	2.1
2:00	1.4	1.3
3:00	1.0	0.6
4:00	0.5	0.6
5:00	1.6	2.1

1 情報行動の全般的傾向

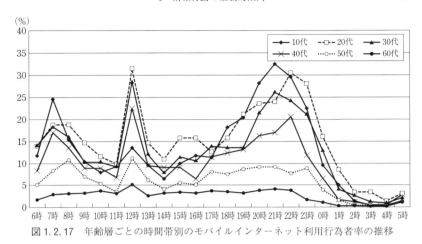

図 1.2.17　年齢層ごとの時間帯別のモバイルインターネット利用行為者率の推移

表 1.2.17　年齢層ごとの時間帯別のモバイルインターネット利用行為者率　(%)

時刻	モバイルインターネット利用					
	10代	20代	30代	40代	50代	60代
6:00	11.8	14.0	14.1	8.3	5.1	1.7
7:00	24.6	18.8	18.3	17.0	8.3	2.9
8:00	15.4	18.8	16.0	13.6	10.8	3.1
9:00	10.4	14.7	10.3	8.9	6.9	3.2
10:00	7.9	11.6	10.3	8.9	5.3	3.7
11:00	9.3	9.9	9.2	6.7	3.5	3.1
12:00	13.6	31.5	28.6	22.5	11.2	5.1
13:00	9.6	14.7	12.0	9.5	6.1	2.6
14:00	6.4	11.0	7.8	9.1	4.1	3.2
15:00	10.0	15.8	11.5	9.1	5.5	3.4
16:00	11.8	15.8	10.6	6.4	5.1	3.2
17:00	11.4	12.7	13.9	11.5	8.1	3.7
18:00	18.2	15.8	13.6	12.4	7.5	3.5
19:00	20.4	21.2	13.6	13.2	8.7	3.2
20:00	28.2	23.6	21.4	16.3	9.2	3.8
21:00	32.5	24.0	26.1	17.0	9.2	4.1
22:00	29.6	30.5	24.2	20.6	7.7	3.8
23:00	22.5	28.1	21.1	11.9	8.9	1.7
0:00	9.6	16.1	12.9	6.5	3.9	1.1
1:00	5.0	8.6	4.0	1.7	1.6	0.3
2:00	1.4	3.4	2.6	1.2	0.4	0.3
3:00	0.4	3.4	1.2	0.5	0.4	0.2
4:00	0.4	1.4	0.9	0.5	0.4	0.2
5:00	1.4	3.1	2.1	2.8	1.2	1.1

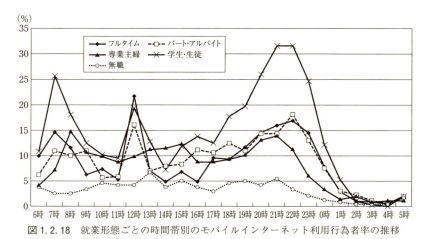

図 1.2.18 就業形態ごとの時間帯別のモバイルインターネット利用行為者率の推移

表 1.2.18 就業形態ごとの時間帯別のモバイルインターネット利用行為者率 (%)

時刻	モバイルインターネット利用				
	フルタイム	パート・アルバイト	専業主婦	学生・生徒	無職
6:00	10.0	6.3	4.1	10.9	3.8
7:00	14.7	11.0	7.1	25.7	2.5
8:00	11.6	10.0	14.8	18.1	2.5
9:00	6.3	11.0	10.7	12.5	3.4
10:00	7.4	5.7	9.8	10.2	4.6
11:00	5.3	5.9	8.7	9.5	4.2
12:00	21.7	16.1	9.8	19.4	4.2
13:00	7.1	7.0	11.2	12.8	6.7
14:00	4.9	8.0	11.5	7.2	3.8
15:00	6.8	8.3	12.3	11.8	5.0
16:00	4.9	11.2	8.7	13.8	3.8
17:00	9.6	10.6	8.7	12.5	2.9
18:00	9.3	12.5	9.3	17.8	4.6
19:00	11.7	11.0	10.1	19.7	5.0
20:00	14.6	14.4	13.1	26.0	4.2
21:00	16.0	14.4	13.9	31.6	5.5
22:00	16.9	18.2	11.2	31.6	3.4
23:00	14.5	13.1	6.0	24.7	2.1
0:00	7.8	7.6	3.3	12.2	1.3
1:00	2.9	3.0	1.4	5.3	0.8
2:00	1.0	2.3	1.9	1.0	0.4
3:00	0.9	1.1	0.8	0.3	0.4
4:00	0.6	0.6	1.1	0.0	0.4
5:00	2.0	1.9	1.1	2.0	1.7

および20代では夜間のピーク時の行為者率がテレビのリアルタイム視聴行為者率（表1.2.3および図1.2.3参照）よりも高かった．特に10代は夜間の早い時間帯では20代以上の高い行為者率を示した．

就業形態ごとにモバイルインターネット利用行為者率の時間帯推移についてまとめたのが表1.2.18および図1.2.18である．深夜時間帯および12時台を除いて，学生・生徒のモバイルインターネット利用行為者率は一貫して他の就業形態に比べて高かった．また，時間帯による行為者率の変動も学生・生徒において非常に大きくみられた．

（4）インターネット利用と生活行動・場所

インターネット利用と生活行動の関係を分析するために，PCインターネット利用とモバイルインターネット利用のそれぞれについて，それらの利用が行われた時間帯の生活行動の内訳を計算した．PCインターネット利用における生活行動の内訳を図1.2.19に，モバイルインターネット利用における生活行動の内訳を図1.2.20に示す．

図1.2.19から，昼間の時間帯においてPCインターネット利用行為が生じる際の生活行動は「仕事」が主要なものであることがわかる．それに対して夜間の時間帯では「趣味など（趣味・娯楽・休息）」が中心的なものであることがわかる．「（2）PCインターネット利用」で示したように，PCインターネット利用に関しては行為者率の変動があまり大きくないが，生活行動との関連からみて，PCインターネット利用の時間帯による特徴は存在している．また，その内容は，2010年調査の場合（橋元ほか，2011）と一貫したものといえる．

図1.2.20から，PCインターネット利用と異なり，モバイルインターネット利用では昼間の時間帯でも「仕事」の占める割合が相対的に大きくないことがわかる．全体として，「飲食・家事など（飲食・身じたく・家事，買物など）」と「趣味など（趣味・娯楽・休息）」が占める割合が大きい．

次にインターネット利用と場所の関係を分析するために，PCインターネット利用とモバイルインターネット利用のそれぞれについて，それらの利用が行われた時間帯の場所の内訳を計算した．PCインターネット利用における場所の内訳を図1.2.21に，モバイルインターネット利用における場所の内訳を図

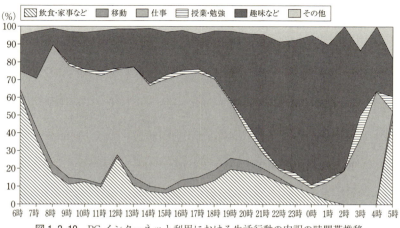

図 1.2.19 PC インターネット利用における生活行動の内訳の時間帯推移

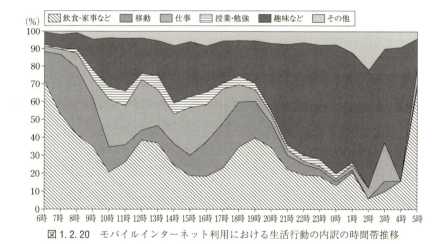

図 1.2.20 モバイルインターネット利用における生活行動の内訳の時間帯推移

1.2.22 に示す.

　図1.2.21 に示されるように，PC インターネット利用においては「自宅」と「職場」が大半を占める．一方で，図1.2.22 に示されるように，モバイルインターネット利用においては「自宅」が中心であり，昼間の時間帯には「自宅」以外の様々な場所で利用が行われていることがわかる．こうした場所を問わない利用の実態はモバイルインターネット利用の大きな特徴を示しているといえる．

1 情報行動の全般的傾向

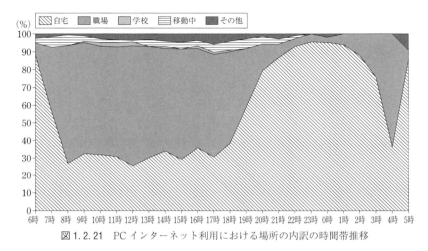

図1.2.21 PCインターネット利用における場所の内訳の時間帯推移

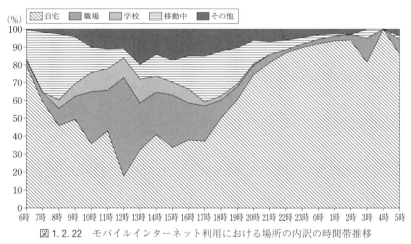

図1.2.22 モバイルインターネット利用における場所の内訳の時間帯推移

(5) 項目別の行為者率の時間帯推移

PCインターネット利用における各項目について1時間ごとの行為者率をもとめたものが表1.2.19である．同様に，モバイルインターネット利用における各項目についての1時間ごとの行為者率を求めたものが表1.2.20である．

それぞれの項目のピーク時間帯（行為者率が最大の時刻）で分類すると以下のようになる（ただし，ピーク時間帯の行為者率が1%以下のものは除く）．

表1.2.19 PCインターネット利用における項目別行為者率の時間帯推移　(%)

時刻	パソコン・タブレット（ネット利用）						
	メール	ソーシャルメディア	ソーシャルメディア以外	ネット動画	ネット音声通話	オンラインゲーム	電子書籍
6:00	0.3	0.3	0.8	0.1	0.0	0.3	0.0
7:00	1.3	0.3	0.9	0.2	0.0	0.2	0.1
8:00	**4.4**	0.5	1.3	0.2	0.1	0.3	0.1
9:00	4.2	0.5	1.3	0.3	0.1	0.4	0.0
10:00	3.2	0.4	1.5	0.4	0.1	0.5	0.1
11:00	2.9	0.3	1.5	0.4	0.0	0.2	0.1
12:00	2.1	0.4	2.2	0.4	0.1	0.5	0.1
13:00	2.9	0.3	1.2	0.2	0.2	0.4	0.1
14:00	2.1	0.4	1.1	0.2	0.1	0.3	0.1
15:00	2.9	0.4	1.4	0.3	0.1	0.3	0.1
16:00	3.0	0.4	1.5	0.3	0.1	0.6	0.1
17:00	3.5	0.4	1.5	0.3	0.1	0.5	**0.2**
18:00	2.4	0.6	1.1	0.4	0.1	0.4	**0.2**
19:00	1.8	0.7	1.1	0.6	0.1	0.4	0.1
20:00	2.0	0.8	1.3	0.9	0.3	0.7	0.1
21:00	2.1	1.2	2.2	1.1	0.3	1.3	0.1
22:00	1.7	**1.4**	**2.4**	1.7	0.3	**1.4**	0.1
23:00	1.4	1.1	2.3	1.7	**0.4**	1.0	**0.2**
0:00	0.5	0.6	1.6	1.1	0.2	0.8	**0.2**
1:00	0.4	0.4	0.5	0.4	0.2	0.4	0.0
2:00	0.1	0.3	0.2	0.0	0.1	0.2	0.0
3:00	0.2	0.1	0.0	0.0	0.0	0.1	0.0
4:00	0.0	0.0	0.0	0.0	0.0	0.0	0.0
5:00	0.4	0.2	0.3	0.0	0.0	0.2	0.0

- 午前中にピークがあるもの：PCでの「メール」
- 12時にピークがあるもの：モバイルでの「メール」「ソーシャルメディア」「ソーシャルメディア以外のサイト」
- 13〜17時にピークがあるもの：なし
- 18〜23時にピークがあるもの：PCでの「ソーシャルメディア」「ソーシャルメディア以外のサイト」「ネット動画」「オンラインゲーム」，モバイルでの「ネット動画」「ネット音声通話」「オンラインゲーム」

1.2.3　その他おもなメディアの時刻変化

　PCインターネット利用，モバイルインターネット利用を除いた個別の情報行動について，1時間ごとの行為者率を求めたものが表1.2.21から表1.2.24

1 情報行動の全般的傾向

表 1.2.20 モバイルインターネット利用における項目別行為者率の時間帯推移 (%)

時刻	スマートフォン・携帯電話・PHS (ネット利用)						
	メール	ソーシャルメディア	ソーシャルメディア以外	ネット動画	ネット音声通話	オンラインゲーム	電子書籍
6:00	3.6	3.5	1.8	0.3	0.2	1.0	0.1
7:00	6.0	6.5	2.9	0.6	0.4	2.5	0.2
8:00	5.1	4.7	2.1	0.3	0.4	2.5	0.2
9:00	3.8	3.1	1.7	0.3	0.2	0.8	0.0
10:00	3.0	2.6	1.4	0.2	0.3	1.6	0.0
11:00	2.2	2.7	1.1	0.2	0.3	1.0	0.0
12:00	**8.3**	**7.4**	**3.2**	0.6	0.5	3.3	0.3
13:00	3.0	3.6	1.7	0.4	0.4	1.0	0.2
14:00	2.4	2.4	1.4	0.3	0.4	1.1	0.1
15:00	3.2	3.1	1.3	0.3	0.3	1.9	0.0
16:00	3.0	2.9	1.1	0.3	0.2	1.3	0.1
17:00	4.0	4.0	1.4	0.3	0.4	1.7	0.0
18:00	4.7	4.4	1.5	0.3	0.6	2.1	0.0
19:00	4.6	5.0	1.3	0.7	0.8	1.9	0.2
20:00	5.5	6.0	2.0	1.0	1.0	3.0	0.3
21:00	4.5	7.1	3.0	1.5	**1.6**	3.0	0.2
22:00	4.9	6.5	2.9	**1.6**	1.4	**4.1**	0.3
23:00	3.0	5.3	2.5	1.1	1.1	3.1	**0.5**
0:00	1.4	2.5	1.9	0.8	0.4	2.1	0.2
1:00	0.6	1.0	0.8	0.5	0.2	0.8	0.1
2:00	0.3	0.6	0.2	0.2	0.1	0.5	0.0
3:00	0.1	0.4	0.2	0.0	0.1	0.3	0.0
4:00	0.0	0.2	0.1	0.0	0.1	0.3	0.0
5:00	0.8	0.8	0.4	0.1	0.0	0.2	0.0

までの4つの表である．PCインターネット利用，モバイルインターネット利用と同様に，それぞれの情報行動のピーク時間帯で分類すると以下のようになる（ただし，ピーク時間帯の行為者率が1%以下のものは除く）．

- 午前中にピークがあるもの：PCでの「作業」，印刷物としての「新聞」，「ラジオ聴取」，固定電話での「通話」
- 12時にピークがあるもの：モバイルでの「通話」
- 13〜17時にピークがあるもの：なし
- 18〜23時にピークがあるもの：テレビ受像機での「TV視聴」「録画視聴」「DVD視聴」，印刷物としての「書籍」

表 1.2.21 テレビ受像機を利用した情報行動行為者率の時間帯推移

(%)

時刻	テレビ			
	TV 視聴	録画視聴	DVD 視聴	TV ゲーム
6:00	29.1	1.0	0.0	0.0
7:00	37.8	1.0	0.2	0.2
8:00	22.4	1.3	0.3	0.2
9:00	10.1	1.4	0.2	0.1
10:00	6.8	1.5	0.3	0.2
11:00	6.6	1.7	0.4	0.2
12:00	13.9	1.9	0.3	0.1
13:00	8.8	2.0	0.6	0.2
14:00	7.0	1.9	0.7	0.2
15:00	6.7	1.6	0.7	0.3
16:00	6.3	1.7	0.7	0.3
17:00	9.9	1.5	0.6	0.6
18:00	20.6	2.4	0.4	0.7
19:00	33.9	3.2	0.5	0.6
20:00	39.1	3.9	1.0	0.6
21:00	**39.3**	5.3	1.4	0.7
22:00	32.6	**5.8**	**1.5**	**0.8**
23:00	18.7	4.7	1.0	0.6
0:00	7.0	2.5	0.6	0.4
1:00	2.3	1.4	0.3	0.2
2:00	0.9	0.6	0.1	0.1
3:00	0.3	0.1	0.1	0.0
4:00	0.4	0.1	0.1	0.0
5:00	8.9	0.3	0.2	0.0

1 情報行動の全般的傾向

表 1.2.22 モバイル端末を利用した情報行動行為者率の時間帯推移 (%)

時刻	通話	スマートフォン・携帯電話・PHS（ネット以外）			
		TV 視聴	録画 TV 視聴	オフラインゲーム	作業
6:00	0.5	0.1	0.0	0.4	0.0
7:00	1.5	0.2	0.0	0.3	0.0
8:00	2.1	0.1	0.0	0.3	0.2
9:00	3.5	0.0	0.0	0.2	0.1
10:00	3.7	0.0	0.0	0.2	0.1
11:00	3.4	0.0	0.0	0.2	0.1
12:00	4.9	0.2	0.0	0.6	0.0
13:00	4.1	0.0	0.0	0.4	0.0
14:00	2.9	0.0	0.0	0.4	0.2
15:00	3.3	0.1	0.0	0.3	0.2
16:00	4.0	0.1	0.1	0.4	0.2
17:00	4.3	0.1	0.0	0.4	0.2
18:00	4.7	0.2	0.1	0.5	0.0
19:00	3.5	0.3	0.1	0.6	0.0
20:00	3.2	0.5	0.2	0.6	0.0
21:00	2.3	0.2	0.1	0.7	0.0
22:00	1.5	0.2	0.1	0.6	0.1
23:00	1.1	0.1	0.1	0.7	0.0
0:00	0.6	0.0	0.1	0.3	0.0
1:00	0.3	0.0	0.0	0.2	0.0
2:00	0.1	0.0	0.0	0.0	0.0
3:00	0.2	0.0	0.0	0.0	0.0
4:00	0.0	0.0	0.0	0.0	0.0
5:00	0.2	0.0	0.0	0.1	0.0

表 1.2.23 PC・タブレット端末を利用した情報行動行為者率の時間帯推移 (%)

時刻	TV視聴	録画TV視聴	DVD視聴	オフラインゲーム	作業
			パソコン・タブレット（ネット以外）		
6:00	0.2	0.0	0.0	0.0	0.1
7:00	0.3	0.1	0.0	0.0	0.2
8:00	0.1	0.1	0.0	0.1	1.5
9:00	0.1	0.0	0.0	0.1	2.6
10:00	0.0	0.0	0.0	0.0	3.1
11:00	0.1	0.0	0.0	0.2	3.1
12:00	0.2	0.1	0.1	0.2	1.6
13:00	0.0	0.1	0.0	0.1	2.1
14:00	0.0	0.1	0.0	0.2	2.1
15:00	0.0	0.0	0.0	0.2	2.3
16:00	0.0	0.0	0.0	0.2	2.7
17:00	0.0	0.0	0.0	0.2	2.5
18:00	0.3	0.1	0.0	0.3	1.7
19:00	0.5	0.1	0.0	0.2	1.3
20:00	0.6	0.2	0.1	0.3	1.1
21:00	0.6	0.3	0.2	0.3	1.1
22:00	0.6	0.4	0.3	0.2	0.9
23:00	0.6	0.3	0.3	0.3	0.9
0:00	0.3	0.3	0.2	0.2	0.5
1:00	0.0	0.1	0.0	0.2	0.3
2:00	0.0	0.1	0.0	0.1	0.2
3:00	0.0	0.0	0.0	0.0	0.2
4:00	0.0	0.0	0.1	0.0	0.1
5:00	0.0	0.0	0.0	0.0	0.2

1　情報行動の全般的傾向

表 1.2.24 その他のメディアを利用した情報行動行為者率の時間帯推移　(%)

時刻	印刷物					ラジオ		固定電話の通話
	新聞	マンガ	雑誌	書籍	その他文章	ラジオ聴取	ラジオ聴取(ネット経由)	
6:00	10.0	0.1	0.0	0.3	0.1	3.4	0.1	0.1
7:00	9.6	0.1	0.3	0.4	0.3	4.7	0.4	0.6
8:00	6.4	0.2	0.1	1.1	0.4	3.6	0.4	1.4
9:00	3.5	0.2	0.3	1.1	0.5	3.4	0.3	3.2
10:00	1.7	0.1	0.3	1.0	0.5	3.1	0.3	2.8
11:00	0.9	0.1	0.2	0.9	0.6	3.0	0.2	2.8
12:00	1.7	0.2	0.2	0.8	0.5	2.5	0.2	1.7
13:00	1.2	0.2	0.4	0.8	0.5	2.4	0.2	1.8
14:00	0.6	0.1	0.3	1.1	0.8	2.3	0.3	1.8
15:00	1.0	0.2	0.3	1.0	0.8	2.6	0.3	2.1
16:00	1.4	0.3	0.3	0.9	0.8	3.0	0.3	2.4
17:00	1.8	0.3	0.2	0.7	0.7	3.6	0.4	2.1
18:00	2.0	0.4	0.2	0.8	0.4	3.4	0.2	1.5
19:00	2.9	0.4	0.3	0.6	0.3	1.8	0.1	1.9
20:00	3.2	0.5	0.4	1.0	0.4	1.8	0.2	1.5
21:00	3.0	0.5	0.7	1.4	0.3	1.6	0.2	0.6
22:00	1.5	0.6	1.0	1.7	0.3	1.3	0.1	0.2
23:00	1.4	0.3	0.3	1.5	0.3	0.8	0.1	0.1
0:00	0.6	0.3	0.1	1.1	0.1	0.6	0.2	0.0
1:00	0.2	0.3	0.0	0.4	0.1	0.4	0.2	0.0
2:00	0.0	0.1	0.0	0.2	0.0	0.3	0.0	0.0
3:00	0.1	0.1	0.0	0.2	0.0	0.4	0.0	0.0
4:00	0.1	0.0	0.0	0.2	0.0	0.3	0.0	0.0
5:00	3.3	0.1	0.0	0.3	0.0	2.0	0.1	0.1

1.3 情報機器の所有・利用

質問紙調査では，9種類の情報機器について，「家にあるか（世帯所有）」「自分も利用しているか（個人利用）」などを尋ねている．ここでは，それぞれについて概観と属性別の分析を行う．今回の調査では，2010年調査で独立の項目としていた「VHS ビデオデッキ」「ワンセグ対応の携帯電話」「携帯型デジタル音楽プレイヤー」を削除し，「ゲーム機」も携帯型を特に区別することを止めた．それらに代わり，「タブレット端末」を新しく項目とした．表1.3.1は単純集計結果をまとめたものである．

「テレビ受像機」については，世帯所有率が91.5%と2010年調査の91.4%とほぼ同じで変化がない．ところが，個人利用率は2010年調査の88.0%から86.1%にわずかではあるが減少しており，「自分は利用していない」と回答した人も3.4%から5.4%に増加している．このことは，若年層，単身者が他機器による機能代替により，テレビの所有と利用から離れ始めていることを示唆しているのではないかと考えられる．こうした兆しがうかがえるものの，依然として世帯所有率は91.5%で9項目中もっとも高く，個人利用率も86.1%でもっとも高い．

「DVD・ブルーレイなどの録画機」は，世帯所有率が73.2%から86.0%に伸び，個人利用率も58.8%から73.7%に増加している．ただし，「将来ほしい」という回答は，17.6%から3.9%に減少し，この5年間で潜在的な利用希望者にはほぼ届いたとみることができる．

「パソコン」は2010年調査の世帯所有率82.4%から84.3%とわずかな増加に止まり，個人利用率も65.2%から66.4%でほとんど変化がない．後述するスマートフォンとタブレット端末の普及にともない，パソコンの世帯所有率と個人利用率も上限に到達したとみることもできるのではないか．パソコンと同じく汎用的な機能をもつ機器の普及により，パソコンの普及も上限となったかどうかは注目すべきポイントである．

「タブレット端末」は，新規項目であるが世帯所有率は42.1%，個人利用率は23.6%である．現時点ですでにパソコンとの境界線を引くのが難しい製品

表 1.3.1 情報機器の所有，利用状況 (%)

	家にある			家にない		
	自分も利用している (A)	自分は利用していない (B)	世帯所有率 (A+B)	将来ほしい	いらない わからない	無回答
テレビ受像機	86.1	5.4	91.5	1.2	6.2	1.0
DVD・ブルーレイなどの録画機	73.7	12.3	86.0	3.9	9.5	0.5
パソコン（タブレット端末は除く）	66.4	17.9	84.3	5.1	9.9	0.6
タブレット端末	23.6	18.5	42.1	18.2	37.9	1.8
固定電話	72.7	13.4	86.1	2.0	11.3	0.6
スマートフォン	61.7	16.4	78.1	6.1	15.0	0.9
従来型携帯電話	40.0	20.7	60.7	0.7	37.2	1.4
電子書籍リーダー	5.9	11.9	17.8	9.0	71.7	1.5
ゲーム機	26.9	35.3	62.2	1.6	35.2	0.9

もあり，機器そのものの定義の変更を含め，今後の概念整理が課題となる．

　2010年調査からの変化で注目すべきは，「固定電話」の世帯所有率が92.6%から86.1%に減少していることである．個人利用率も83.9%から72.7%へと減少している．「将来ほしい」という回答も2.0%で，今後も親世代から電話加入権を受け継ぐことがなければ，減少を続けていくと思われる．

　「スマートフォン」は2010年調査の世帯所有率11.4%から78.1%，個人利用率が4.0%から61.7%と，いずれもこの5年間で劇的に増加した．逆に，「従来型携帯電話」は世帯所有率70.9%から60.7%，個人利用率が59.3%から40.0%へと減少した．この両者の代替関係は，この5年間の変化を象徴するものであろう．

　「電子書籍リーダー」は，世帯所有率8.7%から17.8%，個人利用率1.7%から5.9%へと増加している．ここでは電子書籍を読む専用の機器について尋ねているが，タブレット，スマートフォンでアプリを利用して電子書籍を読む機能があることを考えると，電子書籍を利用している人は実際にはこれよりも多くなる点に注意が必要である．

　「ゲーム機」は今回から携帯型を特に区別していないが，世帯所有率は62.2%，個人利用率は26.9%となっている．

表1.3.2　性別にみた情報機器の個人利用率　　　(%)

	男性	女性	χ^2	
テレビ受像機	87.5	86.4	5.82	n.s.
DVD・ブルーレイなどの録画機	74.0	74.2	2.91	n.s.
パソコン（タブレット端末は除く）	69.4	64.6	22.26	***
タブレット端末	29.1	19.5	20.90	***
固定電話	69.9	76.0	15.74	**
スマートフォン	59.9	64.3	6.21	n.s.
従来型携帯電話	43.3	38.1	5.34	n.s.
電子書籍リーダー	5.7	6.2	0.92	n.s.
ゲーム機	33.5	21.5	33.06	***

χ^2の結果　***$p<0.001$, **$p<0.01$, *$p<0.05$, n.s. 有意差なし.

（1）　性別にみた情報機器の利用状況

　表1.3.2は，性別に情報機器の個人利用率を比較したものである．「テレビ」，「DVD・ブルーレイなどの録画機」「スマートフォン」「従来型携帯電話」「電子書籍リーダー」では有意な差はない．「パソコン」は女性（64.6%）が男性（69.4%）より約5%低い．2005年調査，2010年調査では男女に約10%の開きがあったのに比べると，有意差はあるが，差が縮まった．それに対して，「タブレット端末」は，女性（19.5%）が男性（29.1%）より約10%低くなっており，2005年調査，2010年調査において，パソコンで見られた性差と同じ程度の開きがある．「固定電話」は，女性（76.0%）が男性（69.9%）より有意に高い．「ゲーム機」は男性（33.5%）が女性（21.5%）より有意に高くなっている．

（2）　年齢層別にみた情報機器の利用状況

　年齢層別に情報機器の個人利用率をみると，表1.3.3のように，「電子書籍リーダー」を除く項目で有意な差がある．

　「テレビ」は30代（91.9%），40代（91.0%）が高い．2010年調査との比較では，20代が92.3%から86.9%と減少しているのが目につく．これに対して，10代が90.2%から88.5%，30代は92.5%から91.9%，40代は93.3%から91.0%と減少幅は少ない．50代は89.9%から86.5%，60代は83.5%から79.8%と，50代・60代でも減少している．

　「DVD・ブルーレイなどの録画機」は，10代が86.4%でもっとも高い利用率となっている．2010年調査との比較では，10代が78.0%から86.4%，20代

1 情報行動の全般的傾向

表 1.3.3　年齢層別にみた情報機器の個人利用率　(%)

	13-19歳	20-29歳	30-39歳	40-49歳	50-59歳	60-69歳	χ^2	
テレビ受像機	88.5	86.9	91.9	91.0	86.5	79.8	25.65	*
DVD・ブルーレイなどの録画機	86.4	75.2	80.8	83.8	72.4	56.4	102.35	***
パソコン（タブレット端末は除く）	68.6	78.8	72.6	76.9	67.2	47.5	132.03	***
タブレット端末	28.5	28.5	29.7	28.0	24.8	12.1	70.45	***
固定電話	67.1	49.3	46.0	75.4	90.2	89.2	253.84	***
スマートフォン	81.4	91.8	87.8	74.1	45.1	25.2	409.55	***
従来型携帯電話	10.2	15.2	21.7	35.6	59.1	68.2	272.28	***
電子書籍リーダー	10.2	6.2	6.1	6.9	5.8	3.2	23.00	n.s.
ゲーム機	56.8	56.6	39.0	25.2	10.2	7.9	361.92	***

χ^2 の結果　***$p<0.001$, **$p<0.01$, *$p<0.05$, n.s. 有意差なし.

が 55.6% から 75.2%，30代が 73.0% から 80.8%，40代が 62.8% から 83.8%，50代が 58.1% から 72.4%，60代が 39.5% から 56.4% と有意な差を維持しつつ，それぞれ利用率が高くなっている．

「パソコン」は 20代が 78.8% ともっとも高い利用率となっている．2010年調査との比較では，10代が 78.6% から 68.6% と 10% 近く減少している．20代は 84.0% から 78.8%，30代も 77.8% から 72.6% と減少している．40代が 77.7% から 76.9% と微減，逆に，50代は 57.7% から 67.2%，60代が 39.7% から 47.5% と増加している．20代，40代をピークとする二瘤駱駝のような傾向となっているが，その内実は，若年層においては，タブレット，スマートフォンとの代替関係，中高年においては，1970年代に深夜放送を愛好した世代が現在もラジオを聴取しているのと同じように，自分たちの世代が慣れ親しんだパソコンを，継続して利用することが背景にあるのではないかと思われる．「タブレット端末」は，10代が 28.5%，20代が 28.5%，30代が 29.7%，40代が 28.0%，50代が 24.8%，60代が 12.1% となっており，50代，60代の利用率が低く留まっている．

「固定電話」は，50代の 90.2%，60代の 89.2% と高齢ほど利用率は高く，40代は 75.4% であった．単身世帯の多い，20代（49.3%），30代（46.0%）は低くなっている．親と同居している 10代は 67.1% である．

「スマートフォン」は，20代が 91.8% でもっとも高い利用率となっている．2010年調査との比較では，10代が 3.9% から 81.4%，20代が 2.8% から 91.8%，30代が 5.9% から 87.8%，40代が 6.3% から 74.1%，50代が 3.0% から

45.1%、60代が2.2%から25.2%とそれぞれ増加しており、特に10代から30代では、この5年間で劇的に利用率が高くなっている。

一方、「従来型携帯電話」は、60代が68.2%でもっとも高い利用率となっている。2010年調査との比較では、10代が45.5%から10.2%、20代が60.1%から15.2%、30代が54.6%から21.7%、40代が63.8%から35.6%と軒並み激減し、スマートフォンとの代替関係が進んだのに対して、50代は66.2%から59.1%への減少に留まっている。60代は逆に61.1%から68.2%と増加している。シニア向け製品の普及によるものと思われるが、今後は中高年における代替関係がどのように進むか興味深い。

「ゲーム機」は、10代が56.8%でもっとも高い利用率となっている。20代は56.6%、30代は39.0%、40代は25.2%、50代は10.2%、60代は7.9%であった。

（3） 学歴別にみた情報機器の利用状況

表1.3.4は、学歴別に利用率をみたものである（在学中の学生・生徒を除く。N =1173）。「固定電話」を除く項目で有意な差がある。

「テレビ」について、2010年調査との比較では、大学・大学院卒が94.6%から94.0%、短大・高専卒が92.8%から90.2%、高校卒が88.2%から82.0%、中学校卒が74.5%から75.9%と変化している。

「DVD・ブルーレイなどの録画機」について、2010年調査との比較では、大学・大学院卒が62.8%から76.7%、短大・高専卒が66.7%から76.7%、高校卒が52.6%から70.1%、中学校卒が34.4%から48.2%と変化している。それぞれ利用率が上がっているが、高学歴ほど利用率が高くなっている。

「パソコン」について、2010年調査との比較では、大学・大学院卒が87.5%から85.1%、短大・高専卒が71.5%から74.6%、高校卒が54.2%から53.0%、中学校卒が18.8%から27.8%と変化している。中学校卒の利用率が約10%上がっているが、依然として高学歴ほど利用率が高くなっている。

「タブレット端末」については、大学・大学院卒が33.5%、短大・高専卒が26.4%、高校卒が15.3%、中学校卒が18.5%で、高学歴ほど利用率が高くなっている。

1 情報行動の全般的傾向

表1.3.4 学歴別にみた情報機器の個人利用率 (%)

	中学校卒	高校卒	短大・高専卒	大学・大学院卒	χ^2	
テレビ受像機	75.9	82.0	90.2	94.0	41.28	***
DVD・ブルーレイなどの録画機	48.2	70.1	76.7	76.7	35.02	***
パソコン（タブレット端末は除く）	27.8	53.0	74.6	85.1	168.91	***
タブレット端末	18.5	15.3	26.4	33.5	60.54	***
固定電話	66.7	77.5	69.8	74.8	8.57	n.s.
スマートフォン	27.8	50.9	69.8	69.1	73.67	***
従来型携帯電話	66.7	48.4	35.8	41.6	48.09	***
電子書籍リーダー	5.8	3.9	5.0	7.6	26.02	**
ゲーム機	3.7	20.7	28.0	27.4	34.51	***

χ^2 の結果 ***$p<0.001$, **$p<0.01$, *$p<0.05$, n.s. 有意差なし．

「固定電話」については，学歴による有意差はない．2010年調査との比較では，大学・大学院卒が83.1%から74.8%，短大・高専卒が84.0%から69.8%，高校卒が85.9%から77.5%，中学校卒が85.7%から66.7%と変化している．それぞれ利用率が下がっている．

「スマートフォン」については，大学・大学院卒が6.3%から69.1%，短大・高専卒が2.3%から69.8%，高校卒が4.6%から50.9%，中学校卒が3.2%から27.8%と，それぞれ増加している．

一方，「従来型携帯電話」は，中学校卒が66.7%でもっとも高い利用率となっている．2010年調査との比較では，大学・大学院卒が58.4%から41.6%，短大・高専卒が64.1%から35.8%，高校卒が62.8%から48.4%，中学校卒が56.2%から66.7%と変化している．中学校卒以外は，利用率が大きく下がっているのに対して，中学校卒では利用率が増加しており，スマートフォンとの代替関係が進んだこの5年間において，従来型携帯の利用率が上がったということは，単一の機器利用状況におけるデジタルデバイドではなく，情報機器の代替関係において生じている格差ととらえることもできる．性別，年齢層別，学歴別，就業形態別，世帯年収別などの基本属性間の情報機器の所有，利用状況に関するデジタルデバイドは数多くの調査研究がなされているが，代替関係のより詳細な分析が課題となる．

（4） 就業形態別にみた情報機器の利用状況

表1.3.5は就業形態別に利用率をみたものである．学生・生徒の利用率が高

表1.3.5　就業形態別にみた情報機器の個人利用率　(%)

	フルタイム	パート	専業主婦	学生・生徒	無職	χ^2	
テレビ受像機	88.8	86.9	84.0	88.7	78.8	27.26	**
DVD・ブルーレイなどの録画機	75.5	74.6	69.4	87.5	55.6	47.56	***
パソコン（タブレット端末は除く）	72.6	62.2	58.3	73.0	50.4	89.37	***
タブレット端末	28.6	17.6	20.8	30.9	11.1	54.85	***
固定電話	68.1	76.7	83.5	66.5	84.9	71.31	***
スマートフォン	68.7	60.2	46.1	80.9	29.9	156.01	***
従来型携帯電話	40.8	41.6	51.7	10.7	59.3	88.86	***
電子書籍リーダー	6.7	3.4	2.8	10.0	5.9	22.48	*
ゲーム機	25.9	26.9	18.4	53.6	15.5	113.88	***

χ^2の結果　***$p<0.001$, **$p<0.01$, *$p<0.05$.

表1.3.6　都市規模別にみた情報機器の個人利用率　(%)

	100万人以上	30-100万未満	10-30万未満	10万未満	町村	χ^2	
テレビ受像機	90.3	86.6	88.2	84.8	82.6	12.64	n.s.
DVD・ブルーレイなどの録画機	75.1	73.5	74.4	73.4	74.1	4.30	n.s.
パソコン（タブレット端末は除く）	75.5	69.0	64.3	61.5	62.3	22.89	*
タブレット端末	29.7	26.3	24.1	19.8	16.8	21.32	*
固定電話	72.6	73.9	73.6	71.1	75.5	19.95	n.s.
スマートフォン	71.4	63.3	56.5	62.2	55.9	26.61	**
従来型携帯電話	36.5	38.0	43.9	40.0	47.1	12.65	n.s.
電子書籍リーダー	5.1	6.6	4.6	7.0	7.3	6.66	n.s.
ゲーム機	28.3	29.6	27.7	26.3	20.3	20.44	n.s.

χ^2の結果　***$p<0.001$, **$p<0.01$, *$p<0.05$, n.s. 有意差なし.

いのは，「DVD・ブルーレイなどの録画機」，「スマートフォン」，「電子書籍リーダー」，「ゲーム機」である．フルタイムと学生・生徒の利用率が高いのは，「パソコン」，「タブレット端末」である．「固定電話」は専業主婦と無職で高い利用率となっている．

(5)　都市規模別にみた情報機器の利用状況

表1.3.6は都市規模別に利用率をみたものである．「パソコン」「タブレット端末」「スマートフォン」において，おおむね100万人以上の市から町村部へ利用率が低くなっている．

「パソコン」について，2010年調査との比較では，100万人以上が79.9%から75.5%，30-100万未満が68.1%から69.0%，10-30万未満が61.5%から64.3%，10万未満が59.0%から61.5%，町村が57.5%から62.3%と変化して

1　情報行動の全般的傾向

表1.3.7　世帯年収別にみた情報機器の世帯所有率　(%)

	200万円未満	200-400万	400-600万	600-800万	800-1000万	1000万以上	χ^2	
テレビ受像機	78.1	86.4	87.7	87.9	93.0	92.4	36.55	**
DVD・ブルーレイなどの録画機	64.9	70.5	73.3	76.7	83.9	87.0	50.76	***
パソコン（タブレット端末は除く）	52.6	55.2	68.4	78.2	78.3	87.0	112.53	***
タブレット端末	22.6	18.2	22.0	30.6	27.5	34.8	45.16	***
固定電話	74.6	70.5	69.1	74.4	78.9	81.5	31.69	**
スマートフォン	55.3	49.3	64.4	73.5	71.3	72.8	76.56	***
従来型携帯電話	46.3	48.2	40.9	30.4	35.9	34.8	34.09	**
電子書籍リーダー	6.3	4.7	3.7	7.0	3.5	16.3	32.52	**
ゲーム機	21.5	24.5	26.8	35.0	28.0	29.4	48.83	***

χ^2の結果　***$p<0.001$, **$p<0.01$, *$p<0.05$.

いる．100万人以上では利用率が減少しているのに対して，30-100万未満，10-30万未満，10万未満は微増，町村は5%増加している．機能代替を担う「タブレット端末」の普及にともない利用率が上限に到達した大都市と，パソコンの普及過程が続いている町村部という対照的な構図がうかがえる．

（6）世帯年収別にみた情報機器の世帯所有状況

表1.3.7は世帯年収別に世帯所有率をみたものである．すべての機器所有において有意差が認められる．ここでも，この5年間に代替が進んだ「スマートフォン」と「従来型携帯電話」について，前者は世帯年収が高くなるほど所有率も上がるのに対して，後者は世帯年収が低いほど，所有率が高くなっている．

1.4　情報領域と情報源

ここでは，情報領域（「ニュース」領域と「趣味・関心事」領域）ごとに，どのようなメディアから情報を得ているかについて概観する．質問紙調査では，「国内ニュース」「海外ニュース」「地域（ローカル）ニュース」「天気予報」を「ニュース」領域とし，「旅行，観光情報」「ショッピング，商品情報」「健康・医療関連」「テレビ番組情報」「グルメ情報」を「趣味・関心事」領域と分類し，「それぞれの内容に関する情報を得た情報源（複数回答）」と「もっともよく使った情報源（単数回答）」を尋ねた．

1.4.1 「ニュース」領域の情報源

「ニュース」領域では，4項目すべてにおいてテレビがもっともよく利用される情報源である（図1.4.1）．新聞は国内ニュース，海外ニュース，地域ニュースでは第2位であるが，天気予報では，スマホ携帯の47.8%に対して，27.8%と第3位となっている．

国内ニュースでは，テレビ（90.8%），新聞（50.7%），スマホ携帯（42.7%），PCタブレット（28.9%），ラジオ（21.4%），雑誌（9.5%）であった．海外ニュースでは，テレビ（81.6%），新聞（40.7%），スマホ携帯（32.7%），PCタブレット（25.3%），ラジオ（14.8%），雑誌（6.2%）であった．地域ニュースでは，テレビ（69.2%），新聞（43.8%），スマホ携帯（20.6%），PCタブレット（14.4%），ラジオ（15.2%），雑誌（4.4%）であった．なお，地域ニュースでは，パンフ・チラシが6.7%あり，フリーペーパーを情報源としていることがわかる．天気予報は，テレビ（88.7%），新聞（27.8%），スマホ携帯（47.8%），PCタブレット（22.6%），ラジオ（16.2%）であった．テレビはニュース・情報番組内での情報入手であるのに対して，スマホ携帯では，より限定されたエリアとより細かい時間変化の情報入手であり，気象情報の入手と目的の棲み分けが今後進むのではないかと推測される．

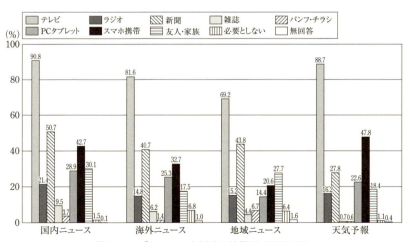

図1.4.1　「ニュース」領域の情報源（複数回答）

情報源ごとに2010年調査との比較をしてみると，テレビは，国内ニュース（96.3%→90.8%），海外ニュース（90.0%→81.6%），地域ニュース（74.7%→69.2%），天気予報（92.8%→88.7%）とそれぞれ低くなっている．他の情報源で代替できるようになったのか，あるいはもっと積極的にテレビ以上の価値を他の情報源に見出して減少しているのかは，今後の推移を見極める必要がある．新聞は，国内ニュース（68.0%→50.7%），海外ニュース（53.7%→40.7%），地域ニュース（57.0%→43.8%），天気予報（41.3%→27.8%）とそれぞれ大きく減少している．PCタブレット（2010年調査のワーディングは「PCウェブサイト」）は，国内ニュース（30.0%→28.9%），海外ニュース（25.4%→25.3%），地域ニュース（12.8%→14.4%），天気予報（25.4%→22.6%）と変化がない．これに対して，スマホ携帯（2010年調査のワーディングは「携帯ウェブサイト」）は，国内ニュース（21.0%→42.7%），海外ニュース（15.0%→32.7%），地域ニュース（6.7%→20.6%），天気予報（25.4%→47.8%）と増加している．

1.4.2 「ニュース」領域でもっともよく利用される情報源

もっともよく利用される情報源では，4項目すべてでテレビがもっとも高かった（表1.4.1）．しかし，2010年調査と比較すると，国内ニュース（75.4%→54.6%），海外ニュース（70.0%→51.5%），地域ニュース（49.3%→41.6%），天気予報（74.9%→52.3%）とすべての項目で減少している．新聞に関しては全国紙の地方版と地域に密着したブロック紙・県紙の役割は依然として結果からは確認できるものの，この点でも2010年調査の27.4%から16.8%へと減少しており，今後の推移が注目される．

表1.4.1 もっともよく使う情報源：「ニュース」領域（単数回答） (%)

	テレビ	ラジオ	新聞	雑誌	パンフ・チラシ	PCタブレット	スマホ携帯	友人・家族	必要としない	無回答
国内ニュース	54.6	1.8	6.6		0.1	5.2	11.8	1.0	1.5	17.3
海外ニュース	51.5	1.0	5.5	0.1		6.9	11.5	1.0	6.8	15.6
地域ニュース	41.6	1.8	16.8	0.3	1.5	3.0	6.9	5.7	6.4	15.9
天気予報	52.3	1.5	1.9		0.1	5.1	20.9	0.8	1.1	16.4

1.4.3 「趣味・関心事」領域の情報源

「趣味・関心事」領域でも，テレビは，ショッピングを除く4項目で第1位であった．しかし，ニュース領域と異なり，5項目で情報源はより多様化している（図1.4.2）．

「旅行・観光」では，テレビ（29.2%），ラジオ（3.2%），新聞（13.5%），雑誌（24.7%），パンフ・チラシ（17.6%），PCタブレット（28.0%），スマホ携帯（27.0%），友人・家族（18.1%）と多角的に情報を得ている姿がうかがえる．特に，この項目では雑誌，パンフ・チラシ，団体旅行・パッケージツアーの広告を含む新聞という紙媒体の役割が維持されている．同時に，より詳細な情報の入手や個人旅行記などを知る情報源として，PCタブレットとスマホ携帯の役割があるのではないかと推測できる．

「ショッピング」では，テレビ（30.0%），ラジオ（3.2%），新聞（14.9%），雑誌（22.4%），パンフ・チラシ（18.9%），PCタブレット（30.8%），スマホ携帯（34.8%），友人・家族（18.8%）と旅行と同じ傾向である．

「健康・医療」では，テレビ（45.6%），ラジオ（4.7%），新聞（20.3%），雑誌（13.4%），パンフ・チラシ（4.6%），PCタブレット（21.7%），スマホ携帯（24.3%），友人・家族（20.9%）で，テレビと新聞からの情報が多いことが見て取れる．テレビが食生活も含めた健康情報，新聞が具体的な病院などより詳細な医療情報に特に力を入れていることの反映とみることができる．

「テレビ番組情報」では，テレビ（66.8%），ラジオ（1.5%），新聞（39.7%），雑誌（6.5%），パンフ・チラシ（1.2%），PCタブレット（9.8%），スマホ携帯（14.5%），友人・家族（14.7%）で，放送内での番組宣伝と電子番組表（EPG）からの情報が突出している．新聞のテレビ欄は2010年調査の60.8%から39.7%に減少しており，新聞購読者の減少を背景に，テレビ番組欄からリモコンを利用した電子番組表の活用への移行がうかがえる．

「グルメ情報」では，テレビ（47.0%），ラジオ（3.8%），新聞（12.6%），雑誌（24.2%），パンフ・チラシ（13.9%），PCタブレット（20.6%），スマホ携帯（28.5%），友人・家族（25.6%）で，旅行，ショッピング以上に，テレビを端緒とする情報入手が多いことをうかがわせるとともに，関連雑誌からの情報入手も多い．実際に店舗などを検索する段階ではPCタブレット，スマホ携帯からの情

1 情報行動の全般的傾向

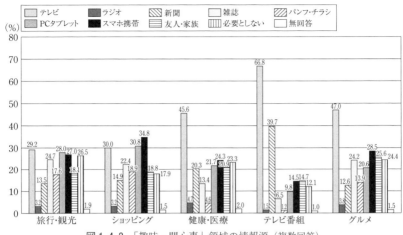

図1.4.2 「趣味・関心事」領域の情報源（複数回答）

表1.4.2 もっともよく使う情報源:「趣味・関心事」領域（単数回答） (%)

	テレビ	ラジオ	新聞	雑誌	パンフ・チラシ	PCタブレット	スマホ携帯	友人・家族	必要としない	無回答
旅行・観光	11.2	0.2	2.1	8.1	6.7	14.2	14.2	3.7	26.5	13.0
ショッピング	10.3	0.1	2.9	4.9	10.0	16.3	20.7	3.2	17.9	13.7
健康・医療	24.9	0.3	4.5	2.5	1.0	10.6	13.8	5.7	23.3	13.5
テレビ番組	44.0		22.5	1.0	0.2	2.6	4.1	2.2	12.1	11.3
グルメ	21.6	0.2	1.0	6.8	3.2	8.3	14.5	6.8	24.4	13.2

報入手となると思われる．

　以上，まとめると「趣味・関心事」領域の情報源としては，情報を知るきっかけ，つまり，端緒としてテレビの役割があり，旅行，ショッピング，グルメにおいては雑誌，健康・医療においては新聞が，より詳細な情報提供の役割を担っており，利用者が自らPCタブレットやスマホ携帯で検索することで，その後の利用行動につながる情報を確認している流れがみてとれる．

1.4.4 「趣味・関心事」領域でもっともよく利用される情報源

　もっともよく利用される情報源では，「旅行・観光」はPCタブレットとスマホ携帯，「ショッピング」はスマホ携帯，「健康・医療」と「テレビ番組」と「グルメ」はテレビが第1位であった（表1.4.2）．2010年調査と比較すると，

「テレビ番組」の情報源としての新聞が44.0%から22.5%と半減したことが注目される．前述のとおり，全国紙のラテ欄が果たしてきた機能，あるいはマス4媒体（新聞，雑誌，ラジオ，テレビ）の共助関係が1つ役割を終えようとしているのではないかと思われる．

1.4.5 属性別にみた情報源

ここでは属性別に情報源に差があるかみていく．特に，「ニュース」領域を代表する「国内ニュース」と，「趣味・関心事」領域を代表する「ショッピング」の分析結果を概観する．

（1） 属性別にみた「国内ニュース」の情報源

表1.4.3は属性別に「国内ニュース」の情報源をまとめたものである．性差をみると，テレビは男性より女性が高く，ラジオは男性が高い．PCタブレットは男性が高いのに対して，スマホ携帯では有意差はない．年齢層別では，マス4媒体（新聞，雑誌，ラジオ，テレビ）は年齢が高いほど高く，PCタブレットとスマホ携帯は20代をピークとして，以降は年齢が高いほど低くなっている．学歴別では，ラジオで有意差がなく，その他は学歴が高いほど高くなっている．就業形態別では，テレビにおいて，専業主婦，パート，無職，フルタイム，学生の順で情報源とする者が多かった．新聞は無職，専業主婦，PCタブレットとスマホ携帯はフルタイムで情報源とする者が多かった．年収別では，テレビ，ラジオに有意差はなく，PCタブレット，スマホ携帯ではおおむね年収が高いほど情報源とする者が多かった．

（2） 属性別にみたもっともよく使う「国内ニュース」の情報源

表1.4.4の性差については，テレビで男性57.5%に対して女性73.5%，PCタブレットで男性10.0%に対して女性3.2%であることが目につく．年齢層別では，10代，20代，30代はテレビとスマホ携帯であり，新聞が5%以上であるのは40代以上である．学歴別では，PCタブレット，スマホ携帯で高学歴ほど情報源とする者が多い．就業形態別では，専業主婦，無職はテレビを情報源とする者が多く，フルタイムと学生・生徒はスマホ携帯を情報源とする者が

1 情報行動の全般的傾向

表 1.4.3 属性別にみた「国内ニュース」の情報源（複数回答） (%)

	カテゴリー	N	テレビ	ラジオ	新聞	雑誌	PCタブレット	スマホ携帯
性別	男性	644	88.0	26.9	50.0	10.9	36.0	43.3
	女性	718	93.3	16.4	51.4	8.2	22.6	42.2
	$Pr>|t|$		***	***	n.s.	n.s.	***	n.s.
年齢層別	13-19歳	140	85.0	3.6	15.0	2.1	15.0	37.9
	20-29歳	146	87.0	8.9	19.9	8.9	38.4	69.9
	30-39歳	213	85.9	20.2	33.3	4.7	34.7	67.1
	40-49歳	291	88.3	17.5	53.6	7.6	35.1	53.3
	50-59歳	246	94.7	30.9	70.3	11.8	30.9	32.9
	60-69歳	326	97.6	31.6	73.9	16.0	19.9	14.7
	χ^2		***	***	***	***	***	***
学歴別	中学校卒	54	81.5	25.9	48.2	1.9	7.4	13.0
	高校卒	494	93.9	23.1	55.7	9.3	19.8	32.4
	短大・高専卒	301	89.7	24.3	50.2	7.3	29.9	49.8
	大学・大学院卒	336	91.4	23.8	60.4	15.2	48.8	56.0
	χ^2		**	n.s.	*	***	***	***
就業形態別	フルタイム	638	89.2	29.0	52.8	10.7	36.8	51.1
	パート	264	92.4	15.2	54.6	9.1	20.1	40.2
	専業主婦	183	97.8	18.6	61.2	8.7	20.8	31.2
	学生・生徒	152	87.5	3.3	14.5	2.6	21.7	46.1
	無職	119	89.9	21.9	62.2	13.5	28.6	16.8
	χ^2		**	***	***	*	***	***
年収別	200万未満	194	89.7	19.6	49.5	14.4	27.8	34.5
	200-400万	367	91.0	24.8	54.0	9.8	19.4	36.2
	400-600万	303	91.4	23.1	52.5	7.3	29.4	38.9
	600-800万	258	89.5	15.9	41.5	7.0	32.2	54.3
	800-1000万	143	93.0	21.0	57.3	7.7	41.3	48.3
	1000万以上	92	91.3	22.8	52.2	15.2	41.3	57.6
	χ^2		n.s.	n.s.	*	*	***	***

χ^2の結果 ***$p<0.001$，**$p<0.01$，*$p<0.05$，n.s. 有意差なし．

多い．

（3） 属性別にみた「ショッピング」の情報源

　表 1.4.5 の「ショッピング」の情報源における性差については，テレビと雑誌において女性で情報源とする者が多い．PCタブレットは男性が多いが，スマホ携帯は女性が多く対照的な結果となった．年齢層別ではテレビ，ラジオ，新聞，雑誌では年齢が高くなるほど情報源とする者が多くなっている．スマホ携帯では 20 代をピークに，以降は年齢が高くなるほど情報源とする者は少な

表1.4.4 属性別にみたもっともよく使う「国内ニュース」の情報源
（単数回答） (%)

	カテゴリー	N	テレビ	ラジオ	新聞	PCタブレット	スマホ携帯
性別	男性	522	57.5	3.3	9.8	10.0	15.7
	女性	604	73.5	1.3	6.5	3.2	13.1
年齢層別	13-19歳	122	68.0	0.8	2.5	1.6	14.8
	20-29歳	131	52.7	0.8	0.8	7.6	32.1
	30-39歳	178	53.4	2.3	3.9	9.6	28.7
	40-49歳	252	63.1	2.4	7.1	9.1	16.3
	50-59歳	201	71.6	3.0	12.4	8.0	3.5
	60-69歳	242	80.2	2.9	14.9	1.2	0.8
学歴別	中学校卒	38	63.2	10.5	10.5	0.0	7.9
	高校卒	398	75.4	2.0	8.5	4.0	9.3
	短大・高専卒	262	66.4	1.5	6.5	6.9	15.7
	大学・大学院卒	276	52.5	2.9	11.6	11.6	19.6
就業形態別	フルタイム	513	57.1	3.5	9.0	10.1	18.1
	パート	222	73.0	1.4	8.6	3.2	11.3
	専業主婦	154	78.6	0.7	6.5	3.3	9.7
	学生・生徒	132	68.2	0.8	2.3	3.0	16.7
	無職	100	74.0	2.0	12.0	3.0	6.0
年収別	200万円未満	158	70.9	1.3	5.7	7.6	10.1
	200-400万	299	67.2	3.0	10.4	4.0	12.7
	400-600万	251	66.5	1.6	8.0	7.6	13.6
	600-800万	215	61.9	3.3	6.5	5.1	19.5
	800-1000万	121	67.8	1.7	6.6	5.1	12.4
	1000万以上	78	59.0	1.3	10.3	9.0	20.5

くなっている．学歴別では，PCタブレット，スマホ携帯では学歴が高いほど情報源とする者が多くなっている．就業形態別では，テレビは専業主婦で情報源とする者が多く，PCタブレットでは，フルタイムで情報源とする者が多い．おおむね年収別では，年収が高いほどテレビを情報源とする者が少なくなる．逆に，PCタブレットは，おおむね年収が高くなるほど情報源とする者が多くなる．

（4） 属性別にみたもっともよく使う「ショッピング」の情報源

表1.4.6は属性別にみたもっともよく使う「ショッピング」の情報源（単数回答）である．男性ではPCタブレットが多いのに対して，女性ではスマホ携帯が多いことがみてとれる．女性は雑誌を情報源とする者が多い．年齢層別で

表1.4.5 属性別にみた「ショッピング」の情報源（複数回答） (%)

	カテゴリー	N	テレビ	ラジオ	新聞	雑誌	PCタブレット	スマホ携帯
性別	男性	644	27.2	4.0	16.0	17.1	35.6	31.5
	女性	718	32.6	2.4	13.9	27.2	26.5	37.7
	Pr>|t|		*	n.s.	n.s.	***	***	*
年齢層別	13-19歳	140	24.3	0.0	2.1	17.9	15.0	42.9
	20-29歳	146	24.7	0.7	2.1	15.8	37.7	65.1
	30-39歳	213	30.5	1.9	5.2	18.8	35.7	62.0
	40-49歳	291	22.3	2.4	9.6	21.0	39.9	42.3
	50-59歳	246	30.9	3.3	18.3	27.6	37.0	19.9
	60-69歳	326	40.8	7.1	34.7	27.0	18.4	4.6
	χ^2		***	***	***	**	***	***
学歴	中学校卒	54	27.8	5.6	27.8	7.4	14.8	11.1
	高校卒	494	35.6	4.3	18.6	21.1	21.1	22.7
	短大・高専卒	301	31.6	2.3	11.6	26.9	34.2	45.2
	大学・大学院卒	336	24.7	3.3	16.1	26.5	50.0	45.2
	χ^2		**	n.s.	**	**	***	***
就業形態別	フルタイム	638	27.6	4.2	12.7	22.6	37.8	40.3
	パート	264	32.6	3.0	17.8	24.2	24.6	37.9
	専業主婦	183	41.0	2.2	19.7	26.8	26.8	24.0
	学生・生徒	152	22.4	0.0	2.0	15.8	20.4	40.8
	無職	119	29.4	3.4	30.3	18.5	26.1	5.9
	χ^2		**	n.s.	***	n.s.	***	***
年収別	200万円未満	194	30.9	3.1	19.1	24.7	28.9	32.0
	200-400万	367	33.8	3.5	18.8	19.4	21.3	27.3
	400-600万	303	33.7	3.3	15.8	25.7	30.0	34.3
	600-800万	258	23.6	2.3	7.0	18.2	33.7	45.4
	800-1000万	143	28.7	5.6	14.7	26.6	43.4	35.7
	1000万以上	92	20.7	0.0	10.9	23.9	47.8	39.1
	χ^2		*	n.s.	***	n.s.	***	***

χ^2の結果 ***$p<0.001$, **$p<0.01$, *$p<0.05$, n.s. 有意差なし.

は，テレビと新聞は60代が，雑誌は50代が，PCタブレットは40代が，スマホ携帯は20代がそれぞれピークである．学歴別では高学歴ほどテレビを情報源とする者が少なくなる．また，PCタブレット，スマホ携帯を情報源とする者がおおむね多くなる．就業形態別では，無職，専業主婦はテレビを情報源とする者が多く，フルタイムでは，PCタブレット，スマホ携帯を情報源とする者が多い．年収別ではおおむね年収が高くなるほどテレビを情報源とする者が少なくなり，PCタブレットを情報源とする者が多くなる．スマホ携帯は600-800万がピークとなっており，PCタブレットとは異なっている．

表1.4.6 属性別にみたもっともよく使う「ショッピング」の情報源（単数回答）(%)

	カテゴリー	N	テレビ	ラジオ	新聞	雑誌	PCタブレット	スマホ携帯
性別	男性	555	11.7	0.2	2.9	3.2	23.1	21.6
	女性	620	12.1	0.2	3.7	7.9	15.2	26.1
年齢層別	13-19歳	126	11.1	0.0	0.0	6.4	8.7	30.2
	20-29歳	134	7.5	0.0	0.0	3.7	17.9	52.2
	30-39歳	184	8.7	0.0	0.5	1.6	22.3	45.7
	40-49歳	260	5.8	0.4	3.1	5.8	30.0	25.0
	50-59歳	211	12.8	0.0	2.8	9.0	22.3	9.5
	60-69歳	260	22.3	0.4	9.2	6.5	8.1	1.9
学歴別	中学校卒	48	20.8	0.0	10.4	6.3	10.4	8.3
	高校卒	412	18.0	0.2	5.3	5.3	11.7	18.5
	短大・高専卒	267	7.1	0.4	2.6	7.1	24.3	28.8
	大学・大学院卒	288	6.9	0.0	1.7	4.9	28.8	28.8
就業形態別	フルタイム	544	8.5	0.2	1.7	4.8	24.8	28.3
	パート	230	12.2	0.4	5.2	7.4	13.0	25.2
	専業主婦	158	19.0	0.0	5.1	8.2	15.8	16.5
	学生・生徒	138	11.6	0.0	0.0	5.1	13.8	27.5
	無職	100	20.0	0.0	10.0	3.0	13.0	5.0
年収別	200万円未満	162	14.8	0.0	4.9	6.2	15.4	22.2
	200-400万	313	16.3	0.3	5.8	4.5	11.5	22.4
	400-600万	260	12.7	0.4	2.7	6.2	19.2	24.2
	600-800万	227	8.4	0.0	1.3	3.5	22.5	30.8
	800-1000万	127	6.3	0.0	0.8	10.2	26.8	21.3
	1000万以上	82	6.1	0.0	2.4	6.1	31.7	18.3

1.5 メディアの重要性・有用性認識

この5年間にツイッターをはじめとするソーシャル・メディアの利用が一般化し，情報やニュース，あるいは娯楽を得る手段として，インターネットはさらに存在感を増したように思われる．本節では，テレビや新聞等の従来型マスメディアと比較しながら，インターネットの重要性・有用性がどう評価されているかについて，現状と経年変化を記述していく．

1.5.1 情報入手手段としてのメディアの重要性認識

本調査では，テレビ，新聞，雑誌，インターネットについて，それぞれが「情報を得るための手段（情報源）として」どのくらい重要かを，「非常に重

1 情報行動の全般的傾向

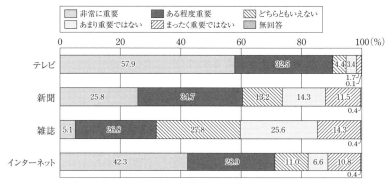

図1.5.1 各メディアに対する情報入手手段としての重要性認識

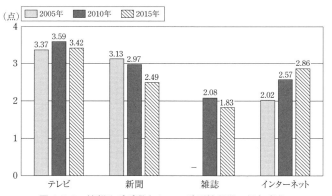

図1.5.2 情報入手手段としての重要性認識の経年変化

要」から「まったく重要ではない」の5件法でたずねている．図1.5.1は，その回答の分布を示したものである．情報入手手段としての評価は，前回2010年調査と同様，テレビがもっとも高く，「非常に」「ある程度」重要という肯定回答が9割に達する．次いでインターネットが7割で，新聞の6割を上まわっている．

図1.5.2は，「非常に重要」～「まったく重要ではない」に4～0点を与えて得点化し，その平均値の経年変化をグラフにしたものである（なお，「雑誌」については2005年調査では設問されていない）．テレビ・新聞・雑誌いずれも前回2010年調査よりスコアを下げており，また，インターネットと新聞の重要度の順がついに逆転した．

表 1.5.1　属性別にみた情報入手手段としての重要性認識

	カテゴリー	テレビ	新聞	雑誌	インターネット
性別	男性	3.30	2.47	1.79	2.98
	女性	3.52	2.52	1.87	2.74
	t	−4.53***	−0.70 n.s.	−1.29 n.s.	3.35***
年齢層	10代	3.44[ac]	1.75[a]	1.60[a]	3.10[a]
	20代	3.24[a]	1.75[a]	1.58[a]	3.46[b]
	30代	3.31[ab]	1.91[a]	1.79[ab]	3.48[b]
	40代	3.28[a]	2.45[b]	1.81[ab]	3.12[a]
	50代	3.54[bc]	2.99[c]	2.04[b]	2.70[c]
	60代	3.58[c]	3.18[c]	1.92[ab]	1.94[d]
	F	6.72***	62.17***	4.74***	61.23***
学歴	中学校卒	3.35[ab]	2.42[ab]	1.44[a]	1.55[a]
	高校卒	3.52[a]	2.69[a]	1.86[b]	2.42[b]
	短大・高専卒	3.43[ab]	2.43[b]	1.85[ab]	3.06[c]
	大学・大学院卒	3.31[b]	2.58[ab]	1.93[b]	3.44[d]
	F	4.23**	2.91*	3.02*	68.51***

分散分析の結果　***$p<0.001$, **$p<0.01$, *$p<0.05$, n.s. 有意差なし.
数値右肩の a, b, c, … は同記号間では Tukey 法（等分散を仮定できる場合）または Games-Howell 法（等分散を仮定できない場合）により $p<0.05$ の有意差がないことを示す.

続いて，性別・年齢別・学歴別（在学中の者は分析から除外）に，重要性スコアの平均値を比較した結果が，表 1.5.1 である．性別では，テレビの評価が女性で高く，インターネットの評価は男性で高い．年齢については，おおむね若年層ほど，従来型マスメディア（テレビ・新聞・雑誌）の評価が低くなり，インターネットの評価が高まる傾向にある．新聞とインターネットを比較した場合，40代以下ではインターネットが，50代以上では新聞がより高く評価されており，このあたりに世代間の断層が走っていると言えるだろう．学歴は高いほど，インターネットを高く評価するという，顕著な傾向がみられる．

以上のような属性別の差については，前回調査と基本的な傾向は変わっておらず，学歴と年齢が，依然としてインターネット利用にかかわるデジタルデバイドの大きな規定要因となっていることがうかがえる．

1.5.2　娯楽手段としてのメディアの重要性認識

次に，各メディアが「楽しみを得るための手段」としてどのくらい重要かに関する分析結果を記述する．図 1.5.3 に示すように，もっとも評価の高いのは

1 情報行動の全般的傾向

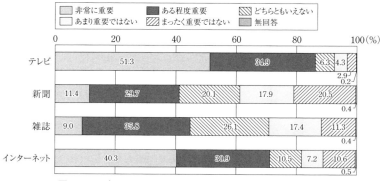

図 1.5.3 各メディアに対する娯楽手段としての重要性認識

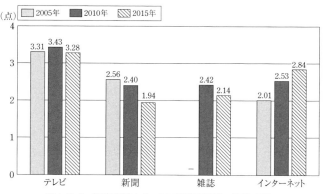

図 1.5.4 娯楽手段としての重要性認識の経年変化

テレビであり，インターネットがそれに続く．ただし，それぞれについて「非常に重要」という回答率を前回 2010 年調査と比較した場合，テレビは 57.7% から 51.3% へ 6 ポイント減少しているのに対して，インターネットは 30.8% から 40.3% へ 10 ポイント近く増えている．

このことは，重要性スコアの平均値を経年比較した図 1.5.4 からも，読み取れるだろう（「非常に重要」～「まったく重要ではない」に 4～0 点を与えて得点化）．テレビだけでなく，新聞，雑誌もスコアを落としている．2010 年調査では，新聞，雑誌，インターネットはほぼ同水準の重要度であったが，今回はインターネットが新聞・雑誌よりも 0.7 点以上高く評価されている．この変化傾向が今後も続けば，5 年後にはインターネットはテレビと肩を並べることになるかも

表 1.5.2 属性別にみた娯楽手段としての重要性認識

	カテゴリー	テレビ	新聞	雑誌	インターネット
性 別	男 性	3.19	1.92	2.07	2.97
	女 性	3.36	1.95	2.20	2.71
	t	-3.23^{**}	$-0.36^{n.s.}$	-2.09^{*}	3.63^{***}
年齢層	10代	3.26^{abc}	1.04^{a}	1.97^{a}	3.22^{abc}
	20代	2.99^{a}	1.07^{a}	2.03^{a}	3.61^{b}
	30代	3.18^{ab}	1.45^{b}	2.17^{a}	3.40^{ab}
	40代	3.22^{abc}	1.77^{c}	2.19^{a}	3.09^{c}
	50代	3.41^{bc}	2.45^{d}	2.26^{a}	2.61^{d}
	60代	3.42^{c}	2.79^{e}	2.10^{a}	1.89^{e}
	F	5.64^{***}	86.66^{***}	$1.63^{n.s.}$	71.66^{***}
学 歴	中学校卒	3.30^{ab}	2.24^{ab}	1.48^{a}	1.52^{a}
	高校卒	3.40^{a}	2.24^{a}	2.08^{b}	2.39^{b}
	短大・高専卒	3.29^{ab}	1.90^{b}	2.26^{bc}	3.06^{c}
	大学・大学院卒	3.15^{b}	1.85^{b}	2.32^{c}	3.34^{d}
	F	4.71^{**}	7.57^{***}	10.78^{***}	62.88^{***}

分散分析の結果 $^{***}p<0.001$, $^{**}p<0.01$, $^{*}p<0.05$, n.s. 有意差なし.
数値右肩の a, b, c, …は同記号間では Tukey 法（等分散を仮定できる場合）または Games-Howell 法（等分散を仮定できない場合）により $p<0.05$ の有意差がないことを示す.

しれない．

表 1.5.2 は，性別・年齢別・学歴別の比較結果をまとめたものである．性別では，テレビと雑誌の評価が女性で高く，インターネットの評価が男性で高い．年齢については，若年層ほど新聞の評価が低く，インターネットの評価が高いという好対照がここでもみられる．また，20代，30代以下は娯楽手段としてテレビよりもインターネットを高く評価しており，とりわけ20代でそのスコア差は大きく 0.6 点に上る（ちなみに前回調査でも，20代だけはテレビよりインターネットを高く評価していたが，スコア差は 0.2 点程度にすぎなかった）．テレビはもはや，今のデジタル・ネイティブ世代にとっては「娯楽の王様」ではなくなったと言えそうだ．学歴については，情報入手手段としての重要性の場合と同様に，高学歴層ほどインターネットを高く評価する傾向が明確に認められる．

1.5.3 情報源としてのメディアの信頼性認識

続いて，各メディアの情報について，「信頼できる情報」はどのくらいあると思うかをたずねた結果を，図 1.5.5 に示す．「全部」「大部分」信頼できると

1 情報行動の全般的傾向

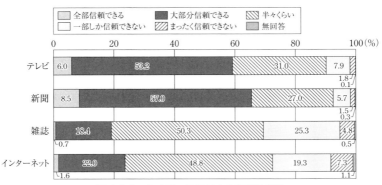

図 1.5.5 各メディアに対する信頼性認識

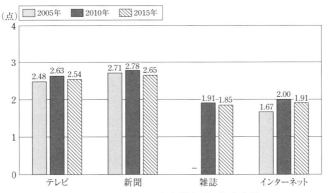

図 1.5.6 メディアの信頼性認識の経年変化

いう肯定回答率は，新聞が6割を超えてもっとも高く，テレビがそれに次ぐ．インターネット，雑誌については，「一部しか」「まったく」信頼できないという否定回答が，肯定回答と同程度か，むしろ若干多い．回答分布の基本的なパターンは，前回 2010 年調査と大きく変わらない．

ただし経年変化としては，図 1.5.6 に示すように，いずれのメディアについても信頼度は，前回調査に比べてやや低下傾向にある（「全部信頼できる」〜「まったく信頼できない」に 4〜0 点を与えて得点化）．2011 年以降の福島原発事故をめぐるマスメディアの報道の問題や，インターネットの場合には 2012 年頃からのヘイトスピーチの社会問題化など，個々のメディアについてはこの間の信頼性低下につながる要因を考えうるが，中長期にわたる変動の一環であるか

表 1.5.3 属性別にみたメディアの信頼性認識

	カテゴリー	テレビ	新聞	雑誌	インターネット
性 別	男 性	2.48	2.61	1.82	1.93
	女 性	2.59	2.69	1.87	1.90
	t	-2.49^*	-1.98^*	$-1.28^{n.s.}$	$0.60^{n.s.}$
年齢層	10代	2.81^a	2.81^a	2.08^{ab}	1.99^{ab}
	20代	2.28^b	2.49^b	1.80^{bc}	1.95^{ab}
	30代	2.48^{bc}	2.67^{ab}	2.09^a	2.01^a
	40代	2.38^b	2.54^b	1.83^c	1.93^{ab}
	50代	2.58^{cd}	2.66^{ab}	1.77^c	1.95^{ab}
	60代	2.69^{ad}	2.75^a	1.68^c	1.75^b
	F	11.54^{***}	4.73^{***}	9.83^{***}	2.99^*
学 歴	中学校卒	2.57^{ab}	2.56^a	1.53^a	1.44^a
	高校卒	2.66^a	2.67^a	1.79^{ab}	1.86^{ab}
	短大・高専卒	2.49^b	2.65^a	1.86^{ab}	2.01^b
	大学・大学院卒	2.36^b	2.61^a	1.92^b	2.01^b
	F	10.2^{***}	$0.62^{n.s.}$	4.46^{**}	7.93^{***}

分散分析の結果 $^{***}p<0.001$, $^{**}p<0.01$, $^*p<0.05$, n.s. 有意差なし.
数値右肩の a, b, c, …は同記号間では Tukey 法（等分散を仮定できる場合）または Games-Howell 法（等分散を仮定できない場合）により $p<0.05$ の有意差がないことを示す.

もしれない．今後の動向に注意すべき点として，次回の調査を待ちたい．

表 1.5.3 は，性別・年齢別・学歴別に信頼度スコアを比較したものである．性別では，女性のほうがテレビと新聞に対する信頼が高い．年齢層別では，いずれのメディアについても全体としては有意差が認められるものの，一貫した傾向は読みとりにくい．学歴別では，おおむね高学歴であるほど，テレビに対する信頼が低く，雑誌，インターネットに対する信頼が高い．以上のような，属性別にみられる差の基本的なパターンについても，前回 2010 年調査と大きな違いはみられなかった．

1.5.4　目的別のメディア利用状況——経年比較

本項と次項では，目的別にどのメディアをもっとも利用しているかに関する分析を行う．設問された利用目的は，(1) 迅速性「いち早く世の中のできごとや動きを知る」，(2) 信頼性「世の中のできごとや動きについて信頼できる情報を得る」，(3) 趣味・娯楽性「趣味・娯楽に関する情報を得る」，(4) 仕事上の有用性「仕事や研究に役立つ情報を得る」の 4 種である．回答方式は，「テ

1 情報行動の全般的傾向

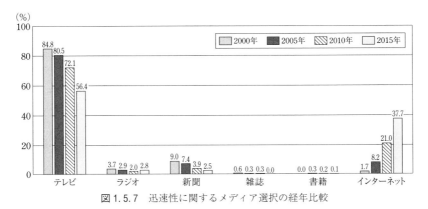

図 1.5.7 迅速性に関するメディア選択の経年比較

レビ」「ラジオ」「新聞」「雑誌」「書籍」「インターネット」「その他」からの単一選択であり，(3) 趣味・娯楽性と，(4) 仕事上の有用性については，これらに加えて「その種の情報はとくに必要ない」という選択肢が設けられている．

以下ではまず 2000 年調査から今回調査までの経年比較の結果を記述し，次項では属性別の比較を行う．

(1) 迅速性

図 1.5.7 は，「いち早く世の中のできごとや動きを知る」ためにもっとも利用するメディアの経年変化を示したものである（同図の数値は無回答の欠損値を含めて 100% とした場合の百分率）．2015 年の今回調査においても，もっとも選択率が高いのはテレビだが（56.4%），前回 2010 年調査よりも約 16 ポイント減っており，それ以前に比べても下落傾向が加速している．一方，インターネットは約 17 ポイント増加して，37.7% になった．仮にこの 5 年間と同じ増減幅で変化が続けば，3 年後の 2018 年には，迅速な情報入手のメディアとしては，インターネットがテレビと肩を並べる計算になる．

(2) 信頼性

一方，「世の中のできごとや動きについて信頼できる情報を得る」ためのメディアとして，インターネットをもっとも利用するという回答はあまり大きく伸びていない．図 1.5.8 に示したように，前回調査に比べて約 4 ポイント増に

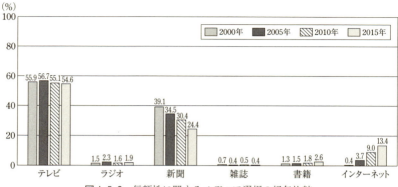

図 1.5.8 信頼性に関するメディア選択の経年比較

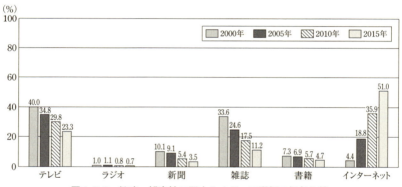

図 1.5.9 趣味・娯楽性に関するメディア選択の経年比較

とどまる．今回ももっとも選択率が高かったのはテレビであり（54.6%），新聞がそれに次ぐ（24.4%）．ただし，新聞は前回より6ポイント減っており，仮にこのままの変化傾向が続けば，信頼できる情報入手メディアとしての選択率は，5年後にはインターネットと同程度の水準になることが予想される．

(3) 趣味・娯楽性

続いて，「趣味・娯楽に関する情報を得る」ためにもっとも利用するメディアの経年変化を，図1.5.9に示す．今回もインターネットの選択率がもっとも高く51.0%であり，前回からの増加幅も約15ポイントと大きい．一方，テレビは23.3%と，インターネットの半分にも満たず，趣味・娯楽のメディアと

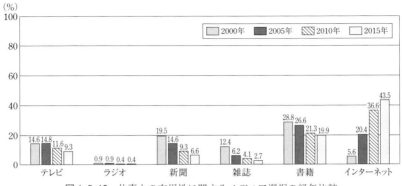

図 1.5.10　仕事上の有用性に関するメディア選択の経年比較

しての王座をもはや完全にインターネットに明け渡した感がある．雑誌の選択率も前回から約 6 ポイント下落して 11.2％ となり，かつての存在感を失っている．

(4)　仕事上の有用性

これに対して，「仕事や研究に役立つ情報を得る」ためにもっとも利用するメディアに関する経年変化は，相対的に小幅にとどまる．図 1.5.10 にみられるように，インターネットの選択率は前回調査から約 7 ポイント増えて 43.5％ に達しているが，2000 年から 2005 年には約 15 ポイント，2005 年から 2010 年には約 16 ポイント増えていたのに比べると，この 5 年間は減速傾向にある．他のメディアの減少幅も最大で 3 ポイント未満に収まっている．

1.5.5　目的別のメディア利用状況——属性による比較

本項では，4 つの目的ごとのメディア利用について，性別・年齢別・学歴別・世帯年収別の比較を行う．なお以下では，(1) 迅速性，(2) 信頼性に関する分析からは無回答を除き，(3) 趣味・娯楽性，(4) 仕事上の有用性に関する分析からは無回答に加えて「その種の情報はとくに必要ない」と回答したケースを除いたものを 100％ として結果を記述する．

分析結果のポイントを先取りしておくと，(1)〜(4) のいずれの利用目的についても，高学歴／高年収であるほどインターネットの選択率が高く，逆に，

低学歴／低年収であるほどテレビの選択率が高くなっていた．これは，今なおデジタルデバイドが存続していることを示唆する結果と言えるだろう．

（1）迅速性

表1.5.4は，「いち早く世の中のできごとや動きを知る」ためにもっとも利用するメディアの選択率を，属性別にまとめたものである．いずれの属性についても，テレビとインターネットの間に対照的な傾向がみられる．テレビの選択率は，女性／高年層／低学歴層／低年収層において高い．逆にインターネットの場合は，男性／若年層／高学歴層／高年収層で選択率が高くなっている．年齢層でみると，テレビよりインターネットの選択率が高いのは20代と30代であり，とりわけデジタル・ネイティブ世代にあたる20代では，インターネットの選択率がテレビよりも50ポイント以上も高くなっている．

（2）信頼性

「世の中のできごとや動きについて信頼できる情報を得る」ためのメディア

表1.5.4 属性別にみた迅速性に関するメディア選択 (%)

	カテゴリー	テレビ	ラジオ	新聞	雑誌	書籍	インターネット	その他
性別	男性	48.8	3.6	3.1	0.0	0.3	43.3	0.9
	女性	63.2	2.1	1.9	0.0	0.0	32.6	0.1
年齢層	10代	54.3	0.7	0.7	0.0	0.7	41.4	2.1
	20代	22.6	0.0	0.0	0.0	0.0	76.7	0.7
	30代	42.3	1.9	0.9	0.0	0.0	54.9	0.0
	40代	47.8	2.1	2.1	0.0	0.3	47.1	0.7
	50代	67.5	4.5	3.3	0.0	0.0	24.4	0.4
	60代	81.0	4.9	5.2	0.0	0.0	8.9	0.0
学歴	中学校卒	77.8	7.4	3.7	0.0	0.0	9.3	1.9
	高校卒	68.4	3.6	3.0	0.0	0.0	24.7	0.2
	短大・高専卒	54.2	2.3	2.7	0.0	0.0	40.2	0.7
	大学・大学院卒	39.6	2.4	2.4	0.0	0.3	55.1	0.3
世帯年収	200万円未満	66.9	3.8	3.8	0.0	0.0	23.1	2.3
	200-400万	64.1	4.1	2.6	0.0	0.0	28.7	0.6
	400-600万	55.0	2.5	2.8	0.0	0.4	39.4	0.0
	600-800万	51.4	2.4	2.9	0.0	0.0	42.9	0.5
	800-1000万	52.7	2.3	0.0	0.0	0.0	45.0	0.0
	1000万以上	50.4	1.5	0.7	0.0	0.0	47.4	0.0

表1.5.5 属性別にみた信頼性に関するメディア選択 (%)

	カテゴリー	テレビ	ラジオ	新聞	雑誌	書籍	インターネット	その他
性別	男性	50.5	3.1	22.6	0.5	2.6	17.6	3.1
	女性	58.2	0.8	26.0	0.4	2.6	9.6	2.2
年齢層	10代	65.0	0.7	15.0	0.7	4.3	11.4	2.9
	20代	45.2	0.7	16.4	0.0	4.8	29.5	3.4
	30代	46.5	2.3	26.3	0.5	3.3	18.3	2.8
	40代	45.0	2.4	29.9	0.3	2.1	16.5	3.8
	50代	60.2	1.2	25.6	0.4	2.8	7.7	2.0
	60代	64.0	2.8	24.9	0.6	0.9	5.2	1.5
学歴	中学校卒	64.8	9.3	14.8	0.0	0.0	7.4	3.7
	高校卒	64.2	1.8	19.8	0.2	0.6	10.9	2.4
	短大・高専卒	51.5	1.3	26.9	0.0	2.0	15.3	3.0
	大学・大学院卒	37.3	2.1	34.0	1.2	5.7	17.0	2.7
世帯年収	200万円未満	57.7	3.1	22.3	0.0	2.3	9.2	5.4
	200-400万	60.3	2.6	21.4	0.6	1.2	10.4	3.5
	400-600万	52.7	1.1	23.8	0.7	2.1	18.5	1.1
	600-800万	55.2	2.9	24.8	0.0	1.9	13.3	1.9
	800-1000万	48.9	0.8	29.8	0.0	4.6	14.5	1.5
	1000万以上	41.6	0.7	29.2	0.7	8.0	16.8	2.9

についても，テレビとインターネットの選択率は，同様の好対照をなしている．表1.5.5にみられるように，テレビの選択率は，おおむね女性／高年層／低学歴層／低年収層で高く，インターネットはその逆である．ただ，属性ごとの差は迅速性の場合ほど大きくはない．新聞の選択率は，女性／高年齢層で高いという点ではテレビに似ているが，他方で高学歴層／高年収層で高いという点ではインターネットに近い．なお，新聞よりインターネットの選択率が高いのは，年齢層別にみた場合の20代のみであり，ここでもデジタル・ネイティブ世代は特徴的な傾向を示している．

(3) 趣味・娯楽性

「趣味・娯楽に関する情報を得る」ためのメディアについても，表1.5.6のとおり，テレビの選択率は女性／高年層／低学歴層／低年収層で高く，インターネットはその逆の傾向を示している．テレビの選択率がインターネットを上まわるのは，60代の年齢層と200万円未満の年収層のみである（ただし，200万円未満の年収層には，退職した高齢者が多く含まれ，年齢層の効果が大きく反映され

表1.5.6 属性別にみた趣味・娯楽性に関するメディア選択 (%)

	カテゴリー	テレビ	ラジオ	新聞	雑誌	書籍	インターネット	その他
性 別	男 性	21.7	1.0	2.9	10.8	3.2	58.4	2.1
	女 性	26.3	0.4	4.2	12.3	6.4	47.7	2.7
年齢層	10代	23.9	0.0	0.0	4.3	2.9	65.9	2.9
	20代	8.3	0.0	0.7	6.9	2.8	79.3	2.1
	30代	16.2	0.5	0.0	9.5	2.9	70.5	0.5
	40代	20.4	1.1	0.7	12.3	2.8	60.0	2.8
	50代	27.8	0.9	2.1	13.7	9.0	44.9	1.7
	60代	38.0	1.0	12.9	16.2	6.9	21.1	4.0
学 歴	中学校卒	28.0	8.0	12.0	10.0	0.0	32.0	10.0
	高校卒	32.3	0.0	6.5	12.9	5.2	39.7	3.4
	短大・高専卒	21.0	1.0	1.7	13.2	5.1	56.3	1.7
	大学・大学院卒	14.8	0.6	1.2	11.2	5.4	65.9	0.9
世帯年収	200万円未満	37.8	0.0	10.1	9.2	2.5	32.8	7.6
	200-400万	30.8	0.9	5.5	12.8	4.3	43.0	2.7
	400-600万	23.2	0.4	3.6	11.4	5.1	54.0	2.2
	600-800万	20.4	1.5	1.9	8.3	3.9	63.6	0.5
	800-1000万	16.2	0.0	0.8	16.2	6.9	59.2	0.8
	1000万以上	15.6	1.5	0.0	12.6	7.4	61.5	1.5

表1.5.7 属性別にみた仕事上の有用性に関するメディア選択 (%)

		テレビ	ラジオ	新聞	雑誌	書籍	インターネット	その他
性 別	男 性	9.2	0.7	7.5	3.1	19.4	55.1	4.9
	女 性	12.4	0.3	7.8	3.2	26.7	46.1	3.5
年齢層	10代	11.4	0.9	1.8	0.9	20.2	64.0	0.9
	20代	6.6	0.0	2.2	2.2	25.7	59.6	3.7
	30代	8.1	0.0	4.1	3.0	23.9	57.9	3.0
	40代	7.3	1.2	5.0	2.7	19.6	58.5	5.8
	50代	9.3	0.5	6.0	4.6	25.5	50.0	4.2
	60代	20.1	0.4	20.5	4.0	24.1	25.7	5.2
学 歴	中学校卒	31.6	2.6	13.2	5.3	5.3	31.6	10.5
	高校卒	14.8	0.3	14.3	4.5	16.8	43.2	6.0
	短大・高専卒	10.7	0.7	3.7	3.7	23.5	54.8	2.9
	大学・大学院卒	2.9	0.3	4.8	1.6	33.3	54.5	2.6
世帯年収	200万円未満	21.6	0.0	15.7	3.9	15.7	37.3	5.9
	200-400万	15.8	1.1	11.2	4.9	22.1	40.7	4.2
	400-600万	10.5	0.0	7.7	3.2	21.9	51.0	5.7
	600-800万	9.1	1.1	3.2	2.1	21.9	59.9	2.7
	800-1000万	4.3	0.0	9.4	0.0	22.2	63.2	0.9
	1000万以上	1.6	0.0	4.0	0.8	32.0	59.2	2.4

ている)．また，ここでも 20 代におけるインターネットの選択率はほぼ 8 割に達しており，テレビの選択率と 70 ポイント以上の開きがあることが目立っている．

(4) 仕事上の有用性

最後に，「仕事や研究に役立つ情報を得る」ためのメディアに関する分析結果を，表 1.5.7 に示す．ここでも，テレビの選択率は低学歴層／低年収層ほど高い傾向が認められるが，性別と年齢別ではさほど顕著な差は見られない．インターネットの選択率は，男性／高学歴層／高年収層で高いが，年齢については相対的に小さな差にとどまる．60 代では書籍と新聞という印刷メディアの選択率が高く，あわせて約 45% に上り，インターネットの選択率より 20 ポイント近く高いことが特徴的である．

1.6 動画メディアの視聴

この 5 年間にスマートフォンやタブレット端末が著しく普及したことによって，従来のテレビ放送の枠をこえて，動画の視聴環境は大きく拡がった．電車内や飲食店内でネット動画を楽しむ姿を見かけることも，もはやめずらしくない．今回の調査では 13 種のメディアを介した動画の視聴経験について設問しており，以下ではそれに関する分析結果を記述していく．

図 1.6.1 は，それら 13 種のメディアを介して動画を見ることがあると回答した比率を示したものである（数値は無回答の欠損値を含めて 100% とした百分率）．もっとも視聴経験率の高いのは「DVD・ブルーレイのレンタルビデオ」の 61.1% で，「市販の DVD・ブルーレイ」も 44.7% に上っている．これらパッケージ系メディアを介した動画視聴が，現時点でも大きな位置を占めていることがうかがえる．また，「スマートフォンや従来型携帯電話でのインターネット無料動画」「パソコンでのインターネット無料動画」も 4 割を超えており，インターネットの無料動画視聴が一般化しつつあることがわかる．一方で，インターネットの有料動画の視聴経験率は，いずれも 3% 未満にすぎない．放送

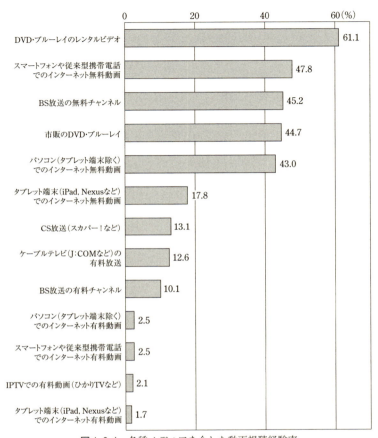

図1.6.1　各種メディアを介した動画視聴経験率

系メディアの場合も，「BS放送の無料チャンネル」は40％台にあるものの，有料のものは10％台にとどまる．放送系かインターネット系かよりも，有料か無料かが視聴経験率を大きく分かつポイントと言えるだろう．

　次に，これら13種の動画視聴経験率を性別で比較したものが，表1.6.1である．パッケージ系メディア（DVD・ブルーレイ）と放送系メディアについては，いずれも有意な男女差は見られない．インターネット系メディアに関しては，パソコンでの無料および有料動画，タブレット端末での無料動画，スマートフォンなどでの有料動画に有意な差があり，いずれも男性のほうが視聴経験

1 情報行動の全般的傾向

表 1.6.1 性別にみた動画視聴経験率 (%)

	男性	女性	χ^2
DVD・ブルーレイのレンタルビデオ	62.6	60.1	0.87[n.s.]
市販の DVD・ブルーレイ	45.6	44.3	0.22[n.s.]
ケーブルテレビ（J:COM など）の有料放送	12.5	12.8	0.05[n.s.]
CS 放送（スカパー！など）	13.7	12.6	0.38[n.s.]
BS 放送の無料チャンネル	46.3	44.6	0.37[n.s.]
BS 放送の有料チャンネル	10.4	9.9	0.09[n.s.]
パソコン（タブレット端末除く）でのインターネット無料動画	49.8	37.2	21.95[***]
パソコン（タブレット端末除く）でのインターネット有料動画	3.6	1.5	5.81[*]
タブレット端末（iPad, Nexus など）でのインターネット無料動画	22.3	14.0	16.01[***]
タブレット端末（iPad, Nexus など）でのインターネット有料動画	2.3	1.1	3.04[n.s.]
スマートフォンや従来型携帯電話でのインターネット無料動画	48.7	47.3	0.24[n.s.]
スマートフォンや従来型携帯電話でのインターネット有料動画	3.6	1.5	5.83[*]
IPTV での有料動画（ひかり TV など）	2.5	1.8	0.74[n.s.]

χ^2 検定の結果　***$p<0.001$, **$p<0.01$, *$p<0.05$, n.s. 有意差なし.

表 1.6.2 年齢層別にみた動画視聴経験率 (%)

	10代	20代	30代	40代	50代	60代	χ^2
DVD・ブルーレイのレンタルビデオ	74.3	74.5	72.8	65.5	57.7	41.2	91.03[***]
市販の DVD・ブルーレイ	52.9	49.7	50.2	52.8	42.7	30.3	42.77[***]
ケーブルテレビ（J:COM など）の有料放送	12.1	10.3	12.7	14.4	11.8	13.0	1.77[n.s.]
CS 放送（スカパー！など）	12.1	17.9	12.2	15.1	15.9	8.0	13.15[*]
BS 放送の無料チャンネル	39.3	37.2	39.9	44.0	53.7	50.3	18.73[**]
BS 放送の有料チャンネル	10.0	14.5	4.7	10.0	13.0	9.9	12.15[*]
パソコン（タブレット端末除く）でのインターネット無料動画	57.9	61.4	52.6	46.9	37.8	22.9	98.20[***]
パソコン（タブレット端末除く）でのインターネット有料動画	2.9	7.6	2.8	1.4	2.0	1.2	19.30[**]
タブレット端末（iPad, Nexus など）でのインターネット無料動画	27.1	22.1	25.8	19.0	17.1	6.5	47.83[***]
タブレット端末（iPad, Nexus など）でのインターネット有料動画	0.7	2.8	2.3	1.4	2.4	0.9	4.47[n.s.]
スマートフォンや従来型携帯電話でのインターネット無料動画	77.9	80.7	71.8	55.9	31.3	10.2	379.96[***]
スマートフォンや従来型携帯電話でのインターネット有料動画	2.9	6.2	5.2	0.7	2.0	0.9	21.79[***]
IPTV での有料動画（ひかり TV など）	1.4	0.7	3.8	2.1	3.3	1.2	7.15[n.s.]

χ^2 検定の結果　***$p<0.001$, **$p<0.01$, *$p<0.05$, n.s. 有意差なし.

率が高い．これは，男性のほうが趣味・娯楽のメディアとしてよりインターネットを利用する傾向にあること（1.5.2 および 1.5.5 参照）を反映したものだろう．

続いて，年齢層別に比較した結果を，表1.6.2 に示す．パッケージ系メディアの視聴経験率は，40代以下で高く，50代，60代になるにつれて低くなる．放送系メディアでは，3項目に有意差が認められるが，年齢に沿って単調増加あるいは減少するような明確な傾向はあまりうかがえない．それに対して，インターネット系メディアでは5項目に有意差が見られ，いずれについてもおおよそ若年層ほど，視聴経験率が高くなっている．とりわけスマートフォンなどでの無料動画に関しては，最大の20代（80.7%）と最小の60代（10.2%）との開きが，70ポイントにも上っている．動画をテレビで見る世代から，インターネットで見る世代への移行が，ここにもくっきりと現れていよう．

参考文献

橋元良明（2006）「『日本人の情報行動・日記式調査』の分析からみたインターネット利用の生活時間・他メディア利用時間への影響――「在宅時間相応配分説」について」，東京大学大学院情報学環（編）『日本人の情報行動 2005』，東京大学出版会，207-216.

橋元良明（2009）「メディア・カニバリズムに関する「在宅時間相応配分説」再考」，東京大学大学院情報学環　情報学研究　調査研究編，25, 1-9.

橋元良明・北村智・辻大介・金相美（2011）「情報行動の全般的傾向」，橋元良明（編）『日本人の情報行動 2010』，東京大学出版会，9-121.

総務省（2014）『平成 26 年度版　情報通信白書』，ぎょうせい．

2 メディア別にみた情報行動

橋元良明・河井大介・小笠原盛浩・是永　論・北村　智

2.1 インターネット利用

2.1.1 インターネット利用者の概観

　今回の調査でも 2010 年調査同様，質問票と日記式の両面でインターネット利用について質問している．本節では質問票の結果からインターネット利用者の属性別特徴等を概観する．

　質問票では，インターネット利用に関する次の4種類の機器それぞれについて，

　（1）パソコン（タブレット端末を除く）で

　（2）タブレット端末（iPad, Nexus など）で

　（3）スマートフォン（iPhone, Xperia など）で

　（4）従来型の携帯電話（スマートフォンを除く．PHS を含む）で

下記 a. b. の2項目に関し，場所を問わず利用しているか否かをたずねた．

　a．メールや，LINE などでのメッセージを見たり送ったりする

　b．インターネットのサイトやアプリを利用する

　ここでは，（1）から（4）までの機器のどれであっても，a. ないし b. のいずれかの項目1つ以上について利用していると答えた人を，「インターネット利用者」とよぶ．また，（1）（2）の機器いずれかによって，a. b. の項目の1つ以上について利用していると答えた人を「PC インターネット利用者」，（3）

表 2.1.1　この 15 年のインターネット利用率（質問票）の年齢層別推移　　（%）

	10代	20代	30代	40代	50代	60代	全体
2000年	27.7	49.7	30.0	23.9	15.6	4.5	24.4
2005年	83.3	84.3	83.7	66.6	42.3	25.0	61.3
2010年	89.8	97.9	95.2	91.9	74.3	48.8	79.4
2015年	88.6	98.6	97.7	95.9	89.0	66.0	87.3

(4)の機器いずれかによって，a. b. の項目1つ以上について利用していると答えた人を「モバイルインターネット利用者」とよぶ．

表 2.1.1 は 2000 年調査から 2015 年調査までの 4 回の調査におけるインターネット利用率の推移を年齢層別にみたものである．

調査対象者全体では，2015 年 6 月時点におけるインターネット利用者は 87.3% であった．この数値は質問票問 1 で質問している「テレビ受像機」の個人利用率 87.0%（欠損値除外）よりも若干高く，もはやインターネット利用率はテレビ利用率とほぼ同じ比率に達したことを示している．

年齢層別にみれば，20 代が 98.6% ともっとも高く，20 代を頂点として，以降は年齢が高くなるにつれ利用率は低くなっている．60 代の利用率は約 3 分の 2 の 66.0% であり，2010 年と比べれば，他の年齢層と比較して伸び率はもっとも大きい．

表 2.1.2 は諸属性別にインターネット利用率，PC インターネット利用率，モバイルインターネット利用率を示したものである．χ^2 検定の結果では，地域別を除く各属性，すなわち性別，年齢層別，学歴別，世帯年収別，社会階層（自己評価）別，就業形態別，都市規模別のどれについても有意な差が示されている．各属性別の特徴を列挙すれば以下の通りである（いずれも利用率の高い属性の記述）．

（1）性別

　インターネット全体とモバイルインターネットでは男性より女性．PC インターネットでは女性より男性．

（2）年齢層別

　インターネット全体，モバイルインターネットでは 20 代が最大．以降，高年齢ほど利用率は低下．PC インターネットは 40 代が最大．

2 メディア別にみた情報行動

表2.1.2 属性別のインターネット利用率（質問票調査）

		N	インターネット利用率（%）	PCインターネット利用率（%）	モバイルインターネット利用率（%）
全　体		1362	87.3	59.3	84.0
性　別	男　性	644	84.6	63.8	79.7
	女　性	718	89.7	55.3	87.9
			7.9**	10.2**	17.1***
年　齢	10代	140	88.6	55.0	83.6
	20代	146	98.6	68.5	97.9
	30代	213	97.7	68.5	95.3
	40代	291	95.9	69.4	92.4
	50代	246	89.0	63.0	85.8
	60代	326	66.0	39.3	61.7
			191.7***	81.7***	178.4***
学　歴（在学者は除く）	中学校卒	54	55.6	31.5	50.0
	高校卒	494	78.9	43.9	75.5
	短大・高専卒	301	96.3	66.4	93.7
	大学・大学院卒	336	95.5	81.3	92.6
			120.5***	139.5***	111.1***
世帯年収	200万円未満	130	71.5	36.2	67.7
	200-400万未満	345	78.8	44.9	75.1
	400-600万未満	282	91.5	62.1	87.6
	600-800万未満	210	94.3	71.0	91.0
	800-1000万未満	131	96.9	74.0	95.4
	1000万以上	137	94.9	78.8	93.4
			8.1*	21.2***	12.2**
社会階層（自己評価）	上，中の上	140	95.0	76.4	93.6
	中の中	568	89.3	65.1	86.4
	中の下	306	85.9	55.9	81.4
	下	108	88.9	55.6	84.3
			68.2***	58.5***	61.7***
就業形態	フルタイム	638	90.8	68.7	87.5
	パート，アルバイト	264	89.0	53.4	86.4
	専業主婦（夫）	183	83.1	45.9	80.9
	学　生	152	92.1	61.2	87.5
	無　職	119	64.7	40.3	59.7
			83.1***	104.5***	78.4***
都市規模	100万人以上	278	92.8	68.0	90.3
	30-100万未満	306	88.2	65.0	84.3
	10-30万未満	350	85.7	56.9	82.6
	10万未満	289	85.1	51.9	82.7
	町村	139	82.7	51.1	77.0
			12.5*	24.2***	14.2**

(表2.1.2続き)

		N	インターネット利用率 (%)	PCインターネット利用率 (%)	モバイルインターネット利用率 (%)
地域	北海道	61	83.6	44.3	78.7
	東北	108	85.2	52.8	82.4
	関東	437	90.4	67.3	87.6
	中部（含：北陸）	255	84.7	58.4	80.8
	近畿	212	89.6	60.4	86.8
	中国・四国	138	86.2	56.5	81.9
	九州・沖縄	151	83.4	49.7	80.1
			9.6 n.s.	25.6***	11.1 n.s.

各属性最下段の数値 χ^2 値と検定結果　***$p<0.001$，**$p<0.01$，*$p<0.05$，n.s. 有意差なし．
PCインターネット利用にタブレット経由も含む．

（3）　学歴別（在学者は除く）

　　インターネット全体，モバイルインターネットは「短大・高専卒」が最大．以降は学歴が低くなるにつれ利用率は低下．PCインターネットは「大学・大学院卒」が最大．同様に学歴が低くなるにつれ利用率は低下．

（4）　世帯年収別

　　インターネット全体，モバイルインターネットは「800-1000万未満」の層が最大で以降は年収が低くなるにつれ利用率は低下．PCインターネットは世帯年収が高いほど利用率が高い．

（5）　社会階層（自己評価）別

　　インターネット全体，PCインターネット，モバイルインターネットのいずれも概して自己評価による社会階層が高いほど利用率が高い．

（6）　就業形態別

　　インターネット全体では「学生」の利用率が最大で「無職」が最低．PCインターネット，モバイルインターネットは「フルタイム」の利用率が高く（モバイルインターネットは「学生」と同率），「無職」の利用率が低い．

（7）　都市規模別

　　インターネット全体，PCインターネット，モバイルインターネットのいずれも概して都市規模が大きいほど利用率が高い．

（8）　地域別

　　インターネット全体およびモバイルインターネットの利用率は地域による有意差はない．傾向的には「関東」の利用率が高い．PCインターネット

2 メディア別にみた情報行動

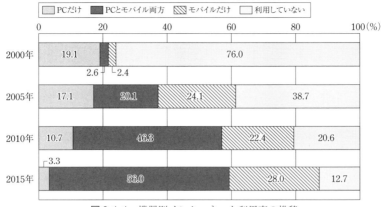

図 2.1.1 機器別インターネット利用率の推移

は「関東」の利用率が最大．「近畿」「中部」がこれに次ぐ．「北海道」「東北」「九州・沖縄」の利用率が低い．特に PC インターネットに関しては，「北海道」が他地域に比べかなり低い．

図 2.1.1 は機器別（PC／タブレットかモバイルか）にインターネット利用の有無の推移を見たものである．2000 年時点では PC だけによる利用が多かったが，その後 PC とモバイルの両方を利用する人が増加し，2015 年にはその比率が 56% に達している．PC 単独とモバイル単独ではモバイル単独の方が利用率が高くなっている．

2.1.2　日記式調査からみたインターネット利用の実態

本調査では，質問票調査とは別に日記式でも 2 日間にわたって実際にインターネットを使っている時間を詳細に調べている．調査シートでは，「スマートフォン・従来型携帯電話・PHS」（以下，モバイル）と「パソコン・タブレット端末」（以下，PC）に分けてインターネット利用に関し以下の 7 項目を設けている．すなわち「メールを読む・書く」「ソーシャルメディア」「ソーシャルメディア以外」「ネット動画を見る」「ネットで音声通話」「ゲーム（ネット経由）」「電子書籍」である．ここでは個別の項目ではなく，おもにそれらを機器別にまとめた「PC インターネット」および「モバイルインターネット」について分析する．なお，記入は 15 分のセルごとであり，10 分未満の利用は 5 分

表 2.1.3　日記式によるネット利用時間の推移

$N=2724$（日）		2005 年	2010 年	2015 年
汎 PC ネット	全体平均（分）	22.2	35.7	31.7
	行為者率（％）	24.5	35.9	28.0
	行為者平均（分）	90.4	99.7	113.1
汎 PC ネット（自宅）	全体平均（分）	12.1	19.4	19.4
	行為者率（％）	16.3	26.8	19.7
	行為者平均（分）	74.1	72.6	98.5
汎 PC ネット（自宅外）	全体平均（分）	―	―	12.3
	行為者率（％）	―	―	12.0
	行為者平均（分）	―	―	102.5
汎モバイルネット	全体平均（分）	17.8	27.2	50.4
	行為者率（％）	35.1	50.7	57.9
	行為者平均（分）	50.7	53.6	87.1
汎ネット	全体平均（分）	38.1	60.2	78.3
	行為者率（％）	47.3	64.1	68.0
	行為者平均（分）	80.4	93.8	115.2

「汎 PC ネット」とは，場所を問わず PC・タブレット端末によるインターネット利用全体．
「汎 PC ネット（自宅）」とは，自宅における PC・タブレット端末によるインターネット利用全体．
「汎 PC ネット（自宅外）」とは，自宅外における PC・タブレット端末によるインターネット利用全体．
「汎モバイルネット」とは，場所を問わず携帯電話・スマートフォン・PHSによるインターネット利用全体．
「汎ネット」とは，場所を問わず PC・タブレット端末や携帯電話・スマートフォン・PHSによるインターネット利用全体．
2005 年，2010 年は，『日本人の情報行動 2010』より抜粋．また「汎 PC ネット（自宅外）」は，『日本人の情報行動 2010』では掲載されていないため省略．

として計算した．また，同じ時間セルで同時に複数の項目にまたがるインターネット利用をした場合，単純加算ではなく，その時間セルにおける各個別インターネット利用項目の最大値で計算している．

まず，汎 PC ネット，汎 PC ネット（自宅利用），汎 PC ネット（自宅外利用），汎モバイルネット，汎ネットの全体平均，行為者率，行為者平均時間について，2005 年からの推移を示したものが表 2.1.3 である．

この表で「行為者率」は，調査対象日（2 日間）において，1 日のうち少しでも PC インターネットを利用した人（7 項目中のいずれか，もしくは複数）の比率である．質問票調査の「利用率」は「ふだん」の利用を質問しているので，両者の数値は一致しない．

PC インターネット利用に関しては，2010 年から 2015 年にかけて場所不問

でも「自宅」でも全体平均は増加していないが、行為者率は場所不問で35.9%から28.0%、「自宅」で26.8%から19.7%に減少し、行為者平均がそれぞれ場所不問で13.4分、「自宅」で25.9分増加している。

一方でモバイルインターネット利用に関しては、2010年から2015年にかけて全体平均が約2倍、行為者率で7.2ポイント、行為者平均で33.5分増加している。

これらの点から、従来、PCインターネットの利用時間が短かった層がモバイルインターネットに移行してきている可能性が示唆される。

(1) PCインターネット

PCインターネット利用内容項目ごとに全体平均、行為者率、行為者平均を示したものが表2.1.4である。『日本人の情報行動2010』のPCインターネットと同様に「メールを読む・書く」が他に比べて全体平均が長いが、2010年の19.7分に比べて本調査では11.4分と減少している。また、行為者率についても同様に27.0%から15.9%と減少しているが、行為者平均に大きな変化は見られなかった。ただし『日本人の情報行動2010』ではパソコンからのインターネットのみであり、タブレット端末は含まれない。

さらにこの日記式調査から属性別にPCインターネットの全体平均と行為者率、行為者平均を示したものが表2.1.5である。

PCインターネットの利用を性別で見ると、いずれも男性が女性よりも高く、これまでの調査の傾向と一致している。年齢層別では、いずれも10代がもっとも低い。また、全体平均、行為者平均といった時間で見た場合20代がもっ

表2.1.4 PCインターネット利用各項目の利用時間等

	N(日)	全体平均(分)	標準偏差	行為者率(%)	行為者数	行為者平均(分)	標準偏差
メールを読む・書く	2724	11.4	52.6	15.9	433	72.0	114.3
ソーシャルメディア	2724	4.3	38.5	5.0	135	86.3	151.8
ソーシャルメディア以外	2724	9.7	44.7	11.5	312	84.6	105.4
ネット動画を見る	2724	4.9	30.6	4.9	134	99.5	98.6
ネットで音声通話	2724	1.4	20.2	1.0	27	136.9	153.7
ゲーム（ネット経由）	2724	4.5	39.6	2.9	79	155.5	176.2
電子書籍	2724	0.9	14.8	0.6	17	142.1	125.6

表2.1.5 日記式調査によるPCインターネットの全体平均と行為者率,行為者平均時間

		N(日)	全体平均利用時間(分)	行為者率(%)	行為者平均利用時間(分)
全体		2724	31.7	28.0	113.1
性別	男性	1288	44.4[a]	35.5[+]	125.3[a]
	女性	1436	20.2[b]	21.3[−]	94.9[b]
	F値・χ²値		49.3***	67.6***	8.5**
年齢層	10代	280	12.3[d]	13.9[−]	88.3[b]
	20代	292	59.7[a]	28.1	212.6[a]
	30代	426	39.0[b]	31.2	125.0[b]
	40代	582	35.5[bc]	35.4[+]	100.2[b]
	50代	492	32.4[bc]	33.9[+]	95.6[b]
	60代	652	18.7[cd]	20.9[−]	89.5[b]
	F値・χ²値		11.8***	70.6***	10.7***
学歴(在学者除く)	中学校卒	108	9.0[b]	8.3[−]	108.3
	高校卒	988	19.1[b]	20.0[−]	95.2
	短大・高専卒	602	39.7[a]	30.9	128.5
	大学・大学院卒	672	48.6[a]	45.5[+]	106.8
	F値・χ²値		19.8***	149.5***	2.1
世帯年収	200万円未満	260	38.2[ab]	21.2[−]	180.7[a]
	200-400万未満	690	20.3[b]	17.2[−]	117.9[bc]
	400-600万未満	564	29.3[b]	30.0	97.8[bc]
	600-800万未満	420	38.3[ab]	32.9[+]	116.6[bc]
	800-1000万未満	262	30.2[b]	42.0[+]	72.0[c]
	1000万以上	274	51.2[a]	39.4[+]	129.9[ab]
	F値・χ²値		5.6***	94.0***	5.3***
社会階層(自己評価)	上,中の上	280	42.1[ab]	39.6[+]	106.2[b]
	中の中	1136	36.0[ab]	32.2[+]	111.8[b]
	中の下	612	26.2[b]	23.2[−]	113.1[b]
	下	216	44.4[a]	24.5	180.9[a]
	F値・χ²値		2.9*	31.6***	3.8*
就業形態	フルタイム	1276	39.8[ab]	34.8[+]	114.4[ab]
	パート,アルバイト	528	17.0[c]	22.0[−]	77.3[b]
	専業主婦(夫)	366	24.1[bc]	21.9[−]	110.1[b]
	学生	304	20.0[c]	18.1[−]	110.6[ab]
	無職	238	47.3[a]	28.2	168.0[a]
	F値・χ²値		9.8***	60.3***	4.5**
都市規模	100万人以上	556	38.1[a]	32.6[+]	117.1
	30-100万未満	612	32.0[ab]	28.4	112.5
	10-30万未満	700	32.4[ab]	27.3	118.8
	10万未満	578	31.1[ab]	26.1	119.0
	町村	278	17.4[b]	23.7	73.5
	F値・χ²値		2.4*	9.5	1.5

		N(日)	全体平均利用時間(分)	行為者率(%)	行為者平均利用時間(分)
地域	北海道	122	44.1^a	23.8	185.3^a
	東北	216	22.2^{ab}	21.8$^-$	102.1^b
	関東	874	43.8^a	34.9$^+$	125.6^{ab}
	中部	510	28.4^{ab}	28.0	101.2^b
	近畿	424	17.3^b	23.8$^-$	72.8^b
	中国・四国	276	28.8^{ab}	27.2	105.8^b
	九州・沖縄	302	26.6^{ab}	20.9$^-$	127.4^{ab}
	F値・χ^2値		5.5***	37.3***	3.4**

「平均(分)」「行為者平均(分)」右肩の a, b, c, …は,縦に見て,同符号間では Tukey の多重範囲検定の結果 $p<0.05$ で有意差がないことを示す.
「行為者率(%)」右肩の記号は,残差分析の結果,$p<0.05$ で,+で有意に多く,-で有意に少ない.
F値右肩の記号は,分散分析の結果 ***$p<0.001$, **$p<0.01$, *$p<0.05$.
χ^2値右肩の記号は,χ^2検定の結果 ***$p<0.001$, **$p<0.01$, *$p<0.05$.
行為者平均の母数は,Nに行為者率を乗じたもの.

とも長く,以降は年齢層が高くなるにつれて短くなる傾向がみられたが,行為者率では40代・50代が他より高い傾向がみられた.学歴別では,高学歴ほど全体平均,行為者率が高い傾向が見られたが,行為者平均では有意差はみられなかった.一方,世帯年収別では,全体平均,行為者平均といった時間でみた場合,200万円未満と高所得層で長い傾向がみられ,行為者率では600万円以上の層で高い傾向がみられた.社会階層(自己評価)別では,全体平均と行為者平均では下がもっとも長く,行為者率では上,中の上においてもっとも高い傾向がみられた.就業形態別では,全体平均,行為者平均で無職がもっとも長く,行為者率ではフルタイムがもっとも高い傾向がみられた.さらに都市規模別では,全体平均と行為者率で100万人以上の大都市が高い傾向がみられ,行為者平均に有意差は見られなかった.地域別では,全体平均で北海道,関東が長く,行為者率で関東,行為者平均では北海道が特に長い傾向がみられた.全体的にPCインターネット利用に関して減少傾向ではあるが,属性別の傾向に大きな変化はみられなかった.

さらに,それぞれ,属性変数間の影響力の違いを確認するため,PCインターネットの全体平均を目的変数とした重回帰分析,およびPCインターネット行為者率を目的変数としたロジスティック回帰分析を行った結果が表2.1.6である.

分析の結果,PCインターネットの全体平均は,男性,高学歴(短大・高専卒,

表 2.1.6　日記式調査による PC インターネット利用の回帰分析

	PC ネット全体平均 (N=2428)			PC ネット行為者率 (N=2428)			利用者の特徴
	標準化偏回帰係数	t 値	係数順位	標準化偏回帰係数	Wald χ^2	係数順位	
性　別[1]	−0.130	−6.02***	②	−0.179	39.28***	②	男性
年　齢	−0.021	−1.02	⑤	0.070	6.41*	④	行為者率で高齢層
学　歴[2]	0.127	6.08***	①	0.243	75.40***	①	高学歴
世帯収入	0.043	2.04*	③	0.168	38.75***	③	高収入
フルタイム[3]	0.017	0.76	⑥	0.042	2.07	⑤	—
大都市[4]	0.040	1.98*	④	0.040	2.46	⑥	時間で大都市
	F 値 =	19.15***					
	調整済み R^2 =	0.0430					

***$p<0.001$, **$p<0.01$, *$p<0.05$.
[1] 男性=1, 女性=2.
[2] 短大・高専卒, 大学・大学院卒=1, その他=0.
[3] フルタイム=1, その他=0.
[4] 人口100万人以上=1, その他=0.

表 2.1.7　PC インターネット各項目の利用場所, 利用時の生活基本行動　(%)

		メールを読む・書く	ソーシャルメディア	ソーシャルメディア以外	ネット動画を見る	ネットで音声通話	ゲーム（ネット経由）	電子書籍
場所別	自　宅	47.5	78.9	71.1	91.0	72.2	92.1	76.5
	職　場	47.3	13.8	24.3	5.5	14.8	4.8	11.8
	学　校	0.5	0.7	1.0	1.5	0.0	0.4	0.0
	移動中	3.0	3.6	0.8	0.7	7.4	1.9	11.8
	その他	1.7	3.0	2.8	1.3	5.6	0.8	0.0
		100.0	100.0	100.0	100.0	100.0	100.0	100.0
生活基本行動別	睡　眠	0.4	0.1	0.5	1.0	0.8	1.5	0.0
	飲食・身じたく・家事	14.2	23.3	19.6	12.6	18.9	12.4	11.8
	移　動	2.8	4.0	1.9	0.7	8.6	2.5	12.3
	仕　事	49.2	11.7	19.9	5.2	17.5	3.8	11.8
	授業・勉強・クラブ活動	1.9	4.0	4.1	2.2	0.0	1.3	5.9
	趣味・娯楽・休息	27.6	50.0	49.5	72.6	45.4	70.6	58.3
	その他	3.8	6.9	4.6	5.5	8.6	8.0	0.0
		100.0	100.0	100.0	100.0	100.0	100.0	100.0

母数は各項目の合計時.

大学・大学院卒),高収入,都市規模大(大都市)の順に影響力が強く,年齢,職業(フルタイムか否か)は有意ではなかった.また,PCインターネット行為者率は,高学歴,女性,高収入,高年齢層の順に影響力が強く,職業と都市規模は有意ではなかった.2010年調査では,いずれの項目とも有意な関係が見られたが,本調査ではPCインターネット利用が全体的に縮小しているため有意な関連が見られなくなった可能性がある.

次にPCインターネット利用(日記式調査)を項目ごとに場所別,生活基本行動別に示したものが表2.1.7である.数値は,各項目の合計時間に対するパーセンテージである.

場所別では,全ての項目で「自宅」での利用比率がもっとも高い.ただし,メールについては「職場」が「自宅」とほぼ同じ比率を示している.

生活基本行動別では,メールで「仕事」,それ以外の項目で「趣味・娯楽・休息」がもっとも比率が高い.また,「飲食・身じたく・家事」がいずれの項目でも10%を超えている.

(2) モバイルインターネット

モバイルインターネット利用内容項目ごとに全体平均,行為者率,行為者平均を示したものが表2.1.8である.2010年調査では,メールが全体平均で20.6分ともっとも長く,行為者率でも47.8%ともっとも高かったが,本調査では,ソーシャルメディアの全体平均が17.9分ともっとも長く,行為者率ではメールが33.7%ともっとも高かった.なお,2010年調査では「サイトを見る」と「サイトに書き込む」の中にSNSが入っている.また,2010年調査では,携帯電話でのゲーム利用については,オンライン,オフラインを合わせて

表2.1.8 モバイルインターネット利用各項目の利用時間等

$N=2724$	全体平均(分)	標準偏差	行為者率(%)	行為者数	行為者平均(分)	標準偏差
メールを読む・書く	12.6	38.4	33.7	919	37.3	58.7
ソーシャルメディア	17.9	58.5	26.2	714	68.3	98.0
ソーシャルメディア以外	8.3	31.5	14.6	399	56.8	63.4
ネット動画を見る	4.1	23.9	6.8	185	61.0	70.4
ネットで音声通話	3.6	25.7	5.6	153	64.0	89.1
ゲーム(ネット経由)	11.8	45.6	13.3	362	88.7	94.0
電子書籍	0.9	11.4	1.7	46	55.5	68.6

表 2.1.9 日記式調査によるモバイルインターネットの全体平均と行為者率,行為者平均時間

		N(日)	全体平均利用時間(分)	行為者率(%)	行為者平均利用時間(分)
全 体		2724	50.4	57.9	87.1
性 別	男 性	1288	47.9	51.0⁻	93.8^a
	女 性	1436	52.7	64.1⁺	82.3^b
	F値・χ^2値		2.0	47.5***	4.9*
年齢層	10代	280	95.2^a	72.5⁺	131.3^a
	20代	292	102.4^a	80.1⁺	127.8^a
	30代	426	68.0^b	78.6⁺	86.5^b
	40代	582	49.2^c	69.9⁺	70.3^{bc}
	50代	492	29.9^d	48.2⁻	62.0^{bc}
	60代	652	13.0^e	24.7⁻	52.8^c
	F値・χ^2値		74.0***	507.5***	25.2***
学 歴(在学者除く)	中学校卒	108	21.9^c	19.4⁻	112.9
	高校卒	988	36.5^{bc}	47.2⁻	80.3
	短大・高専卒	602	54.9^a	68.4⁺	79.9
	大学・大学院卒	672	51.7^{ab}	64.7⁺	77.5
	F値・χ^2値		11.0***	148.6***	0.9
世帯年収	200万円未満	260	47.1	38.5⁻	122.4^a
	200-400万未満	690	42.2	47.0⁻	89.9^b
	400-600万未満	564	52.1	63.3⁺	82.3^b
	600-800万未満	420	48.3	63.8⁺	75.8^b
	800-1000万未満	262	47.8	68.7⁺	69.6^b
	1000万以上	274	60.5	71.2⁺	85.0^b
	F値・χ^2値		1.9	119.0***	4.2***
社会階層(自己評価)	上,中の上	280	55.2^{ab}	70.0⁺	78.9^b
	中の中	1136	45.5^b	58.6	77.7^b
	中の下	612	44.8^b	54.2⁻	82.6^b
	下	216	62.4^a	54.6	114.2^a
	F値・χ^2値		3.4*	21.1***	4.8**
就業形態	フルタイム	1276	49.5^b	60.0⁺	82.6^{bc}
	パート,アルバイト	528	48.9^b	60.6	80.7^{bc}
	専業主婦(夫)	366	38.1^{bc}	54.6	69.7^c
	学 生	304	91.2^a	74.0⁺	123.3^a
	無 職	238	23.5^c	23.1⁻	101.6^{ab}
	F値・χ^2値		23.8***	155.7***	9.5***
都市規模	100万人以上	556	56.1	66.7⁺	84.1
	30-100万未満	612	49.9	58.5	85.2
	10-30万未満	700	52.3	57.1	91.6
	10万未満	578	47.8	52.9⁻	90.3
	町 村	278	40.8	51.1⁻	79.9
	F値・χ^2値		1.6	29.2***	0.5

		N（日）	全体平均利用時間（分）	行為者率（％）	行為者平均利用時間（分）
地　域	北海道	122	60.2^{ab}	61.5	97.9^{ab}
	東北	216	64.1^a	57.9	110.7^a
	関東	874	54.3^{abc}	64.8$^+$	83.8^{ab}
	中部（含北陸）	510	39.1^{bc}	51.8$^-$	75.6^b
	近畿	424	50.6^{abc}	59.2	85.5^{ab}
	中国・四国	276	37.0^c	47.1$^-$	78.6^{ab}
	九州・沖縄	302	56.5^{abc}	55.0	102.9^{ab}
	F値・χ^2値		4.0***	39.9***	2.7*

「平均（分）」「行為者平均（分）」右肩のa, b, c, …は，縦に見て，同符号間ではTukeyの多重範囲検定の結果 $p<0.05$ で有意差がないことを示す．
「行為者率（％）」右肩の記号は，残差分析の結果，$p<0.05$ で，＋で有意に多く，－で有意に少ない．
F値右肩の記号は，分散分析の結果 ***$p<0.001$, **$p<0.01$, *$p<0.05$.
χ^2値右肩の記号は，χ^2検定の結果 ***$p<0.001$, **$p<0.01$, *$p<0.05$.
行為者平均の母数は，Nに行為者率を乗じたもの．

表2.1.10　日記式調査によるモバイルインターネット利用の回帰分析

	モバイルネット全体平均 ($N=2428$)			モバイルネット行為者率 ($N=2428$)			利用者の特徴
	標準化偏回帰係数	t値	係数順位	標準化偏回帰係数	Wald χ^2	係数順位	
性　別[1]	0.023	1.11	③	0.228	61.02***	②	行為者率で女性
年　齢	-0.336	-17.30***	①	-0.500	303.85***	①	若年層
学　歴[2]	0.043	2.14*	②	0.135	25.44***	④	高学歴
世帯年収	-0.006	-0.31	⑤	0.155	31.62***	③	行為者率で高収入
フルタイム[3]	0.005	0.24	⑥	0.076	6.59*	⑤	行為者率でフルタイム
大都市[4]	0.018	0.91	④	0.063	5.62*	⑥	行為者率で大都市
	F値＝	54.04***					
	調整済み R^2＝	0.1159					

***$p<0.001$, **$p<0.01$, *$p<0.05$.
[1] 男性＝1, 女性＝2.
[2] 短大・高専卒, 大学・大学院卒＝1, その他＝0.
[3] フルタイム＝1, その他＝0.
[4] 人口100万人以上＝1, その他＝0.

1つの項目となっており，その利用時間は1.8分であったのに対し，本調査ではオンラインのゲーム利用時間が11.8分と，単純に比較はできないが，大きく増加している．

さらにこの日記式調査から属性別にモバイルインターネットの全体平均と行為者率，行為者平均時間を示したものが表2.1.9である．

モバイルインターネットの利用を性別でみると，全体平均では有意差がみら

表 2.1.11　モバイルインターネット各項目の利用場所, 利用時の生活基本行動　　(%)

		メールを 読む・書く	ソーシャル メディア	ソーシャル メディア以外	ネット動画 を見る	ネットで 音声通話	ゲーム (ネット経由)	電子書籍
場所別	自　宅	58.4	59.7	62.7	74.9	72.6	70.4	60.4
	職　場	17.3	13.5	11.4	6.1	8.9	8.6	14.4
	学　校	1.8	2.6	2.8	3.9	1.7	3.7	2.2
	移動中	14.7	17.9	17.4	8.4	7.2	11.6	21.8
	その他	7.8	6.3	5.7	6.7	9.5	5.7	1.3
		100.0	100.0	100.0	100.0	100.0	100.0	100.0
生活基本行動別	睡　眠	1.7	1.9	1.4	0.8	2.1	1.5	3.3
	飲食・身じた く・家事	38.7	30.1	28.2	16.4	23.6	21.7	27.6
	移　動	14.8	17.6	18.0	8.8	5.8	11.7	19.6
	仕　事	12.5	8.9	6.5	5.0	8.7	4.8	7.6
	授業・勉強・ クラブ活動	2.1	3.8	2.5	3.5	3.7	3.0	2.2
	趣味・娯楽・ 休息	24.6	32.7	39.1	61.1	46.7	52.4	36.8
	その他	5.5	5.0	4.3	4.4	9.5	4.9	2.9
		100.0	100.0	100.0	100.0	100.0	100.0	100.0

母数は各項目の合計時間.

れないが, 行為者率では女性, 行為者平均では男性が高い傾向がみられた. 年齢層別ではいずれも10代〜20代の若年層がもっとも高く, 年齢層が高くなるにつれて低くなる傾向がみられた. 学歴別では全体平均, 行為者率でおおむね高学歴ほど高く, 行為者平均では有意差がみられなかった. 一方, 世帯年収別では, 全体平均では有意差がみられず, 行為者率で高収入ほど高く, 行為者平均では200万円未満が特に長い傾向がみられた. 社会階層 (自己評価) 別では, 全体平均と行為者平均では下がもっとも長く, 行為者率では上, 中の上においてもっとも高い傾向がみられた. 就業形態別では, いずれも学生がもっとも高い. 都市規模別では全体平均, 行為者平均ともに有意差がないが, 行為者率で100万人以上の大都市が高い. 地域別では, 全体平均, 行為者平均で東北がもっとも長く, 行為者率では関東がもっとも高かった.

さらに, それぞれ, 属性変数間の影響力の違いを確認するため, モバイルインターネットの全体平均を目的変数とした重回帰分析, およびモバイルインターネット行為者率を目的変数としたロジスティック回帰分析を行った結果が表2.1.10である.

2 メディア別にみた情報行動

分析の結果，モバイルインターネット利用時間は，低年齢層，高学歴（短大・高専卒，大学・大学院卒）の順に影響力が強く，性別，世帯年収，職業（フルタイムか否か），都市規模（100万人以上の大都市か否か）は有意ではなかった．また，モバイルインターネット行為者率は，低年齢層，女性，高収入，高学歴，フルタイム，大都市の順に影響力が強かった．

モバイルインターネット利用（日記式調査）を項目ごとに場所別，生活基本行動別に示したものが表2.1.11である．数値は，各項目の合計時間に対するパーセンテージである．

場所別では，すべての項目で「自宅」での利用比率がもっとも高く，メールとネットでの音声通話を除いて「移動中」での利用比率が2番目に高い．

表2.1.12 モバイルインターネット各項目の性差

	全体平均（分）			行為者率（％）			行為者平均（分）		
	男性	女性	F値	男性	女性	χ^2値	男性	女性	F値
N	1288	1436		1288	1436				
メールを読む・書く	10.7	14.2	5.74*	25.4	41.2	76.18***	42.2	34.5	3.61
ソーシャルメディア	14.8	20.7	6.84**	20.8	31.1	36.89***	71.3	66.6	0.38
ソーシャルメディア以外	9.0	7.7	1.17	14.8	14.5	0.06	60.8	53.2	1.43
ネット動画を見る	6.0	2.5	15.24***	7.8	5.9	3.65	77.6	41.5	12.88***
ネットで音声通話	4.4	2.9	2.25	4.3	6.8	8.36**	102.4	42.4	17.69***
ゲーム（ネット経由）	13.8	10.0	4.64*	13.7	12.9	0.44	100.3	77.7	5.27*
電子書籍	1.0	0.9	0.08	1.5	1.9	0.67	67.9	46.9	1.05

全体平均，行為者平均は分散分析の結果，行為者率はχ^2検定の結果 $^{***}p<0.001$, $^{**}p<0.01$, $^*p<0.05$.
行為者平均のNは，上から順に男性で，327, 268, 191, 100, 55, 177, 19. 女性で，592, 446, 208, 85, 98, 185, 27.

表2.1.13 モバイルインターネット各項目の全体平均の年齢層による差

	全体平均（分）						
	10代	20代	30代	40代	50代	60代	F値
N	280	292	426	582	492	652	
メールを読む・書く	12.0^{ab}	18.7^a	14.6^{ab}	13.3^{ab}	11.2^{ab}	9.2^b	2.88*
ソーシャルメディア	44.2^a	45.8^a	23.1^b	14.1^{bc}	8.3^{cd}	1.4^d	41.71***
ソーシャルメディア以外	10.8^b	18.7^a	15.4^{ab}	9.6^b	3.1^c	0.8^c	22.15***
ネット動画を見る	10.7^a	11.6^a	4.5^b	3.2^b	1.5^b	0.6^b	14.36***
ネットで音声通話	15.5^a	9.7^b	1.7^c	1.6^c	1.1^c	0.6^c	19.95***
ゲーム（ネット経由）	20.6^{ab}	26.5^a	19.9^{ab}	12.0^{bc}	5.8^{cd}	0.5^d	21.37***
電子書籍	1.0	1.5	1.9	0.2	0.9	0.6	1.38

利用時間右肩の記号は，Tukeyの多重範囲検定の結果，同符号間で$p<0.05$で有意差なし．
F値右肩の記号は分散分析の結果 $^{***}p<0.001$, $^{**}p<0.01$, $^*p<0.05$.

表 2.1.14 モバイルインターネット各項目の行為者率の年齢層による差

	行為者率（％）						
	10代	20代	30代	40代	50代	60代	χ^2値
N	280	292	426	582	492	652	
メールを読む・書く	26.4⁻	35.3	40.8⁺	44.7⁺	34.8	21.0⁻	95.22***
ソーシャルメディア	50.0⁺	53.1⁺	42.5⁺	27.3	12.4⁻	2.8⁻	483.58***
ソーシャルメディア以外	15.7	23.3⁺	27.2⁺	21.3⁺	7.1⁻	1.8⁻	200.15***
ネット動画を見る	20.4⁺	13.0⁺	8.2	5.8	2.8⁻	1.1⁻	147.23***
ネットで音声通話	15.0⁺	10.6	6.1	5.8	1.4⁻	1.7⁻	96.33***
ゲーム（ネット経由）	24.6⁺	22.9⁺	23.2⁺	16.5⁺	5.7⁻	0.5⁻	214.52***
電子書籍	2.1	4.8⁺	3.5⁺	0.5⁺	0.4⁻	0.9	37.95***

行為者率は右肩の記号は残差分析の結果　$p<0.05$ で，＋で有意に多く，－で有意に少ない．
χ^2値右肩の記号は χ^2検定の結果　***$p<0.001$, **$p<0.01$, *$p<0.05$.

表 2.1.15 モバイルインターネット各項目の行為者平均の年齢層による差

	行為者平均（分）						
	10代	20代	30代	40代	50代	60代	F値
メールを読む・書く	45.3ᵃᵇ	52.9ᵃ	35.6ᵃᵇ	29.7ᵇ	32.3ᵇ	43.9ᵃᵇ	3.27**
ソーシャルメディア	88.4ᵃ	86.3ᵃ	54.3ᵃ	51.6ᵃ	67.0ᵃ	51.4ᵃ	4.09**
ソーシャルメディア以外	68.6ᵃ	80.4ᵃ	56.6ᵃ	45.0ᵃ	43.6ᵃ	44.2ᵃ	3.56**
ネット動画を見る	52.5	88.8	54.3	54.0	54.3	60.0	1.53
ネットで音声通話	103.6ᵃ	88.8ᵃ	27.9ᵃ	27.8ᵃ	79.3ᵃ	30.8ᵃ	5.11***
ゲーム（ネット経由）	83.8	115.7	85.5	72.6	101.3	110.0	1.89
電子書籍	46.7ᵇ	31.8ᵇ	55.3ᵇ	46.7ᵇ	232.5ᵃ	65.8ᵇ	4.11**

Nは，上から，10代で，74, 140, 44, 57, 42, 69, 6. 20代で，103, 155, 68, 38, 32, 67, 14. 30代で，174, 181, 116, 35, 26, 99, 15. 40代で，260, 159, 124, 34, 34, 96, 3. 50代で，171, 61, 35, 14, 7, 28, 2. 60代で，137, 18, 12, 7, 12, 3, 6.
行為者平均右肩の記号は，Tukey の多重範囲検定の結果，同符号間で $p<0.05$ で有意差なし．
F値右肩の記号は分散分析の結果　***$p<0.001$, **$p<0.01$, *$p<0.05$.

生活基本行動別では，「飲食・身じたく・家事」もしくは「趣味・娯楽・休息」がもっとも比率が高い．また，ネット音声通話とネット動画を除き，「移動」での利用が 10％ を超えている．

（3） モバイルインターネット利用の各項目の性・年齢層差

モバイルインターネット利用の各項目を性別ごとにまとめたものが表 2.1.12 である．全体平均では，メール，ソーシャルメディアでは女性が有意に長く，ネット動画，ネットゲームでは男性が有意に長い．また，行為者率ではメール，ソーシャルメディア，ネット音声通話で女性が有意に高い．そして

2 メディア別にみた情報行動

表 2.1.16 スマートフォンと従来型携帯電話利用者の比較

	全体平均（分）			行為者率（％）			行為者平均（分）		
	スマートフォン	従来型携帯電話	F 値	スマートフォン	従来型携帯電話	χ^2 値	スマートフォン	従来型携帯電話	F 値
N	1680	878		1680	878				
汎モバイルネット	75.9	10.6	334.74***	78.5	28.4	611.36***	96.7	37.3	72.85***
メールを読む・書く	16.2	7.8	26.16***	40.9	25.7	57.68***	39.6	30.4	4.13*
ソーシャルメディア	28.8	0.4	134.96***	41.8	0.8	483.55***	68.9	51.4	0.22
ソーシャルメディア以外	12.8	1.4	73.43***	22.1	3.0	160.82***	57.8	46.2	0.82
ネット動画を見る	6.3	0.7	30.18***	10.5	0.7	83.68***	59.9	100.8	1.95
ネットで音声通話	5.8	0.0	28.14***	9.1	0.0	85.05***	64.0	—	
ゲーム（ネット経由）	18.7	0.5	90.47***	21.2	0.3	207.75***	88.5	145.0	1.07
電子書籍	1.2	0.6	1.89	2.4	0.6	11.43***	50.4	98.0	2.21

行為者平均の N は，上から順に，スマートフォン利用者で 319, 687, 702, 371, 176, 153, 356, 41. 従来型携帯電話利用者で 249, 226, 7, 26, 6, 0, 3, 5.
全体平均，行為者平均は分散分析の結果，行為者率は χ^2 検定の結果　***$p<0.001$, **$p<0.01$, *$p<0.05$.
スマートフォンは，問 1 (6) で「自分も利用している」とした人，従来型携帯電話は問 1 (6) で「自分も利用している」としておらず，問 1 (7) で「自分も利用している」とした人.

行為者平均では，ネット動画，ネット音声通話，ネットゲームで男性が有意に長かった．

年齢層別に，モバイルインターネット利用の各項目の全体平均をまとめたものが表 2.1.13，行為者率をまとめたものが表 2.1.14，行為者平均をまとめたものが表 2.1.15 である．

全体平均（表 2.1.13）では，電子書籍を除くすべての項目で有意差が見られ，ネット音声通話では 10 代がもっとも長く，それ以外では 20 代を中心とした若年層の利用時間が長い．また，行為者率（表 2.1.14）では，すべての項目で有意差が見られ，メールとソーシャルメディア以外，電子書籍では 20〜40 代，ソーシャルメディアやネットで音声通話，ゲーム（ネット経由）では 10 代を含む若年層を中心に高い傾向がみられた．行為者平均（表 2.1.15）で年齢層別に有意な差があったものは，メール（20 代がもっとも長く 52.9 分）と電子書籍（50

代がもっとも長く232.5分）であった．

（4） スマートフォンと従来型携帯電話でのインターネットの各項目差

質問紙調査問1（6）で「自分も利用している」とした人をスマートフォン利用者，スマートフォン利用者でなく質問紙調査問1（7）で「自分も利用している」とした人を従来型携帯電話利用者として，モバイルインターネット利用の各項目を比較したものが表2.1.16である．

全体平均では電子書籍を除くすべての項目，行為者率ではすべての項目で有意差が見られ，いずれも従来型携帯電話利用者よりもスマートフォン利用者の全体平均が長く，行為者率も高い．

2.1.3 インターネット利用の同時並行行動

ここでは日記式調査に基づき，インターネット利用と他の行動との同時並行行動について報告する．

前項の2.1.2ではPCインターネットとモバイルインターネットの項目ごとに場所別，生活基本行動別の分布を示したが，PCインターネット，モバイルインターネット，および汎ネットについて，それぞれ場所別，生活基本行動別の分布を示したものが表2.1.17である．

同表に示されている通り，場所別では半分以上が「自宅」での利用であり，生活基本行動別でも約40%が「趣味・娯楽・休息」であった．PCネットでは，場所別で「職場」，生活基本行動別で「仕事」がともに約30%であったが，モバイルネットでは場所別で「職場」と「移動中」が約13%，生活基本行動別では「飲食・身じたく・家事」で30.2%，「移動」で12.9%であった．

自宅でのインターネット利用について，PC，モバイル，汎ネットごとに他の情報行動との同時並行行動の比率を性別に示したものが表2.1.18，年齢層別に示したものが表2.1.19である．いずれもそれぞれの自宅でネット利用をしている人が分析の母集団である．

同時並行行動の比率は，PCネットで30.1%，モバイルネットで39.4%，汎ネットで36.8%であった．また，PCネット，モバイルネットについては性別で差がみられず，汎ネットでは男性よりも女性で同時並行行動の比率が高かっ

2 メディア別にみた情報行動

表 2.1.17 機器別インターネットの場所別, 生活基本行動別分布 (%)

		汎ネット	PC ネット	モバイルネット
場所別	自　宅	65.6	64.2	64.3
	職　場	18.1	31.0	13.7
	学　校	1.6	0.9	1.9
	移動中	9.2	2.1	12.9
	その他	5.6	1.9	7.2
生活基本行動別	睡　眠	1.5	0.8	1.6
	飲食・身じたく・家事	25.9	16.7	30.2
	移　動	9.1	2.5	12.9
	仕　事	15.6	30.7	9.9
	授業・勉強・クラブ活動	2.5	2.9	2.5
	趣味・娯楽・休息	39.6	41.6	36.8
	その他	5.9	4.8	6.0

母数は機器別インターネットの合計時間.

表 2.1.18 性別の機器別自宅インターネットの同時並行行動の比率

		全体	男性	女性	χ^2 値
PC ネット	%	30.1	27.3	33.5	2.41
	N	537	299	238	
モバイルネット	%	39.4	38.6	39.9	1.42
	N	1,296	494	802	
汎ネット	%	36.8	34.6	38.5	6.19*
	N	1,556	668	888	

Kruskal-Wallis 検定の結果　*$p<0.05$ で有意差があることを示す.
分析対象は, それぞれの自宅でのネット利用者.

表 2.1.19 年齢層別の機器別自宅インターネットの同時並行行動の比率

		10代	20代	30代	40代	50代	60代	F 値
PC ネット	%	23.6^a	23.8^a	34.5^a	31.3^a	31.2^a	30.1^a	0.70
	N	35	69	86	123	106	118	
モバイルネット	%	29.7^c	31.1^{bc}	42.4^{ab}	41.6^{abc}	41.6^{abc}	50.5^a	5.55***
	N	176	199	282	342	175	122	
汎ネット	%	29.4^{bc}	28.9^c	40.1^{ab}	39.6^{abc}	37.8^{abc}	41.6^a	4.18***
	N	195	232	309	395	235	190	

分散分析の結果　***$p<0.001$ で有意. また, % 横の記号は, Tukey の多重範囲検定の結果, 同符号間で $p<0.05$ で有意差がないことを示す.
分析対象は, それぞれの自宅でのネット利用者.

表2.1.20 機器別自宅インターネットの対象別同時並行行動の比率　(%)

	PCネット	モバイルネット	汎ネット
N	537	1296	1556
テレビ（機器問わず，録画含む）	21.5	35.3	31.6
DVD	0.9	0.6	0.7
通話	2.3	1.2	1.1
ゲーム（オフライン）	1.3	1.6	1.6
文書・表・写真加工	2.9	0.3	1.2
印刷物を読む	2.3	2.7	2.5
ラジオを聴く	1.0	0.5	0.6

いずれも，機器を問わず．
分析対象はそれぞれの自宅でのネット利用者．母数はそれぞれのネット利用の合計時間．

表2.1.21 機器別自宅インターネットの同時並行行動の比率（明細）
(%)

	モバイル	PC
N	713	229
メールを読む・書く	41.5	18.2
ソーシャルメディア	32.8	10.2
ソーシャルメディア以外	14.9	3.1
ネット動画を見る	2.8	39.1
ネットで音声通話	4.4	54.6
ゲーム（ネット経由）	17.3	83.7
電子書籍	0.9	8.5

分析対象は，それぞれの機器のネットでの同時並行行為者．母数はそれぞれの機器での個別の自宅でのネット利用時間．

た．また，年齢層別では，PCネットでは有意差がみられず，モバイルネット，汎ネットでは年齢層が高いほど同時並行行動の比率が高い傾向がみられた．

さらに，機器別自宅インターネットと同時並行行動をしている対象別の同時並行行動の比率を示したものが表2.1.20である．いずれも「テレビ」との同時並行行動が占める比率が高い．

さらに，機器別自宅インターネットの明細での同時並行行動の比率を示したものが表2.1.21である．モバイルでは，「メールを読む・書く」「ソーシャルメディア」の比率が高いが，PCでは「ゲーム（ネット経由）」「ネットで音声通話」「ネット動画を見る」の比率が高い．

2.1.4 インターネット利用内容

質問紙調査では，PC インターネット（タブレット端末を含む）やモバイルインターネットで利用しているサービスの種類・頻度についてたずねている（問7，問8）．本項では，利用端末別にインターネット利用内容を概観し，続いてPC とモバイルインターネットの併用行動を調べる．

（1） PC インターネット利用内容

PC インターネット利用者は平均で 5.8 種類のサービスを利用している．もっともよく利用されているサービスは「検索（サーチエンジン）」であり，85.6% が利用している．続いて 30% 以上の PC インターネットユーザーが利用しているサービスを利用率の高い順に挙げると，「地図アプリ」（76.3%），「ネットショッピング」（65.5%），「他の人（個人）のブログ・ホームページを見る」（53.4%），「音楽を聴く」（52.2%），「チケット予約」（39.4%），「掲示板を読む」（36.4%），「メールマガジン」（34.6%）である（図 2.1.2）．

一方，利用率が 20% 未満のサービスは，コミュニケーション系サービスの「チャット」，情報発信行動の「掲示板へ書き込む」「ブログ・ホームページを更新」，取引系サービスの「ネット株式売買」「オークション」，および「文書や写真を管理」である．PC インターネットは情報を調べたりコンテンツを視聴したりする目的では幅広く利用されているが，情報発信目的ではあまり利用されていない．

性別で利用率を比較すると，「ネットバンキング」「ネット株式売買」「オークション」など取引系サービス，「電子掲示板を読む」「電子掲示板に書き込む」「チャット」などコミュニケーション系サービス，「文書や写真を管理」「地図アプリ」で，男性が女性よりも有意に利用率が高い．また，女性のほうが有意に利用率の高いサービスはみられない（表 2.1.22）．

年齢層別の比較では，「文書や写真を管理」を除くすべてのサービスで年齢層により利用率に有意な差がある．大半のサービスでは 20 代〜40 代の利用率が高く，10 代および 50 代以降は利用率が低い．このパターンから外れているサービスは，20 代から 60 代まで利用率が高い「地図アプリ」，10 代・20 代の利用率が高い「音楽」「オンラインゲーム」「チャット」「スカイプ，LINE な

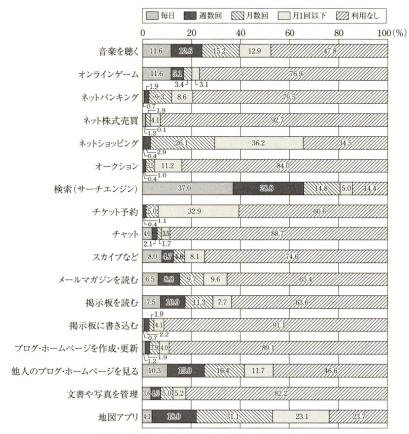

図 2.1.2 PC インターネットサービス利用頻度

どの音声通話」，60代の利用率が高い「ネット株式売買」である．言い換えると，10代・20代では娯楽や友人とのコミュニケーション目的，60代では資産運用目的の PC インターネット利用が活発なようである．

(2) モバイルインターネット利用内容

　モバイルインターネット利用者は平均して 4.7 種類のサービスを利用している．もっとも利用されているサービスは PC インターネットと同様に「検索（サーチエンジン）」であり，66.2% が利用している．30% 以上のモバイルイン

2 メディア別にみた情報行動

表 2.1.22　性・年齢層別 PC インターネットサービス利用率　　(%)

	性別		年齢層					
	男性	女性	10代	20代	30代	40代	50代	60代
音楽を聴く	54.6	49.7	74.0	80.6	59.6	45.0	40.0	34.9***
オンラインゲーム	24.7	21.5	40.3	34.7	31.5	23.4	13.5	5.5***
ネットバンキング	25.9	14.9***	5.2	13.3	26.0	22.3	23.9	22.0***
ネット株式売買	10.0	4.6**	0.0	1.0	6.8	9.4	6.5	15.0***
ネットショッピング	68.7	62.3	31.2	76.5	77.9	76.6	62.6	50.0***
オークション	19.6	12.4**	3.9	11.2	25.3	19.8	15.6	10.9***
検索（サーチエンジン）	87.7	83.3	89.5	92.8	91.1	86.6	83.2	72.4***
チケット予約	38.6	40.2	18.2	45.9	50.0	45.5	34.0	31.5***
チャット	13.9	8.6*	24.7	26.5	9.6	9.9	5.8	2.4***
スカイプなど	25.2	25.5	41.6	40.8	28.1	22.3	19.6	12.5***
メールマガジンを読む	35.3	33.9	15.6	30.6	38.4	41.3	38.1	30.2**
掲示板を読む	43.5	29.1***	22.4	51.0	43.2	38.8	27.7	32.8***
掲示板に書き込む	13.7	4.0***	6.5	17.3	9.6	10.4	5.8	4.7*
ブログ・ホームページを作成・更新	10.8	11.1	6.5	17.3	17.1	9.0	9.7	6.3**
他人のブログ・ホームページを見る	53.8	53.0	35.5	65.3	61.0	60.4	43.2	47.7***
文書や写真を管理	21.5	13.9**	15.6	25.5	19.9	16.3	17.5	13.3
地図アプリ	82.9	69.4***	51.9	75.5	71.9	78.2	85.8	82.0***

χ^2 検定の結果　***$p<0.001$, **$p<0.01$, *$p<0.05$.

ターネットユーザーが利用しているサービスを利用率の高い順に挙げると，「地図アプリ」(62.9%), 「音楽を聴く」(48.4%), 「他の人（個人）のブログ・ホームページを見る」(41.0%), 「スカイプ，LINE などの音声通話」(39.3%), 「ネットショッピング」(37.5%), 「オンラインゲーム」(36.1%), 「メールマガジン」(30.5%) である（図 2.1.3）．モバイルインターネットの「音声通話」「オンラインゲーム」利用率は PC インターネットでの利用率よりも高く，通話や通勤・通学中の気晴らしに利用される携帯電話の特性が表れているようである．

性別で利用率を比較すると，取引系サービスの「ネットバンキング」「ネット株式売買」「オークション」，コミュニケーション系サービスの「電子掲示板を読む」「電子掲示板に書き込む」，「検索」「文書や写真を管理」「地図アプリ」は，男性が女性よりも利用率が有意に高い．「チケット予約」は女性が男性よりも利用率が有意に高い（表 2.1.23）．

年齢層別の比較では，「ネット株式売買」を除くすべてのサービスで年齢層による有意な差がある．PC インターネットの場合と同様に，大半のサービスは 20 代～40 代の利用率が高く，10 代および 50 代以降では低い．また，「音楽

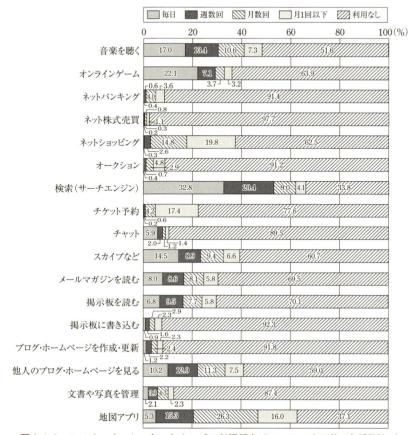

図 2.1.3　モバイルインターネットサービス利用頻度（$N=1144$　無回答は欠損値扱い）

を聴く」「オンラインゲーム」「チャット」「スカイプ，LINE など音声通話」といった娯楽や友人とのコミュニケーションに用いられるサービスは，10代・20代の若年層の利用率が高い（表 2.1.23）．

（3）PC・モバイルインターネット併用者の利用内容

調査回答者を PC インターネットとモバイルインターネットの利用の有無で分類すると，PC・モバイルインターネット双方の利用者（56.0%），PC インターネットのみ利用者（3.3%），モバイルインターネットのみ利用者（28.0%），

2 メディア別にみた情報行動

表 2.1.23 性・年齢層別モバイルインターネットサービス利用率 (%)

	性別		年齢層					
	男性	女性	10代	20代	30代	40代	50代	60代
音楽を聴く	50.1	47.0	87.9	77.6	61.0	42.8	29.7	16.8***
オンラインゲーム	38.4	34.2	67.8	52.4	48.0	38.6	18.6	6.8***
ネットバンキング	12.1	5.9***	5.3	10.5	16.5	10.6	4.5	2.6***
ネット株式売買	3.6	1.3*	0.9	0.0	3.0	3.4	1.5	3.7
ネットショッピング	35.5	39.1	31.0	62.0	57.0	42.4	23.4	10.5***
オークション	13.5	5.0***	2.6	9.1	16.0	10.6	7.5	3.7***
検索(サーチエンジン)	70.0	63.2*	84.5	89.5	80.5	71.6	49.5	33.0***
チケット予約	18.7	25.4**	13.8	42.0	32.5	24.6	14.9	7.3***
チャット	10.5	10.6	34.8	19.6	9.0	7.2	4.5	1.6***
スカイプなど	37.6	40.7	69.8	72.7	50.0	34.8	21.4	9.5***
メールマガジンを読む	29.6	31.3	27.8	36.4	36.5	38.6	27.4	13.7***
掲示板を読む	35.2	25.6**	31.0	46.9	39.0	32.6	17.0	16.8***
掲示板に書き込む	10.5	5.5**	12.1	11.9	9.5	7.6	4.0	4.2*
ブログ・ホームページを作成・更新	7.4	8.8	10.3	11.2	14.0	6.8	7.0	1.6***
他人のブログ・ホームページを見る	38.8	42.8	42.2	60.8	59.0	44.7	26.9	16.3***
文書や写真を管理	16.3	9.6**	12.1	21.0	16.5	11.7	10.4	5.8**
地図アプリ	67.9	58.8**	70.9	76.9	71.0	69.7	54.7	38.2***

χ^2 検定の結果 ***$p<0.001$, **$p<0.01$, *$p<0.05$.

表 2.1.24 性・年齢層別インターネット利用端末の違い

	計	男性	女性	10代	20代	30代	40代	50代	60代
PC&モバイル	56.0	49.7	50.3	50.0	67.8	66.2	66.0	59.8	35.0
PCのみ	3.3	71.1	28.9	5.0	0.7	2.3	3.4	3.3	4.3
モバイルのみ	28.0	35.2	64.8	33.6	30.1	29.1	26.5	26.0	26.7
ネット非利用	12.7	57.2	42.8	11.4	1.4	2.3	4.1	11.0	34.0

インターネット非利用者(12.7%)となる.

性別では,PCのみ利用者,インターネット非利用者に男性が多く,モバイルのみ利用者に女性が多い.年齢層別では20代・30代・40代でPC・モバイル双方利用者が多く,インターネット非利用者は少ない.60代ではPC・モバイル双方利用者が少なく,インターネット非利用者が多い(表2.1.24).

次に,PC・モバイルインターネットの利用形態で多数派の,PC・モバイルインターネット双方の利用者を対象に,インターネットの利用内容を見てみることとしよう.

PC・モバイルインターネット双方利用者は,平均してPCインターネットで5.9種類,モバイルインターネットで5.1種類のサービスを利用している.

表 2.1.25 PC・モバイルインターネット双方利用者のサービス利用率・月間利用頻度

	利用率（％）		利用頻度（回／月）	
	PC	モバイル	PC	モバイル
音楽を聴く	52.3	50.6	9.8	14.5
オンラインゲーム	23.3	36.2***	17.2	20.4
ネットバンキング	20.7	10.0***	3.4	3.8
ネット株式売買	6.9	3.2***	6.2	4.9
ネットショッピング	65.9	39.4***	1.9	2.5
オークション	16.0	10.4***	2.1	3.5
検索（サーチエンジン）	84.9	70.9***	16.9	19.0
チケット予約	40.5	24.9***	1.3	1.3
チャット	11.8	12.6	13.0	18.8
スカイプなど	26.2	40.5***	12.1	14.2
メールマガジンを読む	34.5	35.5	9.0	11.4
掲示板を読む	36.6	33.6*	9.9	10.8
掲示板に書き込む	9.3	8.8	5.8	7.2
ブログ・ホームページを作成・更新	11.0	9.4*	5.9	8.2
他人のブログ・ホームページを見る	54.3	46.3***	9.7	11.1
文書や写真を管理	18.5	15.2**	9.2	8.8
地図アプリ	76.7	67.3***	5.2	6.8

対応のある t 検定の結果　***$p<0.001$，**$p<0.01$，*$p<0.05$．

各サービスの利用率を PC インターネットとモバイルインターネットで比較すると，「オンラインゲーム」「スカイプ，LINE などの音声通話」はモバイルインターネットの利用率のほうが有意に高く，「音楽を聴く」「チャット」「メールマガジンを読む」「掲示板に書き込む」で有意差がない他は，すべてのサービスで PC インターネットの利用率が有意に高い（表2.1.25）．

次に，問 7，問 8 の回答を 1 か月あたり利用頻度に換算し，サービス利用者の平均月間利用頻度を比較すると，大半のサービスでは PC インターネットよりもモバイルインターネットでの利用頻度のほうが高くなっている．PC・モバイルインターネット双方の利用者は，概してモバイルよりも PC インターネットで様々なサービスを利用しているが，モバイルで利用しているサービスについては PC よりもモバイルで頻繁に利用している．

2.2 テレビとその他の映像メディア

2.2.1 日記式調査からみたテレビ放送と録画の視聴実態と要因分析
（1） テレビ視聴にかかわる属性要因

今回の日記式調査では前回と同様に，テレビ放送の視聴を，テレビ受像機（テレビ），携帯電話およびスマートフォン（モバイル），パソコン（PC）それぞれの視聴機器についての行動として記入してもらっている．

まず，通常のテレビ受像機では，全体の平均視聴時間が 172.8 分，行為者率が 84.9％ という結果となった．視聴機器別の結果としては，全体の平均視聴時間はモバイル 1.1 分，PC 2.1 分と通常のテレビに比べて非常に短く，また行為者率についても，モバイル 1.2％，PC 1.8％ と非常に低い上に，前回と比較してもほとんど変化がなかった．

そこで今回においても，テレビ受像機による視聴に限定したテレビ視聴について，その属性要因を見ていくことにする．ここでは日記式調査から，属性別に見たテレビ放送の平均視聴時間と行為者率を表 2.2.1 のように示した．

結果から，テレビでの平均視聴時間は，都市規模を除く，性別，年齢層別，学歴別，世帯年収別，就業形態別，地域別のすべてで有意な差が見られた．テレビでの視聴の行為者率では，性別，年齢別，学歴別，就業形態別で有意な差が見られた．

性別では，女性の平均視聴時間 193.3 分および行為者率 87.3％ と，それぞれ男性より高く，また年齢層別では，平均視聴時間が 60 代で特に長く，10 代で特に短いという傾向が見られている．テレビ視聴の行為者率については 40 代以下と 50 代以上の年齢層の間で開きが大きくなっている．以上の点から，テレビ視聴が特に 50 代以上において活発であることが確認できる．

他の属性については大きな差が見られたものは少なく，唯一はっきりとした差が見られたのが，就業形態であった．

就業形態では，特に無職と専業主婦（夫）の視聴時間がそれぞれ全体平均で 299.8 分，266.9 分と長いのに対して，逆に学生・生徒では 75.4 分ともっとも視聴時間が短くなっている．これに関連して，在宅時間とテレビ視聴には比較

表2.2.1 日記式調査によるテレビ放送の視聴時間と行為者率

		テレビでの視聴（分）	テレビでの視聴行為者率（％）
全 体	N=2724	172.8	84.9
性 別	男 性	149.8^a	82.3
	女 性	193.3^b	87.3
		45.1***	13.4***
年 齢	10代	72.6^a	75.0
	20代	111.3^b	74.0
	30代	142.9^c	80.5
	40代	147.8^c	82.3
	50代	188.7^d	91.9
	60代	273.0^e	94.2
		91.3***	120.7***
学 歴	中学校卒	177.6^b	82.0
	高校卒	200.7^b	88.5
	高専・短大卒	179.3^b	85.0
	大学・大学院卒	122.5^a	80.4
		33.4***	24.4***
世帯年収	200万円未満	256.5^d	84.6
	200-400万未満	196.0^c	85.8
	400-600万未満	171.6^{bc}	87.4
	600-800万未満	148.8^{ab}	85.5
	800-1000万未満	142.8^{ab}	84.7
	1000万以上	125.7^a	86.1
		24.1***	1.8$^{n.s.}$
就業形態	フルタイム	137.7^d	84.0
	パート・アルバイト	192.9^c	87.7
	専業主婦（夫）	266.9^b	91.8
	学生・生徒	75.4^e	75.0
	無職	299.8^a	87.0
		118.8***	41.9***
都市規模	100万人以上	169.9^a	83.8
	30-100万未満	170.4^a	85.3
	10-30万未満	167.0^a	84.6
	10万未満	181.4^a	86.7
	町村	180.0^a	83.8
		0.8$^{n.s.}$	2.3$^{n.s.}$
地 域	北海道	140.9^c	81.1
	東北	190.9^b	87.0
	関東	170.6^{ab}	84.2
	中部	159.6^{ab}	86.1

	テレビでの視聴（分）	テレビでの視聴行為者率（％）
近畿	187.6[a]	85.4
中国・四国	175.7[ab]	84.4
九州・沖縄	177.8[ab]	85.1
	2.3*	3.1[n.s.]

サンプル単位は日数で調査対象者の倍．
「視聴時間」について各属性最下段の数値は F 値と検定結果．各属性の要素の右肩のa, b, c, …は，縦に見て同記号間ではTukeyの多重範囲検定で $p<0.05$ の有意差がないことを示す．「行為者率」について各属性最下段の数値は χ^2 値と検定結果．
***$p<0.001$，**$p<0.01$，*$p<0.05$，n.s. 有意差なし．

表2.2.2 テレビ視聴時間，テレビ視聴行為者率の回帰分析

	テレビでの視聴時間（日記式）			テレビでの視聴行為者率（日記式）	
	重回帰分析			ロジスティック回帰分析	
	標準化偏回帰係数	t 値	係数順位	偏回帰係数	Wald
性別ダミー	0.03	1.3		−0.28	4.71*
年齢	0.27	12.0 ***	②	0.69	80.76***
学歴	−0.11	−6.2 ***	③	−0.14	6.27*
パート・アルバイトダミー	0.00	−0.2		0.15	0.75
専業主婦（夫）ダミー	0.02	0.7		0.23	0.83
学生・生徒ダミー	−0.01	−0.4		−0.34	2.81
無職ダミー	0.05	2.7 **	④	0.81	10.12**
在宅時間	0.32	15.1 ***	①	0.29	16.15***
	調整済み R^2	0.28		Nagelkerke R^2	0.10

***$p<0.001$，**$p<0.01$，*$p<0.05$．

的強い相関がみられている（$r=0.435$）．

　世帯年収については，年収が200万円未満のものが256.5分ともっとも視聴時間が長く，無職および高齢者の平均視聴時間が長いことに関連した結果と考えられる．

　以上で有意な差がみられた属性変数に在宅時間を加え，どの変数の影響力が相対的に強いかをみるために，係数を比較できるように説明変数を標準化した上で，目的変数が実数のテレビ視聴時間については重回帰分析を，目的変数が2値のテレビ視聴行為者率についてはロジスティック回帰分析をそれぞれに試みた．その結果が表2.2.2である．

　分析の結果，テレビでの平均視聴時間については，在宅時間がもっとも大きな決定要因であることが示された．パートや専業主婦（夫）における視聴時間

の長さは，在宅時間によるものであることがわかる．続いて年齢の高さと学歴の低さが比較的高い係数値を示している．

これに対して，テレビでの視聴行為者率については，年齢と在宅時間が安定して有意な効果を持つことが確かめられた．

両者において年齢の効果が一貫してみられることから，特に高齢者における視聴時間および行為者率の高さがテレビ放送の視聴全体に影響していることが考えられる．一方，無職や在宅時間の長さなど，積極的ではない要因が前回に引き続き，視聴に対して安定した効果を見せていることは，前回に対する今回における視聴時間や行為者率の減少と合わせて考えると興味深い．

(2) 録画視聴

日記式調査では，テレビ放送視聴と同じく，録画された番組の視聴を，テレビ受像機，モバイルそしてPCという3種類の情報機器での情報行動として測定している．しかしながら，モバイルとPCにおける全体の平均視聴時間と行為者率は，それぞれ0.4分と0.5%，1.3分と0.8%ときわめて低い結果となっており，こちらもテレビ受像機での録画視聴のみを分析対象とした．

表2.2.3では，テレビ受像機による録画視聴について2005年からの推移を示している．結果によれば，前回に比較して，全体視聴時間と行為者率ともに大きく増加しており，行為者による視聴時間も伸びるなど，2005年からの上昇に加えて，録画番組視聴がさらに活発化している様子がうかがえる．

テレビ放送の視聴と同様に，属性別に見た録画番組の平均視聴時間と行為者率および行為者平均時間を表2.2.4のように示した．

表に示されるとおり，行為者率では，学歴別と都市規模別を除く，性別，年齢層別，世帯年収別，就業形態別のすべてで有意な差がみられたが，平均視聴時間で有意な差が見られたのは，性別，就業形態別のみであった．行為者平均

表2.2.3 録画番組のテレビ受像機による視聴実態（1日あたり）

	2005年	2010年	2015年
全体視聴時間（分）	6.5	11.5	21.8
行為者率（%）	7.0	12.3	21.3
行為者視聴時間（分）	92.5	93.5	102.4

2 メディア別にみた情報行動

表 2.2.4　日記式調査による録画番組の視聴時間と行為者率，行為者平均時間

		平均時間（分）	行為者率（%）	行為者平均（分）
全　体	$N=2724$	21.8	21.3	102.4
性　別	男　性	17.3^a	17.9	96.7^a
	女　性	25.9^b	24.4	106.1^b
		15.8***	16.8***	1.9$^{n.s.}$
年　齢	10代	14.8	21.1	70.2^a
	20代	20.9	22.9	91.2^{ab}
	30代	21.5	18.8	114.6^b
	40代	25.0	25.8	96.8^{ab}
	50代	23.0	22.2	103.9^b
	60代	21.8	17.8	122.5^b
		1.3$^{n.s.}$	14.0*	4.2**
学　歴	中学校卒	18.9	20.6	91.6^a
	高校卒	24.4	21.7	112.8^a
	高専・短大卒	19.4	18.3	105.9^a
	大学・大学院卒	20.9	23.8	87.8^a
		1.4$^{n.s.}$	6.2$^{n.s.}$	3.6*
世帯年収	200万円未満	22.7	13.5	168.4^a
	200-400万未満	25.4	22.0	115.4^b
	400-600万未満	22.3	22.2	100.6^b
	600-800万未満	19.7	21.7	90.8^b
	800-1000万未満	19.9	23.3	85.5^b
	1000万以上	19.9	24.1	82.7^b
		0.8$^{n.s.}$	11.8*	7.3***
就業形態	フルタイム	17.2^b	18.4	93.6^{bc}
	パート・アルバイト	28.9^a	24.1	120.0^{ab}
	専業主婦（夫）	29.9^a	29.0	103.3^{bc}
	学生・生徒	16.8^b	22.4	75.2^c
	無職	24.7^{ab}	17.2	143.4^a
		6.9***	24.1***	7.1***
都市規模	100万人以上	21.2	22.3	95.1
	30-100万未満	25.1	24.8	101.1
	10-30万未満	21.4	21.1	101.1
	10万未満	20.6	18.3	112.3
	町村	19.6	18.3	106.9
		0.7$^{n.s.}$	9.4$^{n.s.}$	0.7$^{n.s.}$

サンプル単位は日数で調査対象者の倍.
「平均時間・行為者平均」について各属性最下段の数値は F 値と検定結果. 各属性の要素の右肩の a, b, c, …は, 縦に見て同記号間では Tukey の多重範囲検定で $p<0.05$ の有意差がないことを示す.「行為者率」について各属性最下段の数値は χ^2 値と検定結果.
***$p<0.001$, **$p<0.01$, *$p<0.05$, n.s. 有意差なし.

表 2.2.5　録画番組の視聴時間と行為者率，行為者平均時間の回帰分析

	視聴時間（日記式）			行為者率（日記式）	
	重回帰分析			ロジスティック回帰分析	
	標準化偏回帰係数	t値	係数順位	偏回帰係数	Wald
性別ダミー	0.02	1.0		−0.15	1.87
年齢	−0.02	−0.9		−0.15	8.84*
パート・アルバイトダミー	0.04	1.9		−0.18	1.83
専業主婦（夫）ダミー	−0.01	−0.2		−0.23	1.99
在宅時間	0.15	6.9***	①	0.24	18.01***
調整済み R^2		0.03		Nagelkerke R^2	0.03

***$p<0.001$, **$p<0.01$, *$p<0.05$.

では，性別と都市規模別を除く，年齢層別，学歴別，世帯年収別，就業形態別で有意な差が見られ，世帯収入が 200 万円未満の行為者平均時間がもっとも長かった．

　属性別に見た場合では，平均時間，行為者率，行為者平均時間すべてで有意な差がみられたのが就業形態別であった．特に，専業主婦（夫）とパート・アルバイトについては，他の属性に対して行為者率が高いほか，分散分析の結果から，他の属性よりも全体平均の録画番組視聴時間が長いことが示された．また，無職については，他の属性よりも行為者平均の視聴時間が長いことが示された．前回では都市規模が 100 万人以上の場合，行為者率が有意に高い結果が見られたが，今回はその効果がみられなくなった．

　つまり，これまでは大規模の都市に在住していることが，録画視聴を行うことに対して一定の効果があったものが，録画機器の普及と録画視聴の定着にともない，そうした要因による差がなくなったといえる．

　ここで在宅時間についてみると，無職の場合は在宅時間が 1180 分と専業主婦（夫）の 1194 分に続いて長くなっている．無職の場合は他の属性に比べて在宅時間が長いために，行為者平均の視聴時間も他の属性より長くなっていると考えられる．

　これに対して，就業形態別に在宅時間と録画番組視聴行動の関係を見ると，テレビ放送視聴については，就業形態の別にかかわらず，在宅時間と視聴時間（全体平均）に有意な相関が見られるのに対して，録画視聴時間の全体平均は，パート・アルバイトにおいてのみ，在宅時間との間に有意な相関がある（$r=$

0.139）．そのため，パート・アルバイトについては，就業によって生じる時間的な制約が録画番組を視聴する要因の1つとなっていることが考えられる．

　これまでにみてきた変数のうち，それぞれ他の属性変数に対する影響をコントロールした上で，どの属性変数の影響力が相対的に強いかをみるために，係数を比較できるように説明変数を標準化した上で，目的変数が実数の平均視聴時間については重回帰分析を，目的変数が2値の録画番組視聴行為者率についてはロジスティック回帰分析をそれぞれに試みた．その結果が表 2.2.5 である．

　目的変数への効果を標準化して揃えた回帰係数の結果から，在宅時間の長さが録画番組視聴時間に対しても安定した効果を持つことが示された一方で，就業形態別については有意な効果がみられなかった．この結果は，前回の 2010 年のデータで見られた，録画番組視聴時間に対する，都市規模，年齢，就業形態（パート・アルバイト）といった要因の効果がなくなった一方で，より在宅時間の効果が強まったことを傾向として示している．つまり，録画番組視聴は，在宅時間がどれだけあるかによって左右されるという傾向が，以前にもまして強くはたらく中で行われているといえる．一方，行為者率については，60代以上の高齢者層が録画視聴を行わないために，年齢の効果がみられていると考えられる．

　以上から，以前よりも録画視聴が一般的な形で定着したため，属性的な要因に左右されずに，番組を視聴する余裕や余暇の時間といった形で，在宅時間という要因の影響をより強く受けることになったものと考えられる．

2.2.2　テレビのながら視聴，同時並行行動

　表 2.2.6 はテレビの視聴と他の行動の同時並行の様子を示したものである．「行動カテゴリー」が 01-05 は回答者の居場所を示しており，この場合，「テレビとの並行時間」は，テレビ視聴が行われた場所を示している．例えば，テレビ視聴は全体平均で 172.8 分中の 94.9% の 164.0 分が自宅で視聴された．

　「行動カテゴリー」が 06-12 は回答者の主な生活行動を示しており，ある情報行動とのながらであると同時に，見方を変えればその情報行動の目的を表している．例えば，テレビ視聴の 47.5% は「飲食・身じたく等」とのながらであり，また 39.9% は「趣味・娯楽・休息」が目的である．

表2.2.6 テレビと他の行動の同時並行行動（時間と並行行動率，N=2724）

		行動カテゴリー	当該行動時間			テレビとの並行時間（分）	テレビ視聴時間に占める割合（%）
			平均（分）	行為者率（%）	行為者平均（分）		
自 宅（現在お住まいのところ）		01	864.3	99.2	871.6	164.0	94.9
職場（仕事中の自宅兼職場を含む）		02	320.2	57.4	557.7	2.5	1.4
学 校		03	65.1	14.4	452.4	0.1	0.1
移動中(交通機関，自家用車，徒歩など)		04	84.4	83.8	100.7	1.7	1.0
その他（矢印の下に具体的な場所をお書き下さい）		05	106.0	52.9	200.6	4.5	2.6
睡 眠		06	413.8	99.4	416.4	3.6	2.1
飲食・身じたく・家事・買物など		07	280.1	98.6	284.1	82.1	47.5
移動（送り迎えも含む）		08	84.5	83.7	100.9	2.1	1.2
仕 事		09	318.2	59.9	530.8	1.6	1.0
授業・勉強・クラブ活動		10	71.1	15.7	452.3	1.1	0.7
趣味・娯楽・休息		11	197.3	80.9	243.9	69.0	39.9
その他（矢印の下に具体的な行動をお書き下さい）		12	75.1	40.8	184.1	13.2	7.6
テレビで	テレビ放送を見る	13	172.8	84.9	203.4	172.8	100.0
	録画したテレビ番組を見る	14	21.8	21.3	102.4	1.3	0.8
	DVD・ブルーレイなどを見る	15	6.1	4.5	135.6	0.6	0.4
	テレビゲームをする	16	3.2	2.5	128.3	0.3	0.1
スマートフォン・従来型携帯電話・PHSで	ネット利用 メールを読む・書く	17	12.6	33.7	37.3	3.0	1.7
	ソーシャルメディアを見る・書く（フェイスブック，LINEなど）	18	17.9	26.2	68.3	3.7	2.1
	ソーシャルメディア以外のサイトを見る・書く	19	8.3	14.6	56.8	1.5	0.9
	ネット動画を見る	20	4.1	6.8	61.0	0.6	0.4
	LINEやスカイプなどネットで音声通話をする	21	3.6	5.6	64.0	0.7	0.4
	ゲームをする（ネット経由・オンラインで）	22	11.8	13.3	88.7	2.4	1.4
	電子書籍（小説・マンガなど）を見る(ダウンロード含む)	23	0.9	1.7	55.5	0.4	0.2
	ネット以外 通話をする（LINEやスカイプは除く）	24	6.9	20.8	33.4	0.8	0.5
	テレビ放送を見る	25	1.1	1.2	85.7	0.4	0.2
	録画したテレビ番組を見る	26	0.4	0.5	70.7	0.1	0.1
	ゲームをする（オフラインのゲーム）	27	2.8	2.8	100.8	0.6	0.3
	文章や表の作成，写真の加工などをする	28	0.7	0.6	125.0	0.0	0.0

2 メディア別にみた情報行動

			行動カテゴリー	当該行動時間			テレビとの並行時間(分)	テレビ視聴時間に占める割合(%)
				平均(分)	行為者率(%)	行為者平均(分)		
パソコン・タブレット端末で	ネット利用	メールを読む・書く	29	11.4	15.9	72.0	0.7	0.4
		ソーシャルメディアを見る・書く（フェイスブック，LINE など）	30	4.3	5.0	86.3	0.5	0.3
		ソーシャルメディア以外のサイトを見る・書く	31	9.7	11.5	84.6	1.1	0.6
		ネット動画を見る	32	4.9	4.9	99.5	0.5	0.3
		LINE やスカイプなどネットで音声通話をする	33	1.4	1.0	136.9	0.0	0.0
		ゲームをする（ネット経由・オンラインで）	34	4.5	2.9	155.5	0.5	0.3
		電子書籍（小説・マンガなど）を見る（ダウンロード含む）	35	0.9	0.6	142.1	0.1	0.1
	ネット以外	テレビ放送を見る	36	2.1	1.8	116.5	0.9	0.5
		録画したテレビ番組を見る	37	1.3	0.8	157.2	0.1	0.1
		DVD・ブルーレイなどを見る	38	0.7	0.7	96.1	0.2	0.1
		ゲームをする（オフラインのゲーム）	39	1.3	1.7	79.5	0.1	0.0
		文章や表の作成，写真の加工などをする	40	16.2	6.6	245.4	0.1	0.1
印刷物		新聞を読む	41	15.1	39.4	38.3	6.2	3.6
		マンガを読む	42	1.6	3.0	53.6	0.2	0.1
		雑誌（マンガを除く）を読む	43	1.9	4.1	45.8	0.3	0.2
		書籍（マンガ・雑誌を除く）を読む	44	7.5	9.2	81.2	0.2	0.1
		上記以外の文章を読む	45	3.2	3.6	90.2	0.2	0.1
その他		ラジオを聴く（ネット経由除く）	46	23.2	13.5	171.5	0.3	0.2
		ラジオを聴く（radiko などネット経由のラジオ）	47	2.0	1.3	152.8	0.0	0.0
		固定電話で通話する	48	3.9	11.4	34.5	0.4	0.2
複合ネット利用		汎ネット	17–23 29–35	78.3	68.0	115.2	12.2	7.1
		汎モバイルネット	17–23	50.4	57.9	87.1	10.1	5.9
		汎 PC ネット	29–35	31.7	28.0	113.1	2.7	1.6
複合機器別利用		全モバイル利用	17–28	60.0	65.4	91.8	11.3	6.6
		全 PC 利用	29–40	49.8	32.1	155.3	3.7	2.2

(表 2.2.6 続き)

行動カテゴリー	当該行動時間			テレビとの並行時間（分）	テレビ視聴時間に占める割合(%)
	平均(分)	行為者率(%)	行為者平均(分)		
汎メディア（テレビ以外） 14-40	182.4	91.3	199.8	29.0	16.8

「汎ネット」とは PC, 携帯等機器を問わずインターネット利用全般.
「汎モバイルネット」とは携帯, スマホによるインターネット利用全般.
「汎 PC ネット」とは PC によるインターネット利用全般.
「全モバイル利用」とは通話も含めともかく携帯, スマホを使った行為.
「全 PC 利用」とは一般作業も含めともかく PC を使った行為.
「汎メディア（テレビ以外）」とは「テレビ放送を見る」以外のメディア利用.

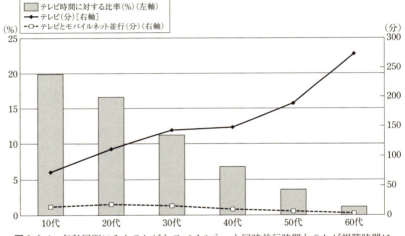

図 2.2.1　年齢層別にみたテレビとモバイルネット同時並行時間とテレビ視聴時間に占める割合

行動カテゴリーが 13 以下の場合,「同時並行行動」は, 同じ時間帯に同時に複数の情報行動が行われた場合であり, 同時行動があったセルでは, その最小値で計算した（例えば, 6 時から 6 時 15 分のセルで, テレビが 15 分, 新聞が 5 分とすれば, 並行行動時間は 5 分として計算）．

テレビで他の情報行動と同時並行行動があったのは, 最下段「汎メディア（テレビ以外）」に示されるとおり 29.0 分でテレビ視聴時間の 16.8% である. これは, 通常よく言及される「テレビ専念時間／ながら時間」という概念で「専念視聴は約 50%」などと言われているのに比較すれば比率が小さいように

表 2.2.7　10代におけるテレビとモバイル／パソコンとの同時並行行動
（A：テレビとのながら，B：テレビ視聴時間に占める比率）

			当該行動(分)	A (分)	B (%)
スマートフォン・従来型携帯電話・PHSで	ネット利用	メールを読む・書く	17	12.0	2.5	3.4
		ソーシャルメディアを見る・書く（フェイスブック，LINEなど）	18	44.2	7.6	10.4
		ソーシャルメディア以外のサイトを見る・書く	19	10.8	0.4	0.6
		ネット動画を見る	20	10.7	0.8	1.1
		LINEやスカイプなどネットで音声通話をする	21	15.5	2.5	3.4
		ゲームをする（ネット経由・オンラインで）	22	20.6	2.0	2.7
		電子書籍（小説・マンガなど）を見る（ダウンロード含む）	23	1.0	0.6	0.8
	ネット以外	通話をする（LINEやスカイプは除く）	24	2.9	0.3	0.4
		テレビ放送を見る	25	1.3	0.6	0.9
		録画したテレビ番組を見る	26	0.9	0.2	0.3
		ゲームをする（オフラインのゲーム）	27	10.0	1.1	1.5
		文章や表の作成，写真の加工などをする	28	0.0	0.0	0.0
パソコン・タブレット端末で	ネット利用	メールを読む・書く	29	1.0	0.1	0.2
		ソーシャルメディアを見る・書く（フェイスブック，LINEなど）	30	0.3	0.0	0.0
		ソーシャルメディア以外のサイトを見る・書く	31	2.3	0.3	0.4
		ネット動画を見る	32	3.8	0.4	0.5
		LINEやスカイプなどネットで音声通話をする	33	3.5	0.0	0.0
		ゲームをする（ネット経由・オンラインで）	34	5.1	0.0	0.0
		電子書籍（小説・マンガなど）を見る（ダウンロード含む）	35	0.0	0.0	0.0
	ネット以外	テレビ放送を見る	36	0.9	0.2	0.3
		録画したテレビ番組を見る	37	0.2	0.0	0.0
		DVD・ブルーレイなどを見る	38	0.0	0.0	0.0
		ゲームをする（オフラインのゲーム）	39	0.4	0.2	0.3
		文章や表の作成，写真の加工などをする	40	5.5	0.0	0.0
複合ネット利用		汎ネット	17-23, 29-35	105.7	15.0	20.7
		汎モバイルネット	17-23	95.2	14.4	19.9
		汎PCネット	29-35	12.3	0.8	1.2

見えるが，いっぱんに「ながら」といった場合，家事や身じたくなどの生活行動とのながらも「ながら」に入るのに対し，我々の同時並行行動は，相方の行動を「情報行動」に限定している．「飲食・身じたく等」をしながらのテレビ視聴も「ながら」と見るなら，既にのべたように47.5%が「飲食等」とのながらである．さらに「趣味・娯楽・休息・その他」以外の目的でテレビを視聴するのを「ながら」とするなら，「ながら率」は60.1%となる．

表2.2.8 20代におけるテレビとモバイル／パソコンとの同時並行行動（A：テレビとのながら，B：テレビ視聴時間に占める比率）

				当該行動(分)	A(分)	B(%)
スマートフォン・従来型携帯電話・PHSで	ネット利用	メールを読む・書く	17	18.7	7.4	6.7
		ソーシャルメディアを見る・書く（フェイスブック，LINEなど）	18	45.8	9.2	8.2
		ソーシャルメディア以外のサイトを見る・書く	19	18.7	1.8	1.6
		ネット動画を見る	20	11.6	2.3	2.1
		LINEやスカイプなどネットで音声通話をする	21	9.7	2.8	2.6
		ゲームをする（ネット経由・オンラインで）	22	26.5	3.3	3.0
		電子書籍（小説・マンガなど）を見る（ダウンロード含む）	23	1.5	0.3	0.3
	ネット以外	通話をする（LINEやスカイプは除く）	24	4.6	0.5	0.5
		テレビ放送を見る	25	2.1	0.6	0.6
		録画したテレビ番組を見る	26	0.0	0.0	0.0
		ゲームをする（オフラインのゲーム）	27	5.3	2.5	2.2
		文章や表の作成，写真の加工などをする	28	0.4	0.0	0.0
パソコン・タブレット端末で	ネット利用	メールを読む・書く	29	10.2	0.4	0.4
		ソーシャルメディアを見る・書く（フェイスブック，LINEなど）	30	12.2	0.1	0.1
		ソーシャルメディア以外のサイトを見る・書く	31	17.7	2.8	2.5
		ネット動画を見る	32	17.4	0.7	0.6
		LINEやスカイプなどネットで音声通話をする	33	4.6	0.1	0.1
		ゲームをする（ネット経由・オンラインで）	34	17.0	0.1	0.1
		電子書籍（小説・マンガなど）を見る（ダウンロード含む）	35	0.2	0.0	0.0
	ネット以外	テレビ放送を見る	36	1.6	0.0	0.0
		録画したテレビ番組を見る	37	0.5	0.0	0.0
		DVD・ブルーレイなどを見る	38	0.1	0.0	0.0
		ゲームをする（オフラインのゲーム）	39	3.7	0.0	0.0
		文章や表の作成，写真の加工などをする	40	10.3	0.2	0.2
複合ネット利用		汎ネット	17-23, 29-35	151.1	21.6	19.4
		汎モバイルネット	17-23	102.4	18.5	16.6
		汎PCネット	29-35	59.7	3.5	3.2

　表2.2.6に示されるとおり，テレビとの同時並行情報行動でもっとも多いのが「新聞」の3.6%，以下「モバイルネットでソーシャルメディアを見る・書く」2.1%，「モバイルネットでメールを読む・書く」1.7%と続く．

　表の下段では，各情報行動項目の他に，「パソコン全般（以下「全PC利用」のように表記）」「全モバイル利用」「汎PCネット」「汎モバイルネット」「汎ネット」との同時並行の様子を示した．調査対象者全体の分析では，例えば，テ

2 メディア別にみた情報行動　　　　121

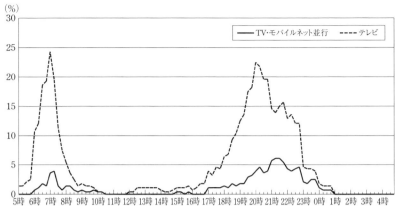

図 2.2.2　10代におけるテレビとモバイルネットのながら（15分ごとの並行比率，$N=280$）

レビ視聴と同時にモバイルネットを操作している時間は，テレビ視聴時間の5.9%である．

　テレビとの同時並行行動に関し，若年層はネット，特にモバイルネットとの同時並行行動が多いと言われることがある．そこで同時並行行動の対象をモバイル機器とパソコン（タブレットも含む）に限定し，表2.2.7では10代，表2.2.8では20代の並行行動の実態を示した．

　その結果，10代，20代ともモバイルによるソーシャルメディアの利用との同時並行の比率（テレビ視聴時間に占める率）が，10代では10.4%，20代でも8.2%に達する．それも含め，「汎モバイルネット」との同時並行の比率は10代では19.9%，20代では16.6%であった．

　図2.2.1は年齢層別にテレビ視聴時間とモバイルネットの同時並行時間（分）およびテレビ視聴時間に占める割合（%）を示したものであるが，年齢層が低くなるにつれテレビとモバイルネットの同時並行率が高くなるのがわかる．

　図2.2.2はテレビ視聴とモバイルネットの並行率がもっとも高い10代について並行行動率の時刻別推移（分析は15分刻み）を示したものである．同図に示される通り，20時台から22時45分台の同時並行率が5%前後あり，1日のうちでもっとも高い．朝の並行率のピークは7時15分台であり3.9%である．

2.2.3 視聴番組ジャンルとニュース接触

(1) 視聴番組ジャンル

「ふだんよく見るテレビ番組」(問22・複数回答)としてもっとも選択された番組ジャンルは「ニュース」(79.4%)であり,以下「バラエティ」(62.7%),「ドラマ」(57.2%),「スポーツ」「情報番組」(47.4%)等に続く.「もっともよく見る番組」(単一回答)でも「ニュース」がもっとも多く(25.0%),以下「ドラマ」(15.8%),「バラエティ」(15.2%),「スポーツ」(7.3%),「情報番組」(5.7%)であり,順位は複数回答の結果とほぼ同じである(図2.2.3).

ふだんよく見るテレビ番組(複数回答)を性別で比較すると,男性のほうが「スポーツ」「アニメ」を有意によく見ている.女性のほうがよく見ている率が高い番組ジャンルは,「ドラマ」「音楽」「情報番組」「旅行・グルメ」である(表2.2.9).

年齢層別で比較すると,すべての番組ジャンルで年齢層によって「よく見る番組」と回答される率に有意差がある.「ニュース」「スポーツ」「情報番組」「旅行・グルメ」「趣味・教養」は,よく見ている率が若年層では低く,年齢層

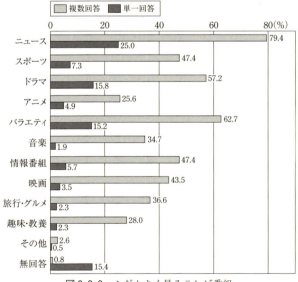

図2.2.3 ふだんよく見るテレビ番組

2 メディア別にみた情報行動　　123

表2.2.9　性・年齢層別「よく見ているテレビ番組」(複数回答)　(%)

	性別		年齢層					
	男性	女性	10代	20代	30代	40代	50代	60代
ニュース	81.7	77.4	49.3	67.8	75.6	82.1	86.6	92.3***
スポーツ	60.6	35.5***	32.1	41.8	38.5	42.6	54.5	61.0***
ドラマ	42.4	70.5***	52.1	47.3	53.5	61.2	61.0	59.8*
アニメ	30.9	20.9***	50.0	41.8	37.6	28.9	15.9	4.6***
バラエティ	59.6	65.5*	81.4	69.9	69.5	67.0	57.3	47.2***
音楽	29.8	39.1***	52.9	41.1	29.1	34.4	29.3	32.2***
情報番組	41.5	52.8***	21.4	40.4	47.9	53.6	57.7	48.2***
映画	42.1	44.8	57.9	39.0	36.2	41.9	41.9	46.9**
旅行・グルメ	32.9	39.8*	12.9	27.4	29.6	37.1	43.1	50.0***
趣味・教養	29.8	26.3	10.7	23.3	19.7	26.8	35.4	38.3***

χ^2検定の結果　***$p<0.001$, **$p<0.01$, *$p<0.05$.

表2.2.10　ニュース接触率・接触時間　($N=1362$　欠損値を除く)

	接触率(%)	平均接触日数(日/週)	週間接触時間(分/週)	1日あたり接触時間(分/接触日)
テレビニュース	93.6	5.9	454.8	76.8
新聞	58.8	5.7	265.3	46.5
PCニュース	37.8	5.1	254.2	49.3
モバイルニュース	43.1	5.6	183.4	33.2

平均接触日数・週間接触時間・1接触日あたり接触時間は，接触者の平均値．

が高くなるにつれて高くなる．一方，「アニメ」「バラエティ」「音楽」「映画」は10代でよく見ている率が高い．年齢層による嗜好やライフスタイルの違いが，見ているテレビ番組の内容に反映されていると考えられる．

(2)　ニュース接触時間

　次に，テレビニュースに限らず新聞，オンラインニュースを含むニュース全般の接触行動を見ることとしよう．質問紙調査では直近1週間のニュース接触行動をたずねている（問3）．直近1週間で回答者がニュースに接触している比率は，テレビニュースがもっとも高く93.6%，続いて新聞が58.8%，PC・タブレット端末や携帯電話からのニュース接触率がそれぞれ37.8%，43.1%である．ニュース接触者の1日あたり接触時間はテレビニュースがもっとも長く76.8分，新聞が46.5分，PC・タブレットからのニュース接触が49.3分，携帯電話端末からの接触はもっとも短く33.2分である（表2.2.10）．テレビニュ

表 2.2.11 性・年齢層別ニュース接触率 (%)

	性別		年齢層					
	男性	女性	10代	20代	30代	40代	50代	60代
テレビニュース	92.6	94.4	86.1	91.7	91.9	91.3	95.9	99.1***
新聞	59.8	57.8	20.9	26.9	42.4	61.3	79.8	82.2***
PCニュース	46.5	29.9***	21.4	46.5	45.9	43.6	44.8	24.8***
モバイルニュース	42.5	43.6	38.8	59.6	66.0	51.0	39.2	17.9***

χ^2 検定の結果 ***$p<0.001$, **$p<0.01$, *$p<0.05$.

表 2.2.12 性・年齢層別1日あたりのニュース接触時間 (分)

	性別		年齢層					
	男性	女性	10代	20代	30代	40代	50代	60代
テレビニュース	69.6	74.1	37.2a	52.1ab	59.2ab	58.7ab	75.6b	109.8c***
新聞	41.1	44.1	18.9a	20.2a	22.3a	25.8a	41.8ab	67.6b***
PCニュース	43.6	44.1	44.6	26.8	34.3	46.4	50.3	57.2
モバイルニュース	41.3	33.1	38.5ab	29.8a	27.3a	38.5ab	40.4ab	59.8b*

分散分析の結果 ***$p<0.001$, **$p<0.01$, *$p<0.05$.
a, b, c, … は，同記号間ではTukeyの多重範囲検定で$p<0.05$の有意差がないことを示す．

ースは動画情報だが，新聞，PC・タブレット，携帯電話端末から接触されるニュースは主にテキスト情報と考えられる．それらの中で携帯電話端末からの接触時間が短いのは，コマ切れ時間での手短なニュースのチェックが多いからではないか．

ニュース接触率を性別で比較すると，PC・タブレット端末からのニュース接触は，男性のほうが女性より有意に接触率が高い．年齢層別の比較では，TVニュース・新聞で10代の接触率が低く60代の接触率が高い．PC・タブレットや携帯電話端末からのニュース接触では逆に60代の接触率が低い．10代はすべてのメディアでニュース接触率が低くなっている（表2.2.11）．

ニュース接触者の1日あたり接触時間については，性別の比較ではどのメディアでも有意な差はみられない．年齢層別の比較では，テレビニュースは10代で短く，50代・60代では長い．新聞は60代のみ有意に長い．PC・タブレット端末からのニュース接触時間は年齢層による有意差がなく，携帯電話端末からの接触時間は20代・30代で短く60代で長い．PC・タブレット端末を除くすべてのメディアで，60代は他の年齢より長時間ニュースに接触している（表2.2.12）．

2.3 その他のメディア利用

本節では「その他のメディア」として新聞，本・雑誌・マンガの印刷メディア，ラジオ，DVD とテレビゲーム，音声通話（固定電話，携帯電話，ネット音声通話）を取り上げ，おもに日記式調査による結果について報告する．

2.3.1 新　聞

本項では印刷メディアのなかでも重要なマスメディアとして位置づけられる新聞についての情報行動を分析する．日本における年間新聞発行部数（一般紙とスポーツ紙の合計）は 2000 年以降減少しており，日本新聞協会の統計データによれば 2015 年 10 月調べで 4500 万部を下回っており，1 世帯あたり 0.8 部となっている（日本新聞協会，2015）．

表 2.3.1 に 2015 年調査における新聞閲読の 1 日あたりの全体平均時間（分），行為者率（%），行為者平均時間（分）について，全体，男女別，年齢層別，就業形態別にまとめた．男女，年齢層，就業形態による相違については全体平均時間と行為者平均時間については一元配置分散分析を，行為者率については χ^2 検定を行った．また，それぞれについて 2010 年調査の結果と 2010 年調査結果からの 2015 年調査の増減を付記した．

まず，2015 年調査における新聞閲読を 2010 年調査と比較すると，全体平均時間が 3.7 分減（18.8 分から 15.1 分へ），行為者率が 8.2 ポイント減（47.6% から 39.4% へ），行為者平均時間が 1.2 分減（39.4 分から 38.3 分へ，数値の違いは丸めの誤差）と，いずれも減少していた．属性別にみても，行為者平均時間では一部のカテゴリーにおいて増加がみられたものの，全体平均時間と行為者率においてはいずれのカテゴリーでも減少していた．この傾向は 2005 年調査と 2010 年調査の比較においても報告されていた結果である（橋元ほか，2011）．つまり，日本社会において印刷物としての新聞に接触する情報行動の減少が引き続き進行していることを示していると考えられる．

次に，属性ごとの差異に着眼すると，性別に関しては全体平均時間と行為者率では有意差は確認されなかったが，行為者平均時間については女性に比べて

表 2.3.1 新聞閲読時間・行為者率と 2010 年調査結果との比較

			全体平均時間（分）			行為者率(%)			行為者平均時間（分）		
			2015 年	2010 年	増減	2015 年	2010 年	増減	2015 年	2010 年	増減
全体			15.1	18.8	−3.7	39.4	47.6	−8.2	38.3	39.4	−1.2
性別	男性		16.0	20.4	−4.4	38.8	47.1	−8.3	41.3^b	43.4	−2.1
	女性		14.2	17.3	−3.1	39.8	48.0	−8.2	35.6^a	36.0	−0.4
			1.720$^{n.s.}$			0.292$^{n.s.}$			8.297**		
年齢層	10 代		1.7^a	1.7	0.0	5.0***	10.2	−5.2	34.6^b	16.5	18.1
	20 代		1.5^a	4.5	−3.0	9.6***	21.2	−11.6	15.9^a	21.3	−5.4
	30 代		4.3^{ab}	8.9	−4.6	20.7***	35.0	−14.3	20.8^{ab}	25.5	−4.7
	40 代		10.2^b	14.4	−4.2	40.4	53.9	−13.5	25.3^{ab}	26.7	−1.4
	50 代		19.8^c	24.8	−5.0	59.2***	59.2	−0.1	33.5^b	42.0	−8.5
	60 代		34.6^d	37.2	−2.6	63.8***	67.0	−3.2	54.2^c	55.5	−1.3
			81.222***			553.565***			43.951***		
就業形態	フルタイム		13.0^b	16.1	−3.1	39.6	46.3	−6.7	32.9^a	34.7	−1.8
	パートタイム		13.9^b	19.4	−5.5	42.6	54.1	−11.5	32.6^a	36.0	−3.4
	専業主婦（夫）		21.9^c	25.1	−3.2	51.4***	59.4	−8.0	42.6^a	42.3	0.3
	学生・生徒		1.9^a	2.3	−0.4	6.3***	12.8	−6.6	30.8^a	18.3	12.5
	無職		35.2^d	36.4	−1.2	55.9***	58.2	−2.3	63.0^b	62.5	0.5
			34.784***			191.152***			28.146***		

各属性最下段：全体平均時間と行為者平均時間は分散分析（F 値），行為者率はカイ二乗検定（χ^2 値）．
F 値および χ^2 値の隣のアスタリスクは検定結果　*$p<0.05$, **$p<0.01$, ***$p<0.001$.
平均時間における各属性の要素の数値に付した a, b, c, …は縦に見て，同記号間では Tukey の多重範囲検定で $p<0.05$ の有意差がないことを示す．
行為者率における各属性の要素の数値に付したアスタリスクは残差分析の結果　*$p<0.05$, **$p<0.01$, ***$p<0.001$.

男性のほうが有意に長かった．この結果は 2010 年調査における同様の分析での結果と共通するものである（橋元ほか，2011）．

　年齢層の差異をみると，まず全体平均時間では年齢層が上になるほど長い傾向がみられた．また，行為者率でも年齢層が上になるほど高い傾向が示された．この傾向自体は 2010 年調査結果（橋元ほか，2011）や 2005 年調査結果（石井ほか，2006）でも確認されていたことである．ただし，2005 年調査では 10 代～30 代の若い年齢層の間でも全体平均時間の有意差が確認されていたが，今回の 2015 年調査ではそうした有意差はみられなかった．

　就業形態による差異は，全体平均時間でみると無職がもっとも長く，次いで専業主婦（夫）であり，フルタイム・パートタイム勤務者，そして学生・生徒がもっとも短かった．この有意差の表れ方は，2010 年調査で確認されたもの

と同様のものである．また行為者率でみても，専業主婦（夫）と無職の行為者率は有意に高く，学生・生徒の行為者率は有意に低かった．行為者平均時間で無職以外の就業形態の間に有意差がなかったことをふまえれば，全体平均時間の属性差はこうした行為者率の差異を反映したものといえる．

続けて，新聞閲読という情報行動に対するデモグラフィック属性の効果とインターネット利用の関係を分析するために，回帰モデルによる分析を行った．分析では，まず新聞閲読時間に関しては日記式調査の調査対象となった2日間の新聞閲読平均時間（分）を目的変数として重回帰分析を行った．新聞閲読有無に関しては，1日ごとに分けた新聞閲読有無（有り＝1，無し＝0）を目的変数としたロジスティック回帰分析を行った．このため，サンプルサイズは重回帰分析の2倍となっており，説明変数が個人の中で共通していることを加味して，係数の検定では個人をクラスターとして指定したロバスト標準誤差を用いた．最後に，2日間における新聞閲読有無から0日／1日／2日の3値を取る新聞閲読日数を計算し，新聞閲読日数を目的変数とした順序ロジット分析を行った．新聞閲読日数の分布は標本全体において0日が56.3％，1日が8.7％，2日が35.0％であった．これらの回帰分析モデルにおいて説明変数は共通しており，性別ダミー（男性＝0，女性＝1），年齢，学歴（中学校＝1，高校＝2，短大・高専＝3，大学＝4，大学院＝5），世帯年収（200万円未満＝1，200万〜400万未満＝2，400万〜600万未満＝3，600万〜800万未満＝4，800万〜1000万未満＝5，1000万〜1200万未満＝6，1200万〜1400万未満＝7，1400万以上＝8），就業形態ダミー（参照カテゴリーとして「フルタイム」を指定），PCウェブ利用，タブレット端末ウェブ利用，スマートフォンウェブ利用，従来型携帯電話ウェブ利用（ウェブ利用はそれぞれ，利用＝1，非利用＝0．ウェブ利用にはアプリ利用も含む）を用いた．それぞれの分析結果は表2.3.2に示した．

まず表2.3.2の左列に示した新聞閲読時間を目的変数とした重回帰分析の結果によれば，年齢が高いほど新聞閲読時間は長い．そして，フルタイム勤務者に比べて専業主婦（夫），学生・生徒，無職は新聞閲読時間が長い．この就業形態に関する結果は先に確認した一元配置分散分析の結果（表2.3.1）と矛盾するが，これは年齢が統制されているためである．つまり，この重回帰分析の結果から学生・生徒の新聞閲読時間が短いという結果は年齢を介した擬似的な関

表 2.3.2 新聞閲読に関する回帰モデルによる分析結果

	新聞閲読時間（分）Coef.	新聞閲読有無 Coef.	新聞閲読日数 Coef.
性別（男性＝0，女性＝1）	−1.81	0.05	0.05
年齢	0.75***	0.07***	0.07***
学歴	1.28	0.13	0.13
世帯年収	−0.15	0.14**	0.14**
就業形態：参照＝フルタイム			
パート	−0.58	−0.01	−0.03
専業主婦（夫）	4.82*	0.19	0.13
学生・生徒	12.18***	−0.30	−0.29
無職	12.66***	0.03	0.06
PCウェブ利用	3.14*	0.36*	0.35*
タブレット端末ウェブ利用	−1.86	−0.27	−0.26
スマートフォンウェブ利用	−5.43**	−0.56**	−0.58***
従来型携帯電話ウェブ利用	3.50	0.41	0.38
切片	−21.64***	−4.34***	
カットポイント1			4.08
カットポイント2			4.55
N	1193	2386	1193
クラスター数		1193	
決定係数	0.26		
擬似決定係数		0.20	0.16

***$p<0.001$，**$p<0.01$，*$p<0.05$.

連であったと判断できる．そして，インターネット利用変数に関しては，パソコンからウェブを利用している人ほど新聞閲読時間が有意に長く，スマートフォンからウェブを利用している人ほど新聞閲読時間が有意に短いという結果が示された．

次に，表2.3.2の中央列に示した新聞閲読有無を目的変数としたロジスティック回帰分析の結果と，右列に示した新聞閲読日数を目的変数とした順序ロジット分析の結果は，ほぼ同様の結果が得られていることから，合わせて確認する．これらの分析結果によれば，年齢が高いほど，そして世帯収入が多いほど新聞を読む習慣があるといえる．一方，表2.3.1の行為者率の分析で確認されていた就業形態の効果は，これらの回帰分析モデルでは有意なものとはならなかった．この結果についても，年齢を説明変数から外すと表2.3.1の結果と一貫したものとなることから，新聞閲読習慣と就業形態の関係は年齢を介した擬似的なものであると判断できる．そして，インターネット利用変数に関しては，

新聞閲読時間に関する重回帰分析の結果と同様に，パソコンからウェブを利用している人ほど新聞閲読習慣をもち，スマートフォンからウェブを利用している人ほど新聞閲読習慣をもたないという結果が示された．

学歴や世帯年収，就業形態を統制した上で得られたインターネット利用変数に関するこれらの結果から，パソコンからのウェブ利用は印刷物としての新聞に対して代替効果をもたず，むしろ補完関係にあると考えられる．一方で，スマートフォンからのウェブ利用は印刷物としての新聞に対して代替効果をもっている可能性が示唆されたといえるだろう．

2.3.2　本・雑誌・マンガ

この項では印刷メディアである本（雑誌・マンガを除く），雑誌（マンガを除く），マンガの閲読時間と閲読行為者率を分析する．

（１）　本（書籍）

表2.3.3に本（書籍）の閲読に関して，全体平均時間（分），行為者率（％），行為者平均時間（分）について，全体，男女別，年齢層別，就業形態別にまとめた．男女，年齢層，就業形態による相違に関して，全体平均時間と行為者平均時間については一元配置分散分析を，行為者率についてはχ^2検定を行った．また，それぞれについて2010年調査の結果と2010年調査結果からの2015年調査の増減を付記した．

まず，2015年調査における書籍の閲読時間は1日あたり平均7.5分で，行為者率は9.2％であった．そして1日あたりの行為者平均時間は81.2分であった．2010年調査ではそれぞれ9.0分，10.9％，82.6分であり（橋元ほか，2011），いずれの値も2010年調査と比べると2015年調査で減少したことがわかる．ただし，2005年調査ではそれぞれ7.1分，9.9％，71.8分であったことから（石井ほか，2006），新聞とは異なり，今回の結果が継続的な減少傾向のなかに位置づけられるものだとはいえない．

属性の効果をみると，行為者率において年齢層と有意な関連がみられた．残差分析の結果からは，30代の書籍閲読の行為者率が有意に低く，60代の書籍閲読の行為者率が有意に高かった．

第1部　日本人の情報行動の現状と変化

表2.3.3　書籍の閲読時間・行為者率と2010年調査結果との比較

			全体平均時間（分）			行為者率（%）			行為者平均時間（分）		
			2015年	2010年	増減	2015年	2010年	増減	2015年	2010年	増減
全体			7.5	9.0	-1.5	9.2	10.9	-1.7	81.2	82.6	-1.4
性別	男性		7.5	9.9	-2.4	8.3	11.1	-2.8	90.4	88.9	1.5
	女性		7.4	8.3	-0.9	10.0	10.8	-0.8	74.4	76.9	-2.5
			0.004$^{n.s.}$			2.220$^{n.s.}$			2.110$^{n.s.}$		
年齢層	10代		7.7	14.1	-6.4	7.9	11.0	-3.1	97.5	128.2	-30.7
	20代		6.0	7.6	-1.6	8.6	8.0	0.6	70.4	95.4	-25.0
	30代		4.3	6.4	-2.1	5.2**	8.3	-3.1	82.7	76.4	6.3
	40代		5.1	9.0	-3.9	8.4	14.3	-5.9	60.2	63.3	-3.1
	50代		7.9	11.1	-3.2	10.6	14.0	-3.4	74.4	79.3	-4.9
	60代		11.9	7.7	4.2	12.3**	8.3	4.0	97.1	91.9	5.2
			2.225$^{n.s.}$			17.975**			1.422$^{n.s.}$		
就業形態	フルタイム		4.2^a	6.4	-2.2	7.0***	10.3	-3.3	59.9^a	61.9	-2.0
	パートタイム		11.7^{ab}	8.2	3.5	9.9	9.9	-0.1	118.9^b	83.5	35.4
	専業主婦（夫）		6.2^{ab}	8.9	-2.7	10.9	11.4	-0.5	56.9^a	78.6	-21.7
	学生・生徒		9.6^{ab}	14.5	-4.9	10.9	12.0	-1.1	88.6^{ab}	120.6	-32.0
	無職		14.6^b	18.6	-4.0	13.9**	14.6	-0.7	105.5^{ab}	127.1	-21.7
			4.919**			16.458**			5.648***		

各属性最下段：全体平均時間と行為者平均時間は分散分析（F値），行為者率はカイ二乗検定（χ^2値）．
F値およびχ^2値の隣のアスタリスクは検定結果　$^*p<0.05, \,^{**}p<0.01, \,^{***}p<0.001$．
平均時間における各属性の要素の数値に付したa, b, c, …は縦に見て，同記号間ではTukeyの多重範囲検定で $p<0.05$の有意差がないことを示す．
行為者率における各属性の要素の数値に付したアスタリスクは残差分析の結果　$^*p<0.05, \,^{**}p<0.01, \,^{***}p<0.001$．

　また，全体平均時間，行為者率，行為者平均時間のいずれにおいても就業形態との有意な関連が示された．具体的には全体平均時間において多重範囲検定の結果からフルタイム勤務者は無職よりも有意に書籍閲読の全体平均時間が短かった．そして，行為者率においても残差分析の結果から，フルタイム勤務者は有意に書籍閲読の行為者率が低く，無職は有意に書籍閲読の行為者率が高かった．行為者平均時間に関しては，フルタイム勤務者と専業主婦・主夫に比べてパートタイムの書籍閲読の行為者平均時間が有意に長かった．

（2）　雑誌

　表2.3.4に雑誌に関して，全体平均時間（分），行為者率（%），行為者平均時間（分）について，全体，男女別，年齢層別，就業形態別にまとめた．男女，

年齢層，就業形態による相違に関して，全体平均時間と行為者平均時間については一元配置分散分析を，行為者率についてはχ^2検定を行った．また，それぞれについて2010年調査の結果と2010年調査結果からの2015年調査の増減を付記した．

2015年調査における雑誌の閲読時間は1日あたり平均1.9分で，行為者率は4.1%，行為者平均時間は45.8分であった．2010年調査ではそれぞれ2.0分，5.2%，38.4分であり（橋元ほか，2011），表2.3.4には記していないが2005年調査ではそれぞれ4.0分，7.5%，53.8分であった（石井ほか，2006）．つまり，全体平均時間と行為者率に関しては2005年から一貫して減少が続いているといえる．

属性の効果をみると，行為者率において男性よりも女性の雑誌閲読の行為者

表2.3.4　雑誌の閲読時間・行為者率と2010年調査結果との比較

		全体平均時間（分）			行為者率（%）			行為者平均時間（分）		
		2015年	2010年	増減	2015年	2010年	増減	2015年	2010年	増減
全体		1.9	2.0	−0.1	4.1	5.2	−1.1	45.8	38.4	7.4
性別	男性	1.7	1.7	0.0	3.2	4.4	−1.2	54.4	37.4	17.0
	女性	2.0	2.3	−0.3	4.9	5.8	−0.9	40.9	39.0	1.9
		0.303 n.s.			5.341*			3.056 n.s.		
年齢層	10代	0.6^a	1.8	−1.2	2.1	4.7	−2.6	26.7^a	37.1	−10.4
	20代	0.3^a	2.4	−2.1	1.7*	3.8	−2.1	15.0^a	63.2	−48.2
	30代	1.6^{ab}	1.7	−0.1	4.0	5.2	−1.2	39.1^a	32.9	6.2
	40代	1.3^a	1.7	−0.4	3.4	6.5	−3.1	37.0^a	25.7	11.3
	50代	1.7^{ab}	1.9	−0.2	4.3	5.5	−1.2	40.3^a	34.0	6.0
	60代	4.1^b	2.5	1.6	6.6***	4.5	2.1	61.6^a	55.9	5.7
		5.050***			17.935**			2.822*		
就業形態	フルタイム	1.2^{ab}	1.4	−0.2	3.0**	4.3	−1.3	39.6^a	31.2	8.4
	パートタイム	1.8^{ab}	1.7	0.1	4.4	5.0	−0.6	40.4^{ab}	34.6	5.8
	専業主婦（夫）	3.6^{bc}	2.5	1.1	7.9***	6.0	1.9	46.0^{ab}	41.6	4.4
	学生・生徒	0.6^a	1.6	−1.0	2.3	4.4	−2.1	27.1^a	37.1	−10.0
	無職	4.9^c	5.2	−0.3	6.3	9.2	−2.9	78.0^b	56.1	21.9
		6.036***			23.049***			3.442*		

各属性最下段：全体平均時間と行為者平均時間は分散分析（F値），行為者率はカイ二乗検定（χ^2値）．
F値およびχ^2値の隣のアスタリスクは検定結果　*$p<0.05$, **$p<0.01$, ***$p<0.001$．
平均時間における各属性の要素の数値に付したa, b, c, …は縦に見て，同記号間ではTukeyの多重範囲検定で$p<0.05$の有意差がないことを示す．
行為者率における各属性の要素の数値に付したアスタリスクは残差分析の結果　*$p<0.05$, **$p<0.01$, ***$p<0.001$．

率が高かった．この差は 2010 年調査での分析でも同様にみられたものである．

　年齢層に関しては，多重範囲検定の結果から 10 代，20 代，40 代に比べて 60 代の雑誌閲読の全体平均時間が有意に長かった．そして残差分析の結果から 20 代の雑誌閲読の行為者率が有意に低く，60 代の雑誌閲読の行為者率は有意に高かった．

　就業形態に関しては，全体平均時間，行為者率，行為者平均時間のいずれとも有意な関連が示された．まず，専業主婦・主夫と無職は学生・生徒に比べて有意に雑誌閲読の全体平均時間が長く，無職はさらにフルタイム勤務者，パートタイム勤務者と比較しても有意に雑誌閲読の全体平均時間が長かった．また，フルタイム勤務者は雑誌閲読の行為者率が有意に低く，専業主婦・主夫の雑誌閲読の行為者率は有意に高かった．そして，行為者平均時間に着目すると，フルタイム勤務者，学生・生徒に比べて無職は有意に雑誌閲読の行為者平均時間が長かった．

（3）　マンガ

　表 2.3.5 にマンガに関して，全体平均時間（分），行為者率（%），行為者平均時間（分）について，全体，男女別，年齢層別，就業形態別にまとめた．男女，年齢層，就業形態による相違に関して，全体平均時間と行為者平均時間については一元配置分散分析を，行為者率については χ^2 検定を行った．また，それぞれについて 2010 年調査の結果と 2010 年調査結果からの 2015 年調査の増減を付記した．

　まず全体での結果に着眼すると，2015 年調査におけるマンガの閲読時間は 1 日あたり平均 1.6 分で，行為者率は 3.1% であった．そして 1 日あたり行為者平均時間は 53.6 分であった．2010 年調査では表 2.3.5 に示したとおり，それぞれ 1.1 分，2.5%，41.7 分であり（橋元ほか，2011），同表には示していないが 2005 年調査ではそれぞれ 2.6 分，3.8%，68.1 分であった（石井ほか，2006）．

　性別に関しては，行為者率について有意な関連がみられた．具体的には女性に比べて男性のマンガ閲読の行為者率のほうが高かった．この差は 2010 年調査での分析でも同様にみられたものである．

　年齢層に関しては，全体平均時間，行為者率ともに事後検定を含めて有意な

2 メディア別にみた情報行動

表 2.3.5 マンガの閲読時間・行為者率と 2010 年調査結果との比較

			全体平均時間（分）			行為者率（%）			行為者平均時間（分）		
			2015年	2010年	増減	2015年	2010年	増減	2015年	2010年	増減
全体			1.6	1.1	0.5	3.1	2.5	0.5	53.6	41.7	11.9
性別	男性		1.8	1.6	0.2	4.0	4.1	−0.1	46.1	40.5	5.6
	女性		1.5	0.6	0.9	2.2	1.2	1.0	65.5	45.3	20.2
			0.447n.s.			6.889**			2.431n.s.		
年齢層	10代		2.2^a	2.7	−0.5	5.0*	7.5	−2.5	43.2^a	36.3	6.9
	20代		6.3^b	3.3	3.0	7.2***	5.2	2.0	88.1^a	62.3	25.8
	30代		1.6^a	1.6	0.0	4.5	3.9	0.6	35.5^a	41.4	−5.9
	40代		1.4^a	0.5	0.9	2.9	2.0	0.9	48.8^a	24.1	24.7
	50代		0.5^a	0.2	0.3	1.6*	0.9	0.7	30.6^a	19.2	11.4
	60代		0.4^a	0.4	0.0	0.6***	0.5	0.1	60.0^a	85.0	−25.0
			8.340***			39.940***			2.670*		
就業形態	フルタイム		2.0	1.0	1.0	3.6	2.7	0.9	56.3	38.3	18.0
	パートタイム		0.6	0.7	−0.1	1.5*	1.5	0.0	40.0	49.4	−9.4
	専業主婦		2.1	0.4	1.7	3.0	0.5	2.5	70.9	90.0	−19.1
	学生・生徒		2.3	2.8	−0.5	4.9*	7.7	−2.8	46.0	36.2	9.8
	無職		0.3	1.2	−0.9	0.8*	2.0	−1.2	30.0	56.7	−26.7
			1.753n.s.			13.223*			0.557n.s.		

各属性最下段：全体平均時間と行為者平均時間は分散分析（F値），行為者率はカイ二乗検定（χ^2値）．
F値および χ^2値の隣のアスタリスクは検定結果　*p<0.05, **p<0.01, ***p<0.001．
平均時間における各属性の要素の数値に付した a, b, c, … は縦に見て，同記号間では Tukey の多重範囲検定で p<0.05 の有意差がないことを示す．
行為者率における各属性の要素の数値に付したアスタリスクは残差分析の結果　*p<0.05, **p<0.01, ***p<0.001．

関連が示された．まず，20代は他の年齢層と比べて有意にマンガ閲読の全体平均時間が長かった．また，10代，20代は有意にマンガ閲読の行為者率が高く，50代，60代は有意にマンガ閲読の行為者率が低かった．

就業形態に関しては，行為者率のみで有意な関連が示された．残差分析の結果，学生・生徒は有意に行為者率が高く，パートタイム勤務者，無職は有意にマンガ閲読の行為者率が低かった．

2.3.3　ラジオ

表 2.3.6 は，性別，年齢層別，就業形態別にネット以外のラジオおよびネットでのラジオ聴取時間を比較したものである．

ネット以外のラジオで，性別では男性が女性より行為者率が高く，全体平均，

行為者平均に有意な差はみられなかった．年齢層別では，年齢層が高くなるほど全体平均，行為者率ともに大きくなる傾向がみられた．また就業形態別では，フルタイムや無職で全体平均，行為者率が高くなる傾向が見られ，学生・生徒はいずれも小さくなる傾向がみられた．

一方，ネットでのラジオでは，男性は女性よりも全体平均が長いが，行為者率，行為者平均では有意な差が見られなかった．年齢層別では全体平均，行為者率で有意な差が見られなかったが，行為者平均では20代のみが長い．また，就業形態では全体平均，行為者率，行為者平均のいずれでも有意な差がみられなかった．

次に，場所別のラジオ聴取時間を比較したものが表2.3.7である．

場所別では，ネット以外のラジオで「自宅」「移動中」「職場」の順で長く，

表2.3.6　属性別ラジオ聴取時間・行為者率

			ネット以外のラジオ			ネットでのラジオ		
		N	全体平均(分)	行為者率(%)	行為者平均(分)	全体平均(分)	行為者率(%)	行為者平均(分)
全体		2724	23.2	13.5	171.5	2.0	1.3	152.8
性別	男性	1288	24.9	14.9	167.0	3.2	1.7	187.5
	女性	1436	21.6	12.3	176.4	1.0	1.0	98.2
	F値・χ^2値		1.0	4.1*	0.3	4.1*	2.8	1.7
年齢層	10代	280	0.5^d	1.1$^-$	50.0	1.9	1.8	108.0^b
	20代	292	7.4^{cd}	4.5$^-$	165.4	4.5	0.7	660.0^a
	30代	426	21.0^{bc}	12.4	168.8	2.2	2.3	93.0^b
	40代	582	22.5^{abc}	12.9	174.3	1.6	1.2	130.7^b
	50代	492	27.0^{ab}	19.1$^+$	141.4	2.6	0.6	161.9^b
	60代	652	39.1^a	19.9$^+$	196.0	0.8	0.6	125.0^b
	F値・χ^2値		10.5***	94.4***	1.4	0.8	7.7	3.9**
就業形態	フルタイム	1276	28.7^{ab}	16.5$^+$	174.7	3.2	1.9	171.3
	パート・アルバイト	528	23.3^{ab}	12.3	189.5	0.5	0.4	122.5
	専業主婦（夫）	366	14.8^{bc}	11.7	126.2	1.0	1.1	95.0
	学生・生徒	304	2.2^c	1.6$^-$	135.0	1.8	1.6	108.0
	無職	238	33.3^a	18.1$^+$	184.5	0.9	0.4	225.0
	F値・χ^2値		7.4***	52.0***	1.0	0.1	8.5	0.2

平均，行為者平均は分散分析，性別はχ^2検定の結果　***$p<0.001$，**$p<0.01$，*$p<0.05$で有意．
年齢層，就業形態の平均，行為者平均数値右肩の記号は，Tukeyの多重範囲検定の結果，同符号間で$p<0.05$で有意差なし．また，行為者率数値右肩の記号は，残差分析の結果，$p<0.05$で，＋で有意に多く，－で有意に少ない．

2 メディア別にみた情報行動

表 2.3.7 場所別ラジオ聴取時間（分析対象は，それぞれ行為者）　（分）

		ネット以外のラジオ	ネットでラジオ
	N	368	36
場所別	自　宅	42.0	47.6
	職　場	17.1	25.0
	学　校	0.1	0.0
	移動中	36.1	22.2
	その他	4.7	5.2
生活基本行動別	睡　眠	6.9	9.1
	飲食・身じたく・家事	25.6	17.3
	移　動	34.9	25.3
	仕　事	18.1	19.0
	授業・勉強・クラブ活動	0.5	8.9
	趣味・娯楽・休息	8.5	17.3
	その他	5.6	3.0

ネットラジオでは，「自宅」「職場」「移動中」の順で長い．一方生活基本行動別では，ネット以外のラジオで「移動」「飲食・身じたく・家事」「仕事」の順で長く，ネットでのラジオでは「移動」「仕事」「飲食・身じたく・家事」「趣味・娯楽・休息」の順で長い．

2.3.4　DVD とテレビゲーム

ここでは，日記式調査に基づき，DVD およびブルーレイの視聴と，テレビゲームの利用について報告する．

（1）　DVD・ブルーレイの視聴

まず，DVD・ブルーレイの視聴について，機器別に全体・性別・年齢層別の平均視聴時間，行為者率，行為者平均時間を示したものが表 2.3.8 である．

DVD・ブルーレイの全体平均は，機器を問わず 6.68 分，テレビで 6.12 分，PC で 0.67 分，行為者率で機器を問わず 5.10%，テレビで 4.52%，PC で 0.70%，行為者平均で機器を問わず 130.94 分，テレビで 135.57 分，PC で 96.05 分と，いずれもテレビでの視聴が高い．

また，全体平均は性別，年齢層別でいずれも有意な差が見られず，行為者率ではテレビで男性よりも女性が有意に高い．

表 2.3.8　機器別 DVD・ブルーレイの性・年齢層別利用状況

		N	汎 DVD 利用			テレビでの DVD 利用			PC での DVD 利用		
			全体平均(分)	行為者率(%)	行為者平均(分)	全体平均(分)	行為者率(%)	行為者平均(分)	全体平均(分)	行為者率(%)	行為者平均(分)
全	体	2724	6.68	5.10	130.94	6.12	4.52	135.57	0.67	0.70	96.05
性別	男性	1288	5.74	3.96	144.90	5.19	3.26	159.29	0.54	0.70	77.78
	女性	1436	7.53	6.13	122.84	6.95	5.64	123.27	0.78	0.70	112.50
	F 値・χ^2 値		1.36	6.59*	1.03	1.39	8.92**	2.25	0.38	0.00	0.97
年齢層	10代	280	3.54	3.21	110.00	3.54	3.21	110.00	0.00	0.00	
	20代	292	6.83	4.79	142.50	6.73	4.45	151.15	0.10	0.34	30.00[b]
	30代	426	5.59	4.23	132.22	5.45	3.76	145.00	0.14	0.47	30.00[b]
	40代	582	6.92	5.15	134.33	6.52	4.30	151.80	0.40	0.86	47.00[b]
	50代	492	9.33	6.50	143.44	8.11	6.10	133.00	1.71	0.81	210.00[a]
	60代	652	6.46	5.52	117.08	5.54	4.60	120.50	1.01	1.07	94.29[ab]
	F 値・χ^2 値		0.85	5.03	0.23	0.58	4.61	0.29	1.92	4.46	9.29***

平均,行為者平均は分散分析,行為者率は χ^2 検定の結果　***$p<0.001$,**$p<0.01$,*$p<0.05$ で有意.
年齢層の平均,行為者平均数値右肩の記号は,Tukey の多重範囲検定の結果,同符号間で $p<0.05$ で有意差なし.
また,年齢層の行為者率右肩の記号は,残差分析の結果,$p<0.05$ で,+で有意に多く,−で有意に少ない.

（2）テレビゲームの利用

　次にテレビゲームの利用として,テレビでのゲーム,モバイルでのオフラインゲーム,PC でのオフラインゲームのそれぞれの全体・性別・年齢層別の平均利用時間,行為者率,行為者平均利用時間を示したものが表 2.3.9 である.

　オフラインゲームの平均利用時間は,機器を問わずで 7.12 分,テレビで 3.25 分,モバイルで 2.78 分,PC で 1.34 分であった.また行為者率は,機器を問わずで 6.64%,テレビで 2.53%,モバイルで 2.75%,PC で 1.69% と,テレビやモバイルでのオフラインゲーム利用者が多い.さらに行為者平均は,機器を問わずで 107.13 分,テレビで 128.26 分,モバイルで 100.80 分,PC で 79.46 分と,テレビ,モバイル,PC の順に長い.

　性別では,すべての機器で男性が女性よりも平均利用時間が長く,テレビとモバイルで行為者率が高く,モバイルで行為者平均利用時間が長い.一方,年齢層別の平均利用時間と行為者率では,テレビと PC で 20 代がもっとも高く,モバイルでは 10 代がもっとも高い.つまり,テレビや PC でオフラインのゲームを利用しているのは 20 代男性が多く,モバイルでは 10 代男性が多い.

表 2.3.9 機器別オフラインゲームの性・年齢層別利用状況

		N	汎オフラインゲーム利用			テレビでのゲーム利用		
			全体平均(分)	行為者率(%)	行為者平均(分)	全体平均(分)	行為者率(%)	行為者平均(分)
全体		2724	7.12	6.64	107.13	3.25	2.53	128.26
性別	男性	1288	13.01	10.25	126.93	6.41	4.66	137.50
	女性	1436	1.83	3.41	53.78	0.42	0.63	66.67
	F値・χ^2値		51.40***	51.15***	14.01***	24.26***	44.70***	1.63
年齢層	10代	280	14.75^b	15.00$^+$	98.33^a	4.29^b	5.71$^+$	75.00^a
	20代	292	25.38^a	16.78$^+$	151.22^a	18.65^a	8.56$^+$	217.80^a
	30代	426	4.21^c	6.57	64.11^a	1.41^b	2.35	60.00^a
	40代	582	3.86^c	4.64$^-$	83.15^a	1.08^b	1.37$^-$	78.75^a
	50代	492	4.79^c	3.46$^-$	138.53^a	0.85^b	0.61$^-$	140.00^a
	60代	652	2.23^c	2.76$^-$	80.83^a	0.85^b	1.07$^-$	79.29^a
	F値・χ^2値		17.38***	107.58***	2.80*	16.31***	70.68***	3.14*

		N	モバイルでのオフラインゲーム利用			PCでのオフラインゲーム利用		
			全体平均(分)	行為者率(%)	行為者平均(分)	全体平均(分)	行為者率(%)	行為者平均(分)
全体		2724	2.78	2.75	100.80	1.34	1.69	79.46
性別	男性	1288	5.13	4.11	124.72	1.98	1.94	102.20
	女性	1436	0.66	1.53	43.18	0.77	1.46	52.38
	F値・χ^2値		22.58***	16.92***	9.37**	4.37*	0.94	3.97
年齢層	10代	280	10.04^a	8.93$^+$	112.40	0.43^b	1.07	40.00
	20代	292	5.33^{ab}	4.79$^+$	111.07	3.66^a	4.45$^+$	82.31
	30代	426	2.48^{bc}	3.76	65.94	0.33^b	0.94	35.00
	40代	582	2.39^{bc}	2.58	92.67	0.39^b	0.69$^-$	56.25
	50代	492	1.52^{bc}	1.02$^-$	150.00	2.41^{ab}	2.03	118.50
	60代	652	0.00^c	0.00$^-$		1.40^{ab}	1.84	76.25
	F値・χ^2値		7.54***	70.09***	0.75	2.91*	19.47**	0.77

平均,行為者平均は分散分析,性別は χ^2 検定の結果 ***$p<0.001$,**$p<0.01$,*$p<0.05$ で有意.
年齢層の平均,行為者平均数値右肩の記号は,Tukey の多重範囲検定の結果,同符号間で $p<0.05$ で有意差なし.
また,行為者率数値右肩の記号は,残差分析の結果,$p<0.05$ で,+で有意に多く,-で有意に少ない.

2.3.5 音声通話

この項では音声通話行動について,(1) 固定電話による音声通話行動,(2) モバイルでの音声通話行動(ネット通話を除く),(3) インターネットによる音声通話行動の3つに分けて報告する.音声通話行動は日記式調査による日別の時間帯ごとの行動に加え,それぞれの日での通話回数を質問している.

表 2.3.10 固定電話による音声通話行動

		通話時間			通話回数			
		N	平均（分）	行為者平均（分）	N	平均（回）	行為者率（%）	行為者平均（回）
全体		2724	3.93	34.45	2498	1.24	28.18	4.40
性別	男性	1288	2.77	35.70	1184	1.24	24.49	5.04
	女性	1436	4.98	33.86	1314	1.25	31.51	3.96
	F値・χ^2値		4.77*	0.05		0.00	15.14***	4.78*
年齢層	10代	280	0.18^b	25.00	252	0.11^b	7.14$^-$	1.56^c
	20代	292	2.26^{ab}	55.00	254	1.27^a	12.60$^-$	10.09^a
	30代	426	4.79^{ab}	56.67	383	1.48^a	19.84$^-$	7.45^{ab}
	40代	582	2.78^{ab}	28.42	548	1.09^a	24.82$^-$	4.38^{bc}
	50代	492	6.91^a	35.05	466	1.62^a	39.27$^+$	4.11^{bc}
	60代	652	4.52^{ab}	27.52	595	1.41^a	43.53$^+$	3.23^c
	F値・χ^2値		3.02*	1.21		5.57***	199.36***	11.44***

平均，行為者平均は分散分析，行為者率はχ^2検定の結果　***$p<0.001$，**$p<0.01$，*$p<0.05$で有意．
年齢層の平均，行為者平均数値右肩の記号は，Tukeyの多重範囲検定の結果，同符号間で$p<0.05$で有意差なし．
また，年齢層の行為者率右肩の記号は，残差分析の結果，$p<0.05$で，＋で有意に多く，－で有意に少ない．

（1） 固定電話による音声通話行動

　固定電話による音声通話行動について，日記式調査の通話時間・行為者平均通話時間，通話の平均回数・行為者率・行為者平均回数を示したものが表2.3.10である．通話時間は平均で3.93分，行為者平均通話時間は34.45分であった．通話回数は平均1.24回，行為者率は28.18%，行為者平均通話回数は4.40回であった．性別では，女性が男性よりも通話時間が長く，行為者率も高いが，行為者平均回数は，男性が女性よりも多い．また，年齢層では，通話時間で50代がもっとも長く10代がもっとも短く，通話回数，行為者率，行為者平均通話回数でも10代が少なくて低い．

（2） モバイルによる音声通話行動（ネット通話を除く）

　ネット通話を除くモバイルによる音声通話行動について，日記式調査の通話時間・行為者平均通話時間，通話の平均回数・行為者率・行為者平均回数を示したものが表2.3.11である．通話時間は平均で6.94分，行為者平均通話時間は33.40分であった．通話回数は平均2.57回，行為者率は54.94%，行為者平均通話回数は4.68回であった．性別では，男性が女性よりも通話時間・行為

表 2.3.11 モバイルによる音声通話行動（ネット通話を除く）

		通話時間			通話回数			
		N	平均（分）	行為者平均（分）	N	平均（回）	行為者率(%)	行為者平均（回）
全体		2724	6.94	33.40	2561	2.57	54.94	4.68
性別	男性	1288	8.56	41.74	1220	3.53	56.07	6.29
	女性	1436	5.49	26.11	1341	1.71	53.91	3.17
	F値・χ^2値		4.24*	5.44*		67.86***	1.19	74.70***
年齢層	10代	280	2.93	68.33	258	0.86^d	26.36$^-$	3.25^b
	20代	292	4.64	27.10	285	1.54^{cd}	41.05$^-$	3.74^b
	30代	426	10.34	35.24	410	4.01^a	64.63$^+$	6.21^a
	40代	582	7.69	31.29	552	2.94^{ab}	57.97	5.07^{ab}
	50代	492	5.11	24.42	470	2.90^{ab}	61.49$^+$	4.72^{ab}
	60代	652	8.18	40.11	586	2.22^{bc}	59.39$^+$	3.74^b
	F値・χ^2値		1.85	1.00		13.57***	137.78***	5.14***

平均，行為者平均は分散分析，行為者率はχ^2検定の結果．***$p<0.001$，**$p<0.01$，*$p<0.05$で有意．
年齢層の平均，行為者平均数値右肩の記号は，Tukeyの多重範囲検定の結果，同符号間で$p<0.05$で有意差なし．
また，年齢層の行為者率右肩の記号は，残差分析の結果，$p<0.05$で，+で有意に多く，-で有意に少ない．

者平均通話時間が長く，平均通話回数・行為者平均回数が多い．また，年齢層では，通話時間には差が見られなかったが，通話回数，行為者率，行為者平均通話回数は30〜50代で多くて高い．

(3) インターネットによる音声通話行動

インターネットによる音声通話行動（機器を問わず）について，日記式調査の通話時間・行為者平均通話時間，通話の平均回数・行為者率・行為者平均回数を示したものが表2.3.12である．通話時間は平均で4.95分，行為者平均通話時間は76.13分であった．通話回数は平均0.63回，行為者率は12.30%，行為者平均通話回数は5.16回であった．性別では，男性が女性よりも行為者平均通話時間が長く，平均通話回数・行為者平均回数が多い．また，年齢層では，通話時間，行為者率に関して10〜20代の若年層で長くて高い傾向が見られた．

さらにインターネットによる音声通話行動について，日記式調査の通話時間・行為者率・行為者平均通話時間をPC・モバイル別に示したものが表2.3.13である．モバイルでのネット通話利用は，平均3.59分，行為者率5.62%，行為者平均利用時間63.95分であった．またPCでのネット通話利用

表 2.3.12 インターネットによる音声通話行動

			汎ネット通話利用			汎ネット通話回数		
		N	平均（分）	行為者平均（分）	N	平均（回）	行為者率(%)	行為者平均（回）
全体		2724	4.95	76.13	2228	0.63	12.30	5.16
性別	男性	1288	6.01	109.01	1060	0.91	12.92	7.04
	女性	1436	3.99	54.10	1168	0.38	11.73	3.28
	F値・χ^2値		2.58	12.32***		5.69*	0.74	4.99*
年齢層	10代	280	19.00^a	110.83^a	246	0.60	19.51$^+$	3.06
	20代	292	14.32^a	107.18^a	268	1.09	20.90$^+$	5.21
	30代	426	3.62^b	49.68^a	377	0.56	14.85	3.79
	40代	582	2.52^b	39.59^a	491	1.05	12.02	8.75
	50代	492	1.22^b	60.00^a	404	0.45	8.91$^-$	5.03
	60代	652	0.57^b	30.83^a	442	0.15	4.30$^-$	3.42
	F値・χ^2値		20.25***	3.77**		1.95	63.08***	1.16

平均，行為者平均は分散分析，行為者率はχ^2検定の結果 ***$p<0.001$, **$p<0.01$, *$p<0.05$で有意．
年齢層の平均，行為者平均数値右肩の記号は，Tukey の多重範囲検定の結果，同符号間で$p<0.05$で有意差なし．
また，年齢層の行為者率右肩の記号は，残差分析の結果，$p<0.05$で，＋で有意に多く，－で有意に少ない．

表 2.3.13 機器別インターネットによる音声通話行動

			モバイルでのネット通話利用			PC でのネット通話利用		
		N	全体平均(分)	行為者率(%)	行為者平均（分）	全体平均（分）	行為者率(%)	行為者平均（分）
全体		2724	3.59	5.62	63.95	1.36	0.99	136.85
性別	男性	1288	4.37	4.27	102.36	1.64	1.32	124.12
	女性	1436	2.89	6.82	42.40	1.10	0.70	158.50
	F値・χ^2値		2.25	8.36**	17.69***	0.47	2.69	0.31
年齢層	10代	280	15.54^a	15.00$^+$	103.57^a	3.48^{ab}	2.50$^+$	139.29
	20代	292	9.73^b	10.96$^+$	88.75^a	4.59^a	2.74$^+$	167.50
	30代	426	1.70^c	6.10	27.88^a	1.91^{ab}	1.17	163.00
	40代	582	1.62^c	5.84	27.79^a	0.89^{ab}	0.52	173.33
	50代	492	1.13^c	1.42$^-$	79.29^a	0.09^b	0.81	11.25
	60代	652	0.57^c	1.84$^-$	30.83^a	0.00^b	0.00$^-$	
	F値・χ^2値		19.95***	96.33***	5.11***	3.22**	23.77***	0.80

平均，行為者平均は分散分析，行為者率はχ^2検定の結果 ***$p<0.001$, **$p<0.01$, *$p<0.05$で有意．
年齢層の平均，行為者平均数値右肩の記号は，Tukey の多重範囲検定の結果，同符号間で$p<0.05$で有意差なし．
また，年齢層の行為者率右肩の記号は，残差分析の結果，$p<0.05$で，＋で有意に多く，－で有意に少ない．

は，平均 1.36 分，行為者率 0.99%，行為者平均利用時間 136.85 分であった．性別に関しては，モバイルでのネット通話利用で行為者率では女性が高く，行為者平均では男性が長い．また年齢層別ではモバイルで平均，行為者率，PC で平均，行為者率において，いずれも 10〜20 代を中心とした若年層の数値が大きい傾向が見られた．

参考文献

橋元良明・森康俊・久保隅綾・金相美・北村智・辻大介・是永論・小笠原盛浩（2011）「メディア別にみた情報行動」，橋元良明（編）『日本人の情報行動 2010』，東京大学出版会，123-227．

石井健一・遠藤薫・小笠原盛浩・橋元良明・北村智・金相美・三上俊治（2006）「メディア別にみた情報行動」，東京大学大学院情報学環（編）『日本人の情報行動 2005』，東京大学出版会，129-203．

日本新聞協会（2015）「新聞の発行部数と世帯数の推移」http://www.pressnet.or.jp/data/circulation/circulation01.php（2015 年 12 月 29 日確認）

3 ソーシャルメディアと動画サイトの利用

木村忠正

3.1 「ソーシャルメディア」とは

「ソーシャルメディア」とは，2006年頃から広く用いられるようになった概念である．今では，有線，無線を問わず当たり前となった，インターネットの常時接続，高速化（ブロードバンド化）だが，日本に限らずOECD諸国において，ADSLなどの有線網を中心としたブロードバンド回線数が，対人口比1割を超え始めるのは2003年前後以降であった．

ブロードバンド化の進展に伴い，ブログ，SNS（ソーシャルネットワーキングサービス），知識共創共有サイト（ウィキ，質問回答，各種評価レビュー・コメントなどの「集合知」），写真共有サイト，動画共有サイト，ソーシャルブックマークなどが急速に普及した．これらのサービスは，ユーザ（利用者，消費者）が，情報の単なる受け手ではなく，テキスト，写真，動画などの（マルチメディア）コンテンツを作成，共創，発信，共有する主体となることを可能にする．そこで，これらコンテンツはUGC（利用者生成コンテンツ user generated contents）とも称され，上述のような各種ネットサービスは，UGM（User-Generated Media）やCGM（Consumer-Generated Media）などと呼ばれるようになった．

しかし，これらネットサービスは，たんにユーザがコンテンツを生成するだけではない．ユーザ間，ユーザ－コンテンツ間，コンテンツ間にそれぞれ多様な関係性（フレンド，「いいね」，アクティビティ，タイムライン，コメント，リプラ

イ，リコメンド，RSS，タグ付け，ランキング，お気に入り，累積評価，評価平均値など）が取り結ばれ，その関係性を視覚的に把握する仕掛けが組み込まれている．

そのため，コンテンツの集積が，たんにユーザ間の相互コミュニケーションであるだけではなく，メディアとして社会的現実を構成し，提示するほどの力を持ちうるようになり，「ソーシャルメディア」というカテゴリーが一般化するとともに，コンテンツを収集，取捨選択，編集（「キュレーション」）する「まとめサイト」も広く派生している．

グローバルにみると，スマートフォン（以下「スマホ」と表記）登場まで，ソーシャルメディアはパソコンでのネット利用向けが基本であった．ただし，日本社会の場合，2000 年代に 3G（第 3 世代携帯）回線によるインターネット接続とパケット通信定額制が広範に行き渡ったことで，3G 携帯電話（従来型携帯電話）を利用した「プロフ」，「リアル」，「ケータイミニブログ」などの青少年向け「モバイルサイト」（前略プロフィール，デコログ，デコリアルなど）が発展し，これらも広義の概念上は「ソーシャルメディア」に含まれている．

他方，2010 年代に入ると，スマホ普及に伴い，「アラブの春」における facebook や Twitter，YouTube の果たした役割に見られるように，ソーシャルメディア利用は，途上国を含めグローバルに拡大の一途をたどっている．その過程で，かつてパソコンのネットでチャットやインスタントメッセージと呼ばれたコミュニケーション形態は，LINE，WhatsApp，WeChat など，スマホのユーザインターフェイスを利用した新たなメッセージングアプリへと進化し，これらアプリもまた「ソーシャルメディア」の一翼を担うようになった．

3.2 「日本人の情報行動」調査における「ソーシャルメディア」

ここまで見たように，「ソーシャルメディア」という概念は，インターネットを取り巻く環境の変化に応じて，生み出され，展開してきており，きわめて複合的，多元的で，単純に定義することは難しい．個人ホームページ，ウェブ日記と呼ばれたものが「ブログ」へと展開し，「BBS（電子掲示板）」の書き込みが「まとめサイト」にキュレーション（アグリゲーション）され，FAQ（よく

ある質問と回答）や人力検索が「集合知（知識共創・共有）」として集積し，チャット，インスタントメッセージがLINEなどのメッセージングアプリとなることで，ソーシャルメディアの意味する範囲は拡張してきた．

　実際，これまでの「日本人の情報行動」調査票，行動記録票をみると，「ソーシャルメディア」にあたるネットの変化をたどることができる．2000年調査では，質問票部分においてソーシャルメディアに分類されうるような情報行動をたずねる質問は見られず，「行動記録票」の「コード」を説明する部分で，インターネット利用を「1 電子メールを書く・読む」「2 オンラインまたはオフラインでウェブ（WWW）を見る」「3 その他」に分けた上で，「3 その他」については，「「ウェブ検索をする」「チャットをする」「電子掲示板等を読む・書き込みをする」「ホームページを作る・更新する」等，必ず具体的内容をお書き下さい」との注記があった．この時点では，ネット利用が，電子メール，ウェブ閲覧，ウェブ検索，チャット，電子掲示板，ホームページなどを中心としており，利用者の情報発信・情報交換は，テキストベースでの個人間のやりとりに（いまからみれば）限定されていた．

　2005年調査をみると，調査票で，パソコンでのインターネット利用法をたずねる質問において，「チャットをする」「メッセンジャーを利用する」「SNS（mixi，GREEなど）を利用する」「掲示板の内容を読む」「掲示板に書き込みをする」「自分のウェブ日記・ブログを作ったり，更新したりする」「他の人（個人）のホームページ・ウェブ日記・ブログを見る」の各項目が設けられ，2000年調査と比較すると，メッセンジャー，SNS，ウェブ日記，ブログと，利用者の情報発信・情報交換サービスが多様化している．行動記録票にも，「メッセンジャー利用」「チャット」「ウェブサイト（掲示板，ブログ等）に書き込む」が独立した記入項目となっている．しかし，調査票，行動記録票とも，動画共有サイト利用に関する項目はなく，「ソーシャルメディア」という語も出てこない．個人によるオンラインでの情報発信・交換は，個別線的であり，面的拡がりにまでは至っていない．

　2010年調査になると，2005年調査の各項目をパソコンでのネット利用法と，携帯電話でのネット利用法とに分け，それぞれたずねている．ただし，facebook，Twitterなど個別サービスの利用はきいておらず，2010年調査でもや

はり,「ソーシャルメディア」という語は用いられていない. 他方, 調査票では, 動画共有サイトでの視聴と視聴端末種類, さらに投稿がたずねられ, 行動記録票では, パソコン, 携帯に分けて,「インターネット経由の動画を見る」という記入項目が設けられていた. アメリカで YouTube, 日本で GyaO がサービスを開始したのが 2005 年 4 月, ニコニコ動画の実験サービス開始が 2006 年 12 月である. これらネットでの動画サービスは 2000 年代後半急速に普及し, 2010 年調査では,「YouTube, ニコニコ動画などのインターネットの動画投稿・共有サイト」利用率は, 49.2%(「ほぼ毎日」6.7%,「週に数回」15.3%,「月に数回」17.6%,「月に 1 回以下」9.6%)とほぼ半数に達していた.

このように, 21 世紀,「ソーシャルメディア」は多元的, 複合的に拡大しているため, 2015 年調査では,「ソーシャルメディア」という語自体は, やや限定的に用いることにした. 具体的には, mixi, facebook, GREE, Mobage, Google+, LinkedIn, Twitter, LINE, Instagram, Vine, 計 10 の「ウェブサイトやアプリ」利用をたずねるとともに, これらについて,「(これら)サービスを「ソーシャルメディア」と呼ぶことがあります. あなたは, ソーシャルメディアをどのくらいの頻度で利用していますか」と, 利用頻度度合いを細かくきく小問を設けている. また,「情報行動」分類表においては,「行動分類」として,「ソーシャルメディアを見る・書く(フェイスブック, LINE など)」という項目を設け,「備考」で,「スマホ・ケータイでソーシャルメディアを見る・書く(ツイッター, グリー等も含む)」と具体例をあげている.

これらの質問項目に見られるように, 本調査における「ソーシャルメディア」は, SNS, メッセージングアプリ, ソーシャルゲームを中心とした「友だち間」のテキスト, 写真コミュニケーションサービスを指す. 他方, 広義には, 動画共有サイト, ブログ, 集合知系サイトなどもソーシャルメディアに含まれるが, 本調査では, 2010 年調査でもすでに利用率がほぼ半数に達し, その後も普及が進んでいる動画共有サイトについて, 具体的にたずねており, 本章では, 以下において, ソーシャルメディアと動画共有サイト(本章では以下,「ソーシャルメディア」を「SocM」と,「動画共有サイト」を「動画サイト」と表記する)について具体的に分析を行い報告する.

3.3 ソーシャルメディア利用の概況

3.3.1 性・年齢層別にみる全般的傾向

本調査では，先に示した10のソーシャルメディア（以下，本章では個別にたずねている10のソーシャルメディアを合わせて「10SocM」と表記する）に関して，①利用（閲覧のみ），②利用（書込・投稿も），③非利用，に分けてきいている．そこで，有効回答における①ないし②の回答率を「利用率」，②の該当数を①と②を足した該当数で除した率（利用者の中で，書込・投稿と回答した割合）を「アクティブ率」，さらに，これら10SocMのうち1つでも利用があった場合を「10SocM利用」，「10SocM利用」者において，1つでも「アクティブ」（②に該当）である割合を「10SocMアクティブ率」と定義した．

これら変数について，性・年齢層別にまとめたのが表3.3.1である．個別SocMについては，利用率，アクティブ率とも，合計の利用率が高い順に並べており，アクティブ率に関して，当該・年齢層で利用率が0の場合には空欄としてある．また，各SocM「利用率」が，ネット非利用者を含めた有効回答に対する比率のため，参考として，性・年齢層区分ごとのネット利用率も同表には示した．したがって，個別SocMの利用率をネット利用率で除すると，ネット利用者における当該SocMの利用率が，10SocM利用率で個別利用率を除せば，これら10SocM利用における個別SocMの相対的な利用度合いを把握することができる．

まず，個別ではなく，10SocM利用率，アクティブ率について概観する．表をみると，ネット利用率は，男女とも50代まで9割程度以上，全体の平均も88%に達しているのに対して，10SocM利用は，50代で半数以下，60代では男性28%，女性18%と50代以上になると利用率の低下が顕著である．しかし，2010年調査では，「SNS（mixi，GREE，モバゲーなど）を見る」が20.2%（「ほぼ毎日」11.4%，「週に数回」3.9%，「月に数回」2.3%，「月に1回以下」2.6%），「ツィッター，アメーバなうなどを読む」が8.4%（「ほぼ毎日」3.1%，「週に数回」2.1%，「月に数回」1.9%，「月に1回以下」1.3%）に過ぎなかったのに対し，本調査の10SocM利用率は全体で6割にのぼる．また，ネット利用者に対する比率

表 3.3.1 性・年齢層別 SocM

		合計	女性				
			女性計	10代	20代	30代	40代
ネット利用率		87.6	90.0	96.9	97.3	97.5	96.9
10SocM 利用率		61.3	62.5	89.2	96.0	86.8	76.4
利用率	LINE	52.0	54.8	87.7	89.3	79.3	63.8
	facebook	26.2	27.2	26.2	68.0	43.8	27.3
	Twitter	22.5	22.9	56.9	61.3	28.1	19.4
	Google+	17.7	13.8	16.9	18.7	16.5	16.8
	Instagram	10.1	12.7	30.8	41.3	18.2	9.3
	mixi	5.9	6.1	3.1	14.7	13.2	8.7
	Mobage	5.4	3.9	4.6	9.3	4.1	5.6
	GREE	3.5	2.8	4.6	5.3	4.1	3.1
	Vine	2.9	2.9	15.4	9.3	2.5	0.6
	LinkedIn	0.5	0.4	0.0	0.0	0.8	1.2
アクティブ率	LINE	78.9	80.9	86.0	82.1	78.1	80.4
	facebook	46.3	48.7	35.3	56.9	60.4	43.2
	Twitter	51.5	52.4	86.5	67.4	38.2	22.6
	Google+	11.6	9.1	27.3	7.1	15.0	7.4
	Instagram	48.2	52.7	75.0	54.8	54.5	26.7
	mixi	32.1	31.8	50.0	27.3	31.3	35.7
	Mobage	20.5	14.3	33.3	0.0	20.0	11.1
	GREE	25.5	20.0	66.7	0.0	20.0	0.0
	Vine	10.0	4.8	0.0	0.0	0.0	100.0
	LinkedIn	42.9	66.7			0.0	100.0

で考えれば，50代男女も半数を超え，60代男性でも半数近くに達しており，年齢層を問わず，インターネット利用においてソーシャルメディアが普及している様子がうかがえる．

ただ，その利用の中心が10代から30代であることもまた明らかである．図3.3.1から図3.3.3は，SocMの「利用強度」に関するデータを性・年齢層別にまとめたものである．図3.3.1は，回答者を「10SocMいずれも利用無し」（利用無），「1つ以上は利用しているがいずれも閲覧のみ」（閲覧のみ），「いずれか1つでも書込・投稿している」（アクティブ）に分けた場合．図3.3.2は，10のSocMの内，回答者がいくつ利用しているかを示す．利用個数による分布である．利用個数は5個が40人いるが，6個以上は限られている（6個11人，7個12人，8個，10個各2人）ため，5個以上を「5」とまとめている．また，複数利用の場合に，すべて合わせたSocM利用頻度の分布が図3.3.3である．

3　ソーシャルメディアと動画サイトの利用

利用率・アクティブ率　(%)

		男　性						
50代	60代	男性計	10代	20代	30代	40代	50代	60代
90.5	68.8	85.0	81.3	100.0	96.7	94.6	87.5	60.9
48.4	17.7	59.9	73.3	90.1	87.0	66.9	46.7	28.2
38.9	12.5	48.9	70.7	84.5	77.2	56.2	29.2	14.7
16.7	5.3	25.1	20.0	52.1	46.7	25.4	15.1	9.7
12.7	0.0	22.0	52.7	53.5	23.9	16.9	9.2	5.8
12.7	6.5	22.2	22.7	32.4	18.7	25.4	22.9	16.0
1.6	0.6	7.2	10.7	12.7	16.3	8.5	1.7	0.6
0.8	0.0	5.7	4.0	18.3	12.0	3.8	2.5	1.3
2.4	0.6	7.0	6.7	16.9	15.2	5.4	5.9	0.0
0.8	1.2	4.2	1.3	9.9	8.7	4.7	4.2	0.0
0.0	0.0	3.0	12.0	5.6	2.2	3.1	0.0	0.0
0.0	0.0	0.6	0.0	1.4	1.1	1.5	0.0	0.0
81.6	76.2	76.5	92.5	86.7	76.1	67.1	62.9	65.2
28.6	33.3	43.5	53.3	37.8	48.8	48.5	38.9	26.7
18.8		50.4	84.6	60.5	27.3	27.3	9.1	22.2
0.0	0.0	13.4	23.5	21.7	11.8	18.2	0.0	8.0
0.0	0.0	39.1	25.0	44.4	40.0	54.5	0.0	0.0
0.0		32.4	33.3	15.4	45.5	60.0	33.3	0.0
33.3	0.0	24.4	60.0	16.7	7.1	42.9	28.6	
0.0	50.0	29.6	0.0	28.6	0.0	83.3	20.0	
		15.8	33.3	0.0	0.0	0.0		
		25.0		0.0	50.0			

　これらをみると，男女とも10代から30代では，10SocM利用率7割以上（ネット利用者に占める割合は9割以上），アクティブ率は75%以上（対有効回答者でも65%以上）にのぼり，SocM利用者の7割から9割近くが複数利用，75〜95%が毎日アクセスしている．

3.3.2　ソーシャルメディア利用に寄与する社会経済的属性

　これまでの分析から明らかなように，年齢層によりSocM利用は大きく異なる．しかし，それ以外に関与する社会経済的属性はないのだろうか．そこでここでは，10SocMと個別SocMに関して，「利用／非利用」を目的変数とし，性別，年齢層，学歴（中学，高校，短大・高専，大学・大学院の4カテゴリー），婚姻（既婚，死別・離別，未婚の3カテゴリー），生活水準，職業，世帯年収，都市規模，地方の9変数を説明変数として，名義ロジスティクス回帰分析を行った．

150　　　　　　　　　　　第1部　日本人の情報行動の現状と変化

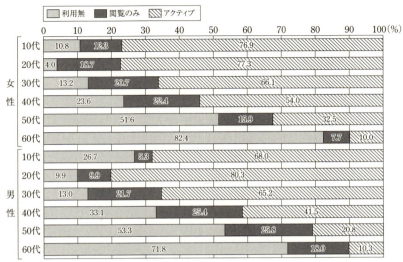

図 3.3.1　性・年齢層別 10SocM 利用・アクティブ利用分布

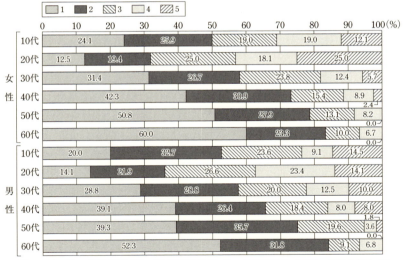

図 3.3.2　性・年齢層別 10SocM 利用数分布（1〜4 は利用 SocM 数，5 は 5 以上 10 までをまとめている）

3 ソーシャルメディアと動画サイトの利用

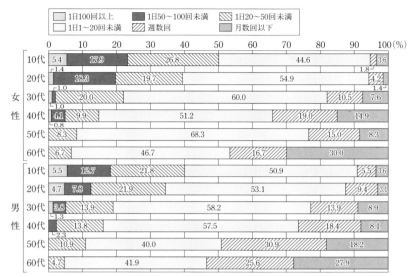

図 3.3.3 性・年齢層別 10SocM 利用頻度分布

表 3.3.2 10SocM・個別 SocM 利用に関する名義ロジスティクス回帰分析結果（効果の尤度比検定 p 値）

	性別	年齢層	学歴	婚姻	生活水準	職業	世帯年収	都市規模	地方
10SocM	0.2350	<0.0001***	<0.0001***	0.0010***	0.0051**	0.0710	0.0032**	0.3220	0.1390
LINE	0.0384*	<0.0001***	0.0033**	0.0002***	0.2920	0.0333*	0.1860	0.1830	0.3520
fb	0.2910	<0.0001***	0.0034**	0.0004***	0.2080	0.4070	0.1020	0.7970	0.6140
Twitter	0.0271*	<0.0001***	<0.0001***	0.0178*	0.4030	0.3620	0.8840	0.1070	0.4710
Google+	0.0002***	0.0500	0.0313*	0.5920	0.5990	0.9870	0.1760	0.6440	0.8510
Instagram	<0.0001***	<0.0001***	0.0166*	0.1280	0.2470	0.0540	0.5480	0.3360	0.2710
mixi	0.5680	<0.0001***	0.0350*	0.3880	0.9580	0.2030	0.5010	0.5220	0.5710
Mobage	0.0283*	0.0002***	0.1300	0.7730	0.9730	0.7810	0.2060	0.2770	0.1910
GREE	0.2230	0.3320	0.1870	0.0246*	0.0830	0.3610	0.0205*	0.9950	0.8020
Vine	0.5720	0.0580	0.0231*	0.1650	0.2700	0.4700	0.2040	0.0075**	0.7730
LinkedIn	0.9910	0.2490	<0.0001***	1.0000	0.0009***	<0.0001***	0.5040	0.0186*	1.0000

***p<0.001, **p<0.01, *p<0.05.

その結果の，効果の尤度比検定による p 値をまとめたのが表 3.3.2 である．

10SocM についてみると，年齢層だけではなく，学歴，婚姻状況，生活水準，世帯年収もまた，有意に利用に寄与していると分析される．そこで，これら 4 変数について，カテゴリーごとの 10SocM 利用率をまとめた（表 3.3.3）．学歴に関しては，短大以上では 4 分の 3 近くで差は見られないが，中学（卒業）

表 3.3.3　社会経済的属性別 10SocM 利用率　　　　　　　　　(%)

学　歴	中学校	38.1	婚姻状況	既　婚	57.2
	高校	52.6		離別・死別	45.3
	短大・高専	72.5		未　婚	74.7
	大学・大学院	72.7	世帯年収	200万未満	38.5
生活水準	上	83.3		200-400万未満	48.1
	中の上	76.6		400-600万未満	66.3
	中の中	62.5		600-800万未満	70.0
	中の下	58.8		800-1000万未満	67.9
	下	63.9		1000-1200万未満	74.2
	わからない・答えたくない	51.5		1200-1400万未満	80.0
				1400万以上	82.2

38％，高校（卒業）53％と大きく異なる（回答者には在学中の生徒も含まれているが大多数は卒業者）．婚姻状況については，未婚者では4分の3であるのに対して，既婚は者で6割を切り，離別・死別では年齢層も影響するが半数未満にとどまる．世帯年収，生活水準に関しては，それぞれ高所得，高生活水準であるほどおおむね利用が多い．ただし，生活水準が中の中，中の下，下の層については，6割前後で大きな差は見られない．

3.3.3　30代以下にみるソーシャルメディア利用と社会心理的変数

社会心理的変数と SocM 利用との関係については，どちらの側面においても年齢層が及ぼす影響が強いため，SocM 利用が広範に拡がっている10代〜30代と，その利用が低下する40代〜60代に二分し，それぞれのグループにおいて，「非利用」「閲覧のみ」「アクティブ」に分け，質問票問13（11項目），問14（14項目）各項目のクロス集計を行った．χ^2 検定の結果，有意な差異が見られた項目をまとめたのが，表3.3.4，表3.3.5である．

まず10代〜30代，40代〜60代に分けた場合の，10SocM アクティブ利用の分布を確認しておくと，前者では，非利用13.1％，閲覧のみ15.7％，アクティブ71.3％とアクティブが大半，後者では，非利用53.5％，閲覧のみ18.6％，アクティブ27.9％と非利用が過半数を占めており，対照的となっている．

こうした分布を踏まえ，表3.3.4（10代〜30代）についてみると，項目（A）（対面回避・IT機器選好），（B）（対面回避・オンライン媒介選好）に関しては，「肯定／否定」と二分すると差異はないが，非利用者の半数以上が「あてはま

3 ソーシャルメディアと動画サイトの利用

表 3.3.4　10SocM アクティブ利用により有意差のみられた社会心理的変数（10代～30代）
(%)

		あてはまる	まああてはまる	あまりあてはまらない	あてはまらない	χ^2検定 p値
A) 人と会って話しているときより，パソコンやスマートフォン，従来型携帯電話をいじっているときのほうが楽しい	非利用	3.1	12.3	29.2	55.4	0.0175*
	閲覧のみ	7.7	10.3	47.4	34.6	
	アクティブ	2.8	10.6	50.6	38.5	
B) 人と会って話すより，メールやソーシャルメディアでやりとりする方が気軽だ	非利用	6.2	18.5	23.1	52.3	0.0008***
	閲覧のみ	9.0	14.1	47.4	29.5	
	アクティブ	5.3	27.0	39.9	27.8	
C) 自分が他人にどう思われているのか気になる	非利用	15.4	43.1	27.7	13.9	0.0012**
	閲覧のみ	11.5	46.2	30.8	11.5	
	アクティブ	33.4	33.7	24.7	8.2	
D) 自分の意見や気持ちを文字で発信することに喜びを感じる	非利用	6.2	7.7	30.8	55.4	<0.0001***
	閲覧のみ	2.6	14.1	47.4	35.9	
	アクティブ	4.8	22.8	47.0	25.4	

***$p<0.001$, **$p<0.01$, *$p<0.05$.

らない」と明確に否定している点に特徴がある．また，(A) については，「閲覧のみ」「アクティブ」に差がないのに対して，(B) では，アクティブの方が肯定が多く，閲覧のみと投稿・書込という行為の違いが表れている．それは，(C)（公的自己意識）でも顕著であり，「閲覧のみ」は他者の視線を非利用者と同程度にしか意識していない．全有効回答者平均と比べても，30代までのSocM アクティブ利用者は，他者の視線を強く意識している．また，(D)（文字表現・発信志向）の項目に見られるように，SocM 利用は，文字での発信に対する肯定と結びついている．

他方，同表にあげられていない様々な社会心理的変数（政治的有効性感覚，社会的信頼感，私生活優先意識，自己開示，ヴァーチュアル志向性，社交性，孤立感，情報過多意識など）は，SocM 利用とは関係がみられなかった．つまり，SocM を積極的に利用するのは，社会的信頼感や親密さ，社交性，孤立感回避が有意に働くわけではなく，同調圧力・公的自己意識が強く働き，オンライン媒介を選好し，同期的対面コミュニケーションを回避する傾向と結びついている．

表 3.3.5（40代～60代）にうつると，10代～30代で有意差のみられた (A) ～(D) の項目は，40代～60代でも，同様に有意差が認められた．ただし，項目 (A)～(C) は，10代～30代に比べると絶対値として，肯定的な割合は少な

表 3.3.5　10SocM アクティブ利用により有意差のみられた社会心理的変数（40代〜60代）

(%)

		あてはまる	まああてはまる	あまりあてはまらない	あてはまらない	χ^2検定 p値
A) 人と会って話しているときより，パソコンやスマートフォン，従来型携帯電話をいじっているときのほうが楽しい	非利用	0.4	4.1	22.1	73.3	<0.0001***
	閲覧のみ	1.9	6.3	43.8	48.1	
	アクティブ	0.4	6.3	40.0	53.3	
B) 人と会って話すより，メールやソーシャルメディアでやりとりする方が気軽だ	非利用	1.7	6.7	22.3	69.2	<0.0001***
	閲覧のみ	2.5	8.1	37.3	52.2	
	アクティブ	2.9	12.2	39.1	45.8	
C) 自分が他人にどう思われているのか気になる	非利用	6.9	25.8	44.9	22.3	<0.0001***
	閲覧のみ	7.5	34.8	44.1	13.7	
	アクティブ	9.2	42.1	35.0	13.8	
D) 自分の意見や気持ちを文字で発信することに喜びを感じる	非利用	2.6	12.2	47.3	38.0	0.0234*
	閲覧のみ	1.9	14.4	58.8	25.0	
	アクティブ	3.3	14.6	55.0	27.1	
E) 人づきあいの機会があれば，喜んで参加する	非利用	14.6	32.4	41.1	12.0	0.0204*
	閲覧のみ	14.3	39.8	41.0	5.0	
	アクティブ	17.1	41.7	33.8	7.5	
F) いつも友人や知人とつながっているという感覚が好きだ	非利用	8.5	26.7	44.5	20.4	0.0138*
	閲覧のみ	5.6	32.5	45.0	16.9	
	アクティブ	10.0	30.8	49.6	9.6	
G) 友達には何でも相談できる	非利用	5.9	31.5	44.9	17.8	0.0242*
	閲覧のみ	3.1	31.1	49.5	16.2	
	アクティブ	7.9	41.3	38.3	12.5	
H) 人と一緒にいるのが好きである	非利用	17.6	32.3	39.9	10.2	0.0008***
	閲覧のみ	16.8	41.0	37.9	4.4	
	アクティブ	22.9	43.8	27.5	5.8	
I) 実際に体験していなくても，情報として知っていれば十分だと思う	非利用	8.5	34.6	32.2	24.6	<0.0001***
	閲覧のみ	3.7	23.0	39.1	34.2	
	アクティブ	1.3	27.5	40.8	30.4	
J) いろいろな情報は，記憶していなくてもインターネットで探しだせれば十分だ	非利用	3.3	13.2	40.6	43.0	<0.0001***
	閲覧のみ	1.9	26.7	40.4	31.1	
	アクティブ	3.4	31.1	39.5	26.1	

***$p<0.001$, **$p<0.01$, *$p<0.05$.

く，これらが年齢層によって大きく異なる（若年層に特徴的）点もまた留意すべきだろう．

　また，項目（E）〜（H）に見られるように，40代〜60代では，SocM の利用，さらにアクティブ利用が，より高い自己開示，社会的つながり志向，社交性と

結びついている.

さらに,項目(I)に見られるように,非利用者の方が,現実の経験よりも情報のみの理解で足りると感じる一方,項目(J)のように,そうした情報は記憶しておくべきものと認識されている.対照的に,SocM 利用者は,実際の経験の重要性も相対的に認識し,情報はネットで必要に応じて参照する態度が強い.これらの差異は,40 代〜60 代では,SocM 利用者が,オフラインの生活世界,人間関係を基盤にした上で,オンラインを活用する傾向が強いことを示していると解釈できる.

3.4 個別ソーシャルメディア利用の概況

表 3.3.1 に示したように,10SocM を個別にみると,利用率,アクティブ率,性・年齢層ごとの分布が,それぞれ大きく異なる.ネット非利用者も含めた有効回答全体に対して,mixi,Mobage,GREE,Vine,LinkedIn の 5 つは利用率が 6% に満たない.特に LinkedIn は,実数でわずか 7 名に過ぎず,また,全員他の SocM を併用しており,平均 6.4 個(2 名は 10 個すべて)に達する.Vine(利用者実数 40 名)も,10 代男女で利用率が 1 割を超えているが,アクティブ率は全体で 1 割と低く,やはり全員他の SocM を併用しており,平均 5.1(16 名が 5 個,2 名は 10 個すべて)と高い.また,表 3.3.2 に示唆されているのだが,LinkedIn,Vine 利用者は,大都市部中心(LinkedIn は 7 名中 6 名が関東圏の人口 100 万以上都市,Vine は人口 100 万以上,人口 30 万〜100 万がそれぞれ 3 分の 1)であり,SocM であればとりあえず登録してみるタイプに利用されていると考えることができる.

mixi,Mobage,GREE は,スマホ普及以前の従来型携帯電話(ガラケー)時代には,ソーシャルゲームと SNS の要素とを兼ね備えた SocM であり,登録者数がいずれも 2000 万を超えていたが,スマホ普及に伴い,ゲームを中心としたサービスに移行している.表 3.3.1 をみると,Mobage,GREE は 20 代,30 代男性の利用率が他の年齢層,女性よりも相対的に高い反面,アクティブ率は低く,ゲーム利用が多いと推測される.また,表 3.3.2 で,GREE 利用と

の関連で世帯年収と婚姻状態が有意となっているが，GREE 利用者には，世帯年収 800 万以上がほとんどなく，未婚者がほぼ半数を占めている．

　他方，mixi は 20 代，30 代女性の利用率が Mobage，GREE に比べ相対的に高く，アクティブ率も 3 分の 1 程度あり，ゲームとともに SNS としても利用されていると考えられる．学歴も，Mobage，GREE が利用，未利用で学歴分布にほとんど差がないのに対して，mixi は短大・高専 37%，大学・大学院 42% と相対的に高い層の利用者が多い．ただし，10SocM で，mixi のみは 7 名に留まり，大半の利用者は他の SocM を併用している．これは，Mobage，GREE も同様で，Mobage のみ 3 名，GREE のみ 1 名に過ぎず，これら 3 サービスは，他の主要な SocM に加え，ゲームを中心とした娯楽，気晴らしメディアとして利用される傾向にあると言えるだろう．

　では，「他の主要な SocM」とは何か？　本調査からは，LINE の中心性が際立っている．表 3.3.1 を改めてみると，LINE は有効回答者全体の半数以上が利用しており，ネット利用者における利用率 6 割，10SocM 利用者における利用率は 85% に達する．また，アクティブ率も 8 割前後，性・年齢層別にみても，相対的に低い 40 代～60 代男性ですら 6 割以上あり，他の SocM とはかけ離れた水準にある．

　さらに，LINE の中心性を示すのは，表 3.4.1 である．表 3.4.1 は 10SocM に関して，当該 SocM 利用者が，他の 9 つの SocM を利用していない率（「単独利用率」）と，LINE 以外の SocM 利用者が LINE も利用している率（「LINE 併用率」）をまとめたものだが，LINE のみ利用者は 3 割（もちろん，ここにあげてある以外の SocM 利用はありうる）に達する一方，他の SocM 利用者の 4 分の 3 以上は LINE を併用している．特に 10 代～30 代女性で利用が拡がっている Instagram は，単独利用者がおらず，95% は LINE との併用である．

　この観点から独立性がやや高く，特異なのが Google+ である．Google+ については，総務省情報通信政策研究所が実施した「平成 25 年情報通信メディアの利用時間と情報行動に関する調査」（日本全国 13～69 歳男女，2013 年 11～12 月）での個別 SNS 利用率（有効回答全体に占める割合）の結果が，第 1 位 LINE（44.0%），第 2 位 Google+（27.3%），第 3 位 facebook（26.1%）となったことでも反響を呼んだ．この総務省調査公表の際には，Google と Google+ を混同し

3 ソーシャルメディアと動画サイトの利用

表 3.4.1　10SocM 単独利用率・LINE 併用率　(%)

	単独利用率	LINE 併用率
LINE	29.7	—
facebook	4.8	85.1
Twitter	2.3	87.3
Google+	14.1	74.6
Instagram	0.0	94.9
mixi	8.6	77.8
Mobage	4.1	83.6
GREE	2.1	80.9
Vine	0.0	97.5
LinkedIn	0.0	85.7

表 3.4.2　性・年齢層別 10SocM 利用率上位 4 位

		1位	2位	3位	4位
女性	10代	LINE	Twitter	Instagram	facebook
	20代	LINE	facebook	Twitter	Instagram
	30代	LINE	facebook	Twitter	Instagram
	40代	LINE	facebook	Twitter	Google+
	50代	LINE	facebook	Twitter・Google+（同率3位）	
	60代	LINE	Google+	facebook	GREE
男性	10代	LINE	Twitter	Google+	facebook
	20代	LINE	Twitter	facebook	Google+
	30代	LINE	facebook	Twitter	Google+
	40代	LINE	facebook・Google+（同率2位）		Twitter
	50代	LINE	Google+	facebook	Twitter
	60代	Google+	LINE	facebook	Twitter

たのではないかという疑念も社会には起こったため，本調査では，「Google+（グーグルプラス）」とカタカナ表記を併記した上で，「※Google での検索，Gmail とは別のサービス」という注記も加えた．

　結果は，有効回答全体に対する利用率で 17.7% に達し，総務省調査よりも低いが，facebook，Twitter に次いで多い．特異なのは，多くの SocM は，利用者が 10 代〜30 代に偏っているのに対して，Google+ は年齢層を問わず 15〜30% 程度利用され，そのため，ネット利用者に占める利用率が，年齢層があがるにつれて高まり，他の SocM との関係においても，利用者が相対的に多くなる（しかも，男性の方が相対的に高い）．その結果，表 3.4.2 に示したように，40 代，50 代，60 代と相対的順位が上がり，60 代男性では LINE をも凌いでい

る．

　ところが，さらに特異なことに，アクティブ率が際だって低い．全体平均で11.6％，性・年齢層でみると，利用率自体は相対的に高い50代，60代でアクティブ率が0％となっている．つまり，登録はしていても，投稿・書込はほとんどしていない．これらのデータから，Google+利用者は，Googleアカウント設定の際に自動的に生成されるGoogle+アカウントを認識しており，何度かは自分のページや他の利用者のページを閲覧したことのある利用者ではないかと推察される．

3.5　LINE，facebook，Twitter

　表3.3.1，3.4.2に見られるように，LINEに次いで普及しているのがfacebook，Twitterである．facebookは男女問わず，Twitterは，アクティブ率も含め，10代，20代での活発な利用が際立っている．他方，表3.4.1にみられるように，facebook，Twitterそれぞれは単独利用がほとんどない．そこで，LINE，facebook，Twitter，3SocM利用の組合せをまとめたのが表3.5.1である．

　ここでは，10SocM利用者において，LINE，facebook，Twitterの利用のみに関心を絞り，①3SocM利用，②LINE＋facebook，③LINE＋Twitter，④facebook＋Twitter，⑤facebookのみ，⑥Twitterのみ，⑦LINEのみ，の7種類（これらは，3種類以外のSocM利用を問わないので，「LINEのみ」といっても「LINE＋Instagram＋……」等の可能性はある）と，3種類の利用はなく，他のSocM利用はある回答者（⑧その他SocM）の8種類に分けている．

　表3.5.1をみると，先述したLINEの中心性が改めて明瞭に示されている．⑦LINEのみが36％に対して，④facebook＋Twitter，⑤facebookのみ，⑥Twitterのみを合わせても10％に満たない．こうした分布を踏まえ，④facebook＋Twitter，⑤facebookのみ，⑥Twitterのみを1つのカテゴリー（facebook and/or Twitter）（＝E）とし，①3SocM利用（＝A），②LINE＋facebook（＝B），③LINE＋Twitter（＝C），⑦LINEのみ（＝D），⑧その他SocM（＝O）

表 3.5.1 LINE, facebook, Twitter の利用パターン (fBLT)

利用パターン	利用率 ($N=835$) (%)
① 3SocM 利用	19.9
② LINE+facebook	16.4
③ LINE+Twitter	12.3
④ facebook+Twitter	2.3
⑤ facebook のみ	4.1
⑥ Twitter のみ	2.5
⑦ LINE のみ	36.0
⑧ その他 SocM	6.5

と合わせ,10SocM 利用者を合計6つのカテゴリーに分ける変数(以下「fBLT」と表記)として,カテゴリー間の差異がみられないかを検討した.

まず,表3.3.2と同様,fBLT を目的変数とし,性別,年齢層,学歴,婚姻,生活水準,職業,世帯年収,都市規模,地方の9変数を説明変数として,名義ロジスティクス回帰分析を行った.尤度比検定の結果,年齢層(p値<0.0001),学歴(p値=0.0007),婚姻(p値=0.0019)が5%水準で有意であり,年齢層,学歴,婚姻状況ごとの fBLT 分布を図示したのが図3.5.1である.

年齢層に関しては,10代では,Twitter 利用が(10SocM 利用者において)3分の2程度に対して,facebook は3割にも届かない状況から,20代では facebook 利用が3分の2程度に拡大することで,fBLT 3種類とも利用者が4割~5割に達する.30代からは,年齢層を追うごとに,Twitter,facebook 利用が大きく減少し,LINE も徐々に利用率が下がる一方,Google+ が相対的に拡大することで,図にあるような A,B,C の部分が減り,E,O が拡大するベクトルが生じている.学歴に関しては,学歴が高くなるほど facebook 利用率があがり,LINE だけの利用が減っている.また,未既婚では,未婚者に比べ既婚者は,Twitter の利用率が低く,LINE だけの利用が高い.

こうした分布を fBLT カテゴリーごとの年齢層,学歴,婚姻状況からみたのが図3.5.2から図3.5.4である.有効回答全体に対して,10代,20代はそれぞれ1割(合計21%),30代15.6%を含めても36%に過ぎず,10SocM 利用者でも10代(13.5%),20代(16.3%),30代(22.2%)と10代~30代でようやく過半数(52%)である.ところが,3種類利用(A)は10代,20代で過半数(52.4%),LINE+Twitter では10代で半数近くに達し,40代以上はそれぞれ

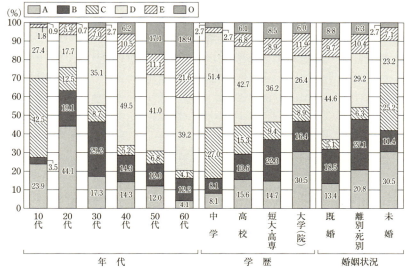

図 3.5.1 社会経済的属性別 fBLT 分布

縦軸：A＝3SocM 利用，B＝LINE＋facebook，C＝LINE＋Twitter，D＝LINE のみ，E＝facebook and/or Twitter，O＝その他 SocM（3SocM 利用はない）．A〜E も，それぞれの該当 SocM に加え，他の7種類の SocM 利用を排除しない．

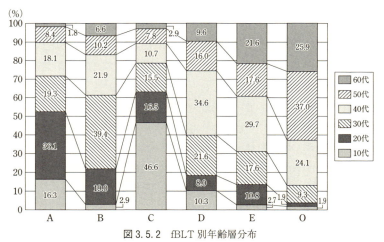

図 3.5.2 fBLT 別年齢層分布

横軸の A〜O は図 3.5.1 と同じ．

3 ソーシャルメディアと動画サイトの利用

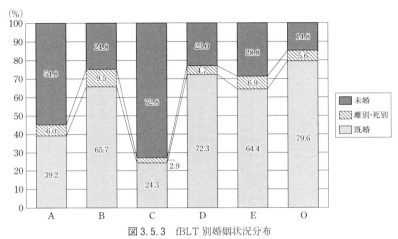

図 3.5.3　fBLT 別婚姻状況分布

横軸の A〜O は図 3.5.1 と同じ．

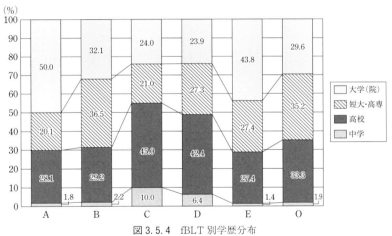

図 3.5.4　fBLT 別学歴分布

横軸の A〜O は図 3.5.1 と同じ．

3 割にも満たない（図 3.5.2）．こうした年齢層構成の違いは，未婚者が 3 種類利用で（A）55%，LINE + Twitter では 73% にも上ることに表れている（図 3.5.3）．このように，年齢層によって，fBLT は大きく異なり，とくに，3 種類利用者と LINE + Twitter 組合せ利用者は，若年層，未婚者が多い特徴をもっている．ただし，3 種類利用（A）では大学（院）卒が半数に達するのに対して，

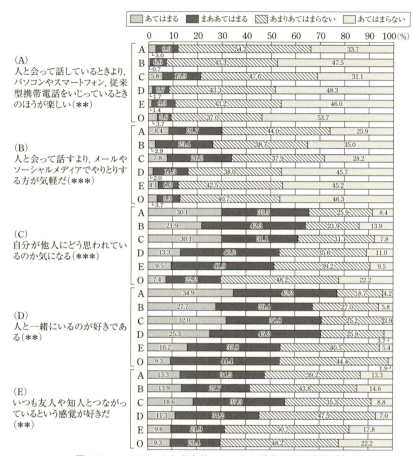

図 3.5.5　fBLT により有意差のみられた社会心理的変数（I）

縦軸の A～O は図 3.5.1 と同じ.
***$p<0.001$, **$p<0.01$, *$p<0.05$.

LINE＋Twitter（C）では高校卒が半数近いという学歴面での差異もある（図 3.5.4）.

実際, fBLT との χ^2 検定により, 5% 水準までで有意差が見られた社会心理的変数（25 項目の内 10 項目）をみると, こうした社会的属性分布が強く影響を与えている（図 3.5.5, 図 3.5.6）. まず, 対面よりもメディアコミュニケーションを選好する割合（項目 A, B）, 公的自己意識（項目 C）, つながり志向（項目

3 ソーシャルメディアと動画サイトの利用

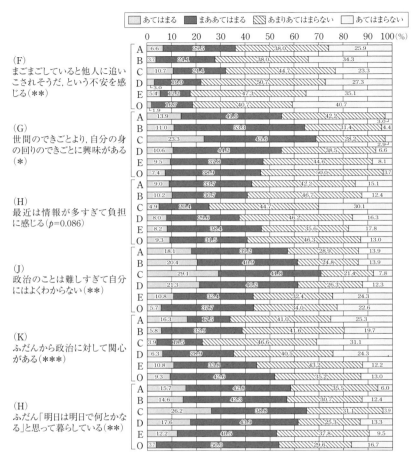

図 3.5.6 fBLT により有意差のみられた社会心理的変数（II）

縦軸の A〜O は図 3.5.1 と同じ.
***$p<0.001$, **$p<0.01$, *$p<0.05$.

D，E），競争不安（項目 F），私生活優先（項目 G）は，「あてはまる」という明確な肯定，あるいは「まああてはまる」まで含めた肯定が，3 種類利用者と LINE＋Twitter 組合せ利用者で高く，10 代，20 代，独身者が多いことと関連している．

また，10％ 水準で有意だが，情報過多意識（項目 H）は，LINE＋Twitter 組合せ利用者が他のカテゴリーに比べ顕著に低い．属性との関係をみると，10

代，独身者で情報過多意識は同様に低く，特に10代は，年代効果なのか，世代としてこの傾向が持続するのかは今後留意する必要があるだろう．政治的関心（項目 J，K）も，LINE＋Twitter 組合せ利用者のみが顕著に低く，これは学歴の要素が働いている．

これら社会心理的変数との関係でもっとも興味深いのは，今此処主義（利那主義）的傾向（項目 H）である．図3.5.6に示されているように，LINE＋Twitter 組合せ利用者は「あてはまる」という強い肯定が4分の1を越え，突出している．ところが，この項目は，性別，年齢層，学歴，婚姻ではさほど大きなグループ間の差異はない．つまり，今此処主義の肯定が Twitter 利用と直接結びついている可能性がある．筆者は，別の論考（『デジタルネイティブの時代』2012，平凡社）で，日本社会において，mixi（当時），facebook，Twitter が三大 SNS となっているのは，社会構造上の必然性があると論じた．

つまり，mixi が「コミュニティ」（集団メンバーが互いに知り合いである村落共同体的関係），facebook が「ソサエティ」（産業化，都市化された自律的個人による合理的関係），Twitter が「コネクション」（成熟した高度消費社会において互いに便益を最大化しようとする，都度ごとに形成される関係）という社会を構成する主要な関係原理を表していると主張し，mixi，facebook，Twitter の三者鼎立状態とその中での mixi の優勢は，日本社会におけるこれら3つの原理のせめぎ合いと，既知関係（「世間」）の重要性にもとづくと議論した．

本調査の結果は，LINE が mixi にとって代わっていることと，Twitter の「コネクション」原理が10代，20代に拡がっていることを示していると解することができる．

3.6 動画サイトの利用

本調査では，質問票調査において，YouTube，ニコニコ動画など動画サイトの利用有無と頻度に関し，「ほぼ毎日」「週に数回」「月に数回」「月に1回以下」「みない」の5件法でたずねている．そこで，まず，「みない」を「非利用」，それ以外を「利用」の目的変数（動画サイト利用・非利用）とし，性別，

3 ソーシャルメディアと動画サイトの利用

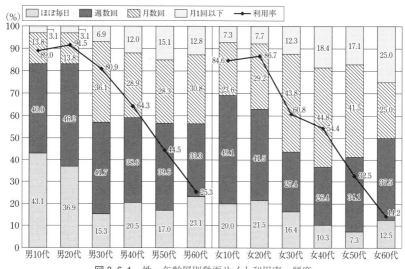

図 3.6.1 性・年齢層別動画サイト利用率・頻度

年齢層，学歴，婚姻，生活水準，職業，世帯年収，都市規模，地方の9変数に加え，10SocMに関して，アクティブ利用（非利用，閲覧のみ利用，アクティブ利用），利用数（6段階），利用頻度（6段階）の3変数も説明変数として，順序ロジスティクス回帰分析を行った．

その結果，5％水準で有意であった，性別（$p=0.0006^{***}$），年齢層（$p=<0.0001^{***}$），学歴（$p=<0.0001^{***}$），生活水準（$p=0.0353^{*}$）の4変数（性別，年齢層は性・年齢層でまとめ，学歴，生活水準と関連のある世帯年収も含めた）ごとの動画サイト利用をまとめたのが図3.6.1，図3.6.2である．

各図は，利用率を折れ線グラフで示すとともに，利用者における「ほぼ毎日」等の利用頻度割合を縦棒グラフとして表している（有意差は，折れ線グラフの利用率（利用／非利用）によるものである）．まず，性・年齢層をみると（図3.6.1），10代，20代男性が，利用率9割，週数回以上8割以上，次いで，10代，20代女性も利用率85％，週数回以上3分の2と，顕著に高く，動画サイト視聴が，10代，20代の日常に深く浸透している様子がうかがえる．他方，30代から60代にかけては，利用率が年齢層にしたがって大きく低下するが，利用者における利用頻度の割合はさほど変わらない．男性の場合，週数回以上

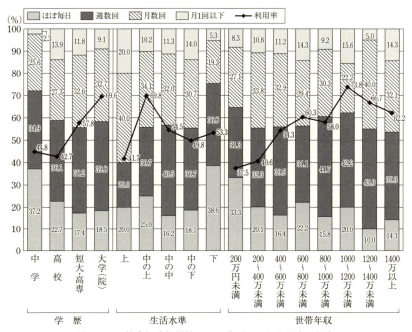

図3.6.2 社会経済的属性による動画サイト利用率・頻度

の割合は，30代から60代まで56〜59%でほぼ一定しており，女性は男性よりもやや低く，4割から5割程度だが，年齢層とともに下がるわけではない．

ついで，学歴，生活水準（図3.6.2）だが，中学校，高校，短大・高専，大学と学歴が高いほど利用率も高く，生活水準は，「中の上」で7割ともっとも高い[1]．世帯年収（$p=0.0864$）は，最上位層は年齢が高くなるため，1000万〜1200万がもっとも高い利用率水準となり，5%水準では有意ではないが，学歴，生活水準と相互に関連しあっている．「中の上」という回答者では，大学・大学院が52%と過半数を占め，世帯年収800万円以上が61%に達する．学歴が中学，高校の場合，世帯年収600万円未満が7割を超える一方，大学・大学院では44%に過ぎない．

このように，ネット動画利用率に関して，学歴，生活水準，世帯年収と一定の正の相関性が見られるのは，スマホ，パソコンネットの利用料金と関連があると仮説を立てることができる．ネット動画を快適に利用するには，有線，無

線を問わず，高速ネット回線が必要であり，端末費用まで考えれば，月1万円以上支出せざるをえない．本調査では，利用ネット回線の種類や月額支出をたずねておらず，生活水準，世帯年収との関係は不明だが，ネット動画利用は，SocM以上に高速ネット回線に依存しており，本調査にみられる利用率の差異は，21世紀におけるデジタルデバイドの様態を示唆している可能性があり，今後の調査研究で留意すべき点だと考える．他方，利用頻度そのものは，中学，下，200万円未満でそれぞれ顕著に「ほぼ毎日」利用が高まっており，この点についても，同様に，今後の調査研究の課題として指摘しておきたい．

3.7 動画サイト利用とSocM利用

さて，表3.3.1，図3.3.1から図3.3.3と図3.6.1をみると，SocM利用と動

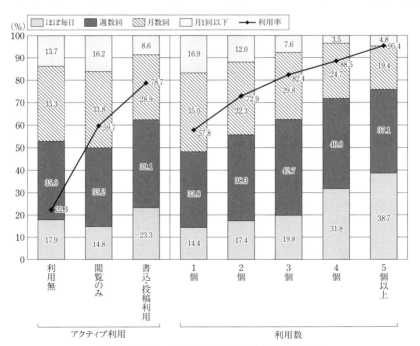

図3.7.1 10SocM利用と動画サイト利用との関係

表 3.7.1　10SocM 利用ごとの動画サイト利用平均値の比較（HSD 検定結果）

アクティブ利用	N	平均	HSD	10SocM 利用数	N	平均	HSD
非利用	524	4.43	A	非利用	523	4.42	A
閲覧のみ	238	3.52	B	1個	277	3.58	B
投稿・書込	588	2.82	C	2個	229	3.10	C
				3個	159	2.74	CD
				4個	96	2.34	DE
				5個以上	65	2.05	E

HSD 検定の列は，異なるアルファベット同士が，5% 水準で有意差があることを示す．

表 3.7.2　10SocM，ネット動画利用・非利用の組合せ　(%)

		ネット動画	
		利用	非利用
10SocM	利用	44.4	16.9
	非利用	8.6	30.1

画サイト利用は，利用率や頻度の点で，性・年齢層ごとの分布が似ている．そこで，10SocM アクティブ利用（利用無，閲覧のみ，書込・投稿利用），10SocM 利用数と動画サイト利用との関係をみたのが図 3.7.1 である．同図から示唆されるように，動画サイト利用と SocM アクティブ利用，利用数には正の相関関係が認められる．

動画サイト利用（1＝ほぼ毎日〜5＝非利用）を連続変数とし，SocM アクティブ利用（利用無，閲覧のみ，書込・投稿利用の 3 群），SocM 利用数（非利用，1 個利用，2 個利用，……5〜10 個利用の 6 群）それぞれの群ごとで，一元配置分散分析による平均値（低いほど動画サイト利用度合いは高い）の比較を行った．表 3.7.1 は，Tukey HSD 検定による結果だが，「非利用」，「閲覧のみ」，「投稿・書込」と利用度合いが高まるにしたがい，また，SocM 利用数が増えるにしたがい，動画サイト利用頻度が有意に高まっている．

このように SocM 利用とネット動画利用とは相関性が高いが，すべての回答者が両方を利用しているわけではない．SocM 利用／非利用，ネット動画利用／非利用の組合せをみると，表 3.7.2 のように，両利用が 44% ともっとも多いが，SocM のみ利用 17%，ネット動画のみ利用 9% と合わせて 4 分の 1 を超える．

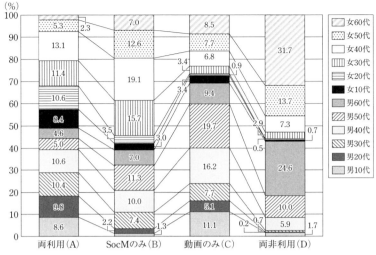

図 3.7.2　SocM・動画各群ごとの性・年齢層分布

　このSocM利用とネット動画利用の組合せ（本節では以下，変数としては「SocM・動画」と表記する）は，性・年齢層により大きく異なる．図3.7.2に示されているように，両利用（A）は男女ほぼ半々で，男女とも10代から40代で8割程度を占める．対照的に，両非利用（D）は，女性がやや多い（57%）が，男女とも50代，60代が8割程度を占め，60代だけで55%を超える．「SocMのみ」（B），「動画のみ」（C）も，それぞれ性・年齢層による偏りが顕著である．前者は，性別でみると女性が6割と多く，年齢層では，10代，20代が少なく（合わせて10%），30代〜50代で4分の3（76%）を占めており，女性30代〜50代が全体のほぼ半数（47%）に達する．後者は，性別で男性が，年齢層では40代〜60代が7割近くに達し，男性40代，50代が全体の36%を占める（なお，学歴，生活水準，世帯年収，職業では，こうした性・年齢層の偏りを考慮に入れると，大きな差異は見られなかった）．

　こうした性・年齢層構成の違いは，まず，利用端末の違いと結びついている．本調査では，パソコン，タブレット，スマホ，従来型携帯電話4種類の機器での「メール，メッセージ利用」と「サイト，アプリ利用」をきいており，ここでは，SocM・動画と，これらネット利用との関連をみた．

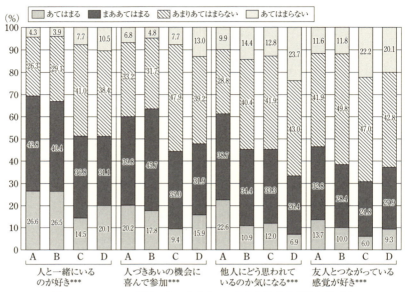

図 3.7.3 SocM・動画による有意差のみられた社会心理的変数（I）

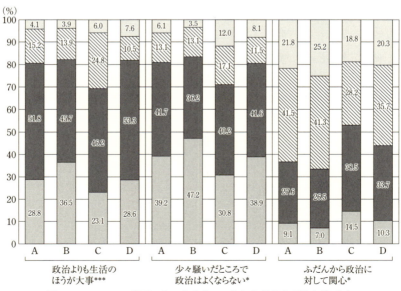

図 3.7.4 SocM・動画による有意差のみられた社会心理的変数（II）

図 3.7.3 と図 3.7.4 の横軸は A＝両利用，B＝SocM のみ，C＝動画のみ，D＝両非利用．

すると，両非利用 (D) は，4 割がネットを利用しておらず，ネット利用者の 4 割が従来型携帯電話でメールのみの利用であった．両利用 (A) と SocM のみ (B) は，スマホのみと複数利用でほぼ 95% 以上を占め，従来型携帯電話のみ，PC のみ，タブレットのみはほとんどない．両利用 (A) では，スマホのみ 24%，複数利用 75%，SocM のみ (B) では，スマホのみ 35%，複数利用 59% である．それに対して，動画のみ (C) では，複数利用が 72% と両利用 (A) と同様だが，それ以外は，スマホのみは 7% に過ぎず，PC のみが 8% を占める．実際，「PC のみ」は有効回答全体で 28 人に過ぎないが，13 人が両非利用 (D)，9 人が動画のみ (C) である．動画のみ (C) の絶対数が限られていることを考えると，「PC のみ」利用の偏りは，特徴的と考えられる．

さらに，社会心理的態度との関係をみると，動画のみ (C) の「非社交性」と「政治性」が顕著である．図 3.7.3，図 3.7.4 にまとめたように，動画のみ (C) は，社会的つながりへの志向がもっとも弱い（孤立志向が高い）が，「ふだんから政治に対して関心がある」に肯定が半数を超え，政治的諦念，私生活優先主義的傾向への否定が 3 割程度ともっとも多い．これらのデータからは，動画のみ (C) が，社会的にやや孤立する一方，政治的意識はあり，スマホよりもパソコンでネットをする 40 代，50 代男性が中核的クラスターとなっていると解釈しうる．

SocM，動画は，検索，オンラインショッピングを除くと，インターネット利用の中核を成すものであり，両利用 (A) が多数派を占める一方，SocM のみ (B)，動画のみ (C) も一定の割合で推移すると考えられる．本調査の結果は，前節での議論も含め，動画利用についてより一層きめの細かい調査研究の必要性を示している．

3.8　SocM，動画サイト利用とテレビ視聴

SocM，動画サイト利用が活発な 10 代〜30 代では，テレビ視聴が以前ほどの重要性を持たなくなっているとも考えられるが，他方で，テレビを見ながら，SocM で番組についてコメントしたり，友人，知人と SocM を介して盛り上が

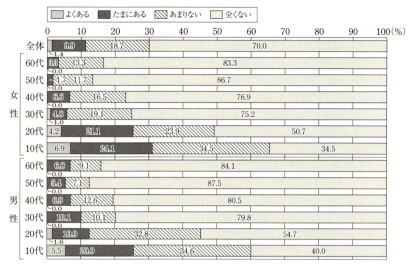

図 3.8.1　性・年齢層別 TV 番組関連書込・投稿有無・頻度（A）

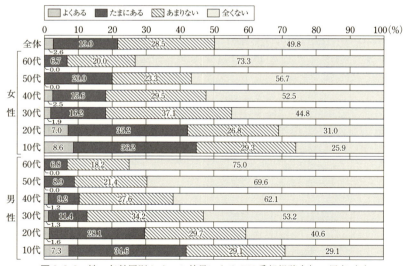

図 3.8.2　性・年齢層別クチコミ効果による TV 番組視聴有無・頻度（B）

3 ソーシャルメディアと動画サイトの利用

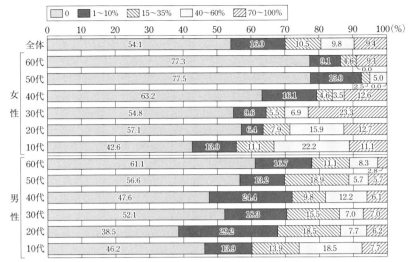

図 3.8.3 性・年齢層別動画サイト視聴における TV 番組映像割合 (C)

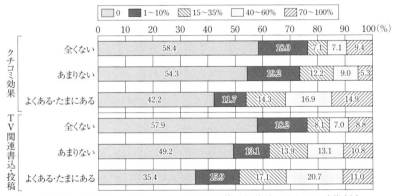

図 3.8.4 TV 関連書込・投稿，クチコミ効果と動画サイト TV 映像割合との関係

る，あるいはまた，見逃したテレビ番組や過去，地域外放映などのテレビ番組を動画サイトで視聴するといった情報行動もまた広く見られるようになっている．

　本調査では，SocM 利用，動画サイト利用とテレビ視聴について，以下の 3 項目をきいており，本節では，これらの質問項目に対する回答を分析する．

（A） 10SocM 利用者を対象に,「テレビ番組に関連すること」を書込,投稿する頻度(「よくある」「たまにある」「あまりない」「まったくない」の 4 件法)
（B） 10SocM 利用者を対象に,他者による「テレビ番組に関連すること」の書込,投稿を見たのがきっかけで,その番組を自分でも視聴した経験の頻度(「よくある」「たまにある」「あまりない」「まったくない」の 4 件法)
（C） 動画サイト利用者を対象に,ネット動画でテレビ番組の映像を見るか,否か,さらに,見る場合には,視聴ネット動画に占めるテレビ番組の割合(自由回答,整数値 %)

まず,（A）,（B）,（C）3 項目について,性・年齢層ごとの分布をまとめたのが図 3.8.1 から図 3.8.3 である.（C）については,1〜100% までの回答があったが,その度数分布から,1〜10%,15〜35%,40〜60%,70〜100% の 4 段

表 3.8.1 クチコミ効果と TV 関連書込・投稿との関係

		N	(A) TV 関連書込・投稿		
			よくある・たまにある (%)	あまりない (%)	全くない (%)
(B) クチコミ効果	よくある・たまにある	94	77.7	17.7	5.3
	あまりない	155	32.9	57.4	9.7
	全くない	581	9.6	22.7	67.6

表 3.8.2 TV 関連書込・投稿,クチコ

		(A) TV 関連書込・投稿			
		よくある	たまにある	あまりない	全くない
電子雑誌	よくある・たまにある	4.3	6.4	12.8	76.6
	あまりない	0.0	1.9	20.7	77.4
	全くない	0.7	3.6	11.5	84.2
メールマガジン	よくある・たまにある	9.6	27.7	24.5	38.3
	あまりない	8.4	23.2	27.7	40.7
	全くない	7.9	20.5	21.5	50.1
交通広告	よくある・たまにある	13.8	34.0	34.0	18.1
	あまりない	8.4	29.7	30.3	31.6
	全くない	6.7	23.6	31.3	38.4
屋外広告	よくある・たまにある	6.4	38.3	39.4	16.0
	あまりない	6.5	31.6	38.7	23.2
	全くない	4.5	20.7	41.3	33.6

***$p<0.001$, **$p<0.01$, *$p<0.05$.

3 ソーシャルメディアと動画サイトの利用

階に分け,動画サイトを利用しているがテレビ番組は見ないという回答を「0」とした.

テレビ番組に関する書込・投稿(図3.8.1)は,全体としてみると7割は全く行わず,「よくある」「たまにある」を合わせても11%に過ぎないが,10代,20代でみれば,半数程度は書込・投稿を行うことはあり,特に10代,20代女性では,「よくある」「たまにある」を合わせ,4分の1を超える.

SocMによるテレビ番組のバイラル効果(クチコミ効果)(図3.8.2)はより顕著である.全体でも半数程度は,書込・投稿をきっかけにテレビ番組をみたことがあり,女性の場合には,「よくある」「たまにある」が,10代,20代で4割以上,30代から50代でも2割程度に達する.

動画サイトでのテレビ番組映像視聴(図3.8.3)も,全体としてみた場合には,半数弱(46%)が見ることがあると答えており,テレビ番組映像を動画サイトで見る行動自体,社会に一般化していると言えるだろう.年齢層でみると,やはり10代,20代が多く,50代,60代と少なくなっていく傾向は見られる.ただし,男性は20代の6割から60代でも4割程度と世代を問わず視聴行為が拡がっているが,1〜35%という「ライトユーザ」が,10代で51%,20代以上はいずれも7割前後と多い.他方,女性は,男性に比べると行為者率自体は

ミ効果とメディア接触との関係　　　　　　　　　　　　　　　　　　　(%)

χ^2 検定 p 値	(B) クチコミ効果				χ^2 検定 p 値
	よくある	たまにある	あまりない	全くない	
0.0004***	2.8	5.6	17.2	74.4	0.0015**
	0.0	4.2	16.0	79.8	
	0.7	2.4	10.1	86.7	
0.2004	12.2	27.2	23.3	37.2	<0.0001***
	10.1	26.2	26.2	37.6	
	5.3	16.9	21.3	56.5	
0.0026**	10.6	31.7	34.4	23.3	0.0005***
	8.0	28.3	33.3	30.4	
	6.5	22.0	29.2	42.3	
0.0002***	6.1	35.6	42.2	16.1	<0.0001***
	5.9	25.7	44.3	24.1	
	4.1	19.3	37.9	38.7	

やや低い（特に50代，60代は2割強に留まる）が，視聴する動画の4割以上がテレビ番組映像という「ヘビーユーザ」が10代で6割，20代，30代は3分の2と多く，30代以下の女性の場合，ネット動画の主要な目的がテレビ番組映像視聴にある利用者が，ネット動画利用者の2割から3割程度いると考えられる．

　項目（A），（B），（C）の相互関係について確認すると，（A）と（B）とは相互に強く結びついており，クチコミ効果がある人ほど，テレビ番組関連の書込・投稿を行い（表3.8.1），クチコミ効果がない人の95％以上が書込・投稿もしない．（A），（B）と（C）との関係を見ると（図3.8.4），クチコミ効果が「全くない」と「あまりない」では，動画サイトでのテレビ番組視聴行為に差は見られないが，「よくある・たまにある」は行為者率が高まる傾向が見られ，書込・投稿は，その頻度に応じて，行為者率が高まる．

　こうした相互関係をみると，（A），（B），（C）はいずれも，テレビ番組への強い興味，関心と結びついているようにも考えられるが，本調査では，テレビ番組への興味，関心の強さ自体はきいていない．そこで，20種類のメディア接触頻度（問16）と，（A），（B），（C）との関係をみると，テレビとの結びつき以外の要素が浮かび上がる．問16では，テレビを地上波，BS，CS，ケーブルTVに分けるとともに，ラジオとネットラジオ，新聞（紙）と電子版新聞，雑誌（紙）と電子雑誌，フリーペーパー（紙）とメルマガなどを対比的に項目とし，さらに，交通広告，屋外広告，機内誌などの広告メディアについてもきいている（回答は，「よくある」「たまにある」「あまりない」「まったくない」の4件法）．

　TV関連書込・投稿（項目A），クチコミ効果（項目B）と各種メディア接触頻度との関係をみると，テレビ接触との関係に有意差（χ^2検定，5％水準以上）はみられない．項目（C）も同様だが，テレビ関係のネット行動は10代から30代が多い一方，テレビ視聴自体は50代，60代にとって大きな位置を占めており，地上波テレビ放送への接触頻度と，書込・投稿頻度やクチコミ効果の頻度とは相関しない．BS，CS，ケーブルTVなど，地上波放送に比べ，設備，契約など新たに付加する必要がある放送は，高齢者の方がむしろ利用率は高いため，一層，相関し難い．

　他方，表3.8.2にまとめた4項目は，書込・投稿，クチコミ効果との関係で

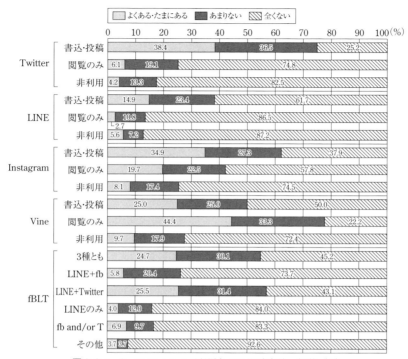

図 3.8.5 SocM アクティブ利用と TV 関連書込・投稿（A）

有意差が認められた主な項目である（「メールマガジン」の「書込・投稿」は除く）．これらをみると，TV 関連書込・投稿をしたり，クチコミ効果で TV 番組を見たりする人たちは，オンライン，オフラインを問わず，広告媒体，流行情報発信源に積極的に接する傾向を持つと考えられる．

このように，TV 関連書込・投稿（項目 A），クチコミ効果（項目 B）には各種メディア接触との間に一定の傾向が認められたが，動画サイトでのテレビ番組映像割合（項目 C）は，有意差が見られたのは，紙の新聞のみであった（映像割合が高いほど，新聞閲覧頻度は低い）．動画サイトでテレビ番組を見るという行為が，人々の生活でどのような意味を持っているかについて，別途掘り下げる必要があるだろう．

さて，項目（A），（B）は，SocM 利用を前提としていた．そこで，10 個の個別 SocM ごとに，アクティブ利用と（A），（B）との関係をみたところ，

第1部 日本人の情報行動の現状と変化

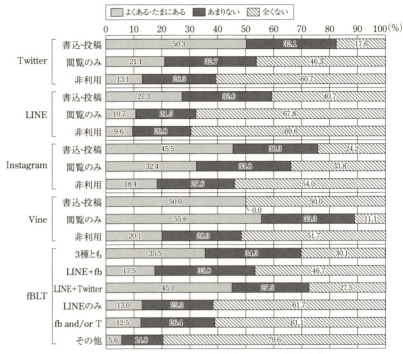

図3.8.6 SocMアクティブ利用とクチコミ効果（B）

Twitter, LINE, Instagram, Vine で, SocM の利用, 書込・投稿行為と, TV 関連書込・投稿（図3.8.5), クチコミ効果（図3.8.6）の頻度との間に有意な関係が認められた．もちろん, 図3.8.5, 図3.8.6で示されているのは, Twitter で TV 関連書込・投稿をしている, といったことではないが, これらをみる限り, facebook 利用は, こうした書込・投稿, クチコミ効果とは結びつかず, Twitter の書込・投稿利用と Vine の閲覧利用が強く結びついている（もっとも, Vine の閲覧利用者は36で, その内28名は Twitter の書込・投稿利用者である）．

本章第5節（3.5）でも議論したが, Twitter という SocM は, 人と人のつながり方・コミュニケーションのあり方が独特である．その利用が10代, 20代に偏っていることを踏まえ, 今後, Twitter が世代的特性として, 現在の10代, 20代に引き続き, 利用されるのか, 年齢層的なもので, やがて異なるコ

ミュニケーション様式に移行するかは，日本社会を考える上で，重要な視点であろう．

注
（1）「上」が4割ともっとも低いが，「上」の回答者は実数で12しかいないため，本節の分析からは除外する．

第 2 部　2015 年情報行動の諸相

4 この20年間での
テレビ視聴 vs. ネット利用

橋元良明

4.1 若年層のテレビ視聴時間は20年で半減

ここ数年，若年層のテレビ離れが議論されている．そのことは例えばビデオリサーチ社の発表する視聴率データでも確認できるが，筆者らが20年間にわたって実施してきたランダムサンプリングによる全国調査によって検証してみたい（なお，本章の一部は橋元（2016）と記述が重なる）．

図4.1.1は日記式調査から年齢層別にみたテレビ視聴時間（分）の推移である．また，図4.1.2はテレビ視聴行動の行為者率の推移である（なお，2000年

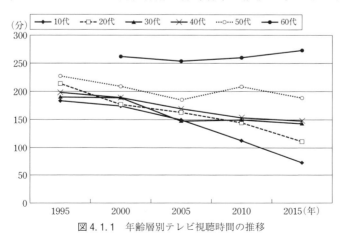

図4.1.1　年齢層別テレビ視聴時間の推移

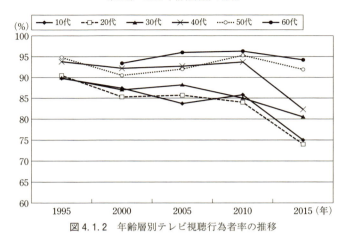
図 4.1.2　年齢層別テレビ視聴行為者率の推移

調査以前は，情報行動を主行動と副行動に分けてきいていたが，ここでは両者を足した数値をもちいている．また，1995年調査の対象者は59歳以下であった）．

図 4.1.1 に示されるとおり，テレビ視聴時間はこの 20 年の間に 40 代以下で低下傾向にあり，特に 10 代 20 代の減少が著しい．この 20 年間で 20 代は 213.8 分から 111.3 分，10 代は 183.5 分から 72.6 分へとほぼ半減している．

図 4.1.2 は行為者率（1日に一度でもテレビを視聴した人の比率）の推移を示したものである．同図に示される通り，1995 年から 2010 年までどの年齢層においても比較的安定していた行為者率も，2010 年から 2015 年にかけ，全年齢層で低下し，特に 2015 年には 10 代 20 代とも 75％程度まで低下した．1995 年と比較すれば，20 代で 16.5％，10 代で 14.8％の低下である．つまり，2015 年の任意の 1 日において，10 代 20 代の 4 人に 1 人がテレビのスイッチをまったくつけないということである．

4.2　テレビ視聴時間減少の要因

4.2.1　在宅時間

テレビ視聴時間は在宅時間の影響を大きく受ける．テレビ視聴時間を従属変数とし，性別，年齢，在宅時間を独立変数とした重回帰分析でも，影響力の目

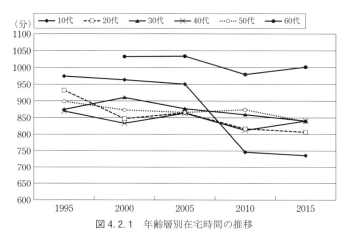

図 4.2.1　年齢層別在宅時間の推移

安となる標準回帰係数は在宅時間（0.361, $p<0.001$）が年齢（0.284, $p<0.001$）をも凌いでもっとも大きい．特別なイベントがあったような日は別として，通常の生活者にあってテレビは在宅時間の中で習慣的にスイッチをいれるような行動により視聴するものだからである．

図 4.2.1 は年齢層別にこの 20 年間の在宅時間の推移を示したものであるが，20 年の間で在宅時間は 10 代で 238 分，20 代で 125 分減少している．なぜ，在宅時間が減少しているのかは筆者らの調査では十分に解明できない．10 代の在校時間の増加は確認できているが，その他に，塾や課外活動，移動の時間の増加などが考えられる．

4.2.2　インターネット利用の増加

テレビ視聴時間減少の理由の 2 番目として，この 20 年間に若年層における娯楽ないし暇つぶしのためのメディアが多様化したことがあげられる．例えば，1995 年には 10 代のメディア利用行動としてテレビのほか「テープ等を聞く」（39.0 分）（この項目は 2015 年調査では定義の曖昧性から削除），「テレビゲーム」（30.7 分），「録画ビデオを見る」（10.9 分）などが主な情報行動であったが，2015 年には「自宅モバイルネット」（61.4 分），「自宅 PC ネット」（11.4 分），「録画視聴」（14.8 分），「非ネット系ゲーム」（19.8 分），「DVD 視聴」（3.5 分），など，多様なメディアに時間を分配している．

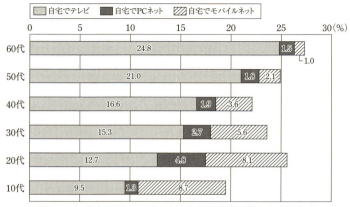

図 4.2.2　年齢層別テレビ／ネット利用時間の対在宅時間比率

　基本的には在宅時のメディア利用は自由時間の配分の問題であり，メディアに対する特別なこだわりがないとすれば，生活者全体で平均的に見て持ち時間に応じて相応に配分している．調査対象者全体では在宅時間の 20% 前後をテレビ視聴に分配しており，その比率は 1995 年以降，大きな変化はない．ただし，年齢が若くなるにつれ，年々，テレビに対する配分率は低下しており，2015 年には 10 代は 9.5% である（図 4.2.2）．低年齢ほど，テレビに対する分配比率が低下するのは，先述したような分配先の情報資源の多様化による．

　在宅時間が減少し，なおかつ分配先が多様化すれば，その結果として若年層のテレビの視聴時間は減少する．

　テレビ以外のメディアに対する自由時間の分配先でもっとも大きいのはネット，特にモバイルネットである．図 4.2.3 には 2005 年から 2015 年までのモバイルネットの利用時間の推移を年齢層別に示した．同図に示されるように 2005 年から 2015 年にかけ全年齢層でモバイルネットの利用時間は増加しており，2015 年には 10 代で 95.2 分，20 代で 102.4 分に達している．10 代ではモバイルネットだけでテレビの視聴時間（72.6 分）を超えている．

　図 4.2.4 は，10 代 20 代調査対象者全体について，PC ネットとモバイルネットの利用時間を自宅と自宅外での利用に分け，2010 年から 2015 年にかけての推移を示したものである．ここから，10 代（2015 年）ではネット利用時間（PC ネットとモバイルネットの単純合計）の 88.5% がモバイルネットであり，モ

4 この20年間でのテレビ視聴 vs. ネット利用

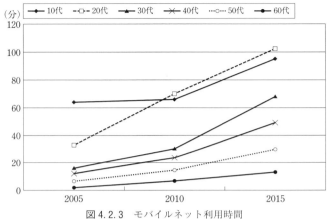

図 4.2.3 モバイルネット利用時間

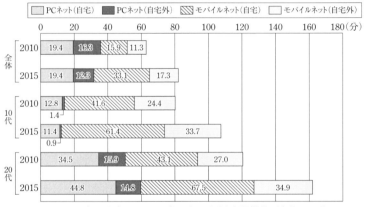

図 4.2.4 PCネットとモバイルネットの利用時間推移（全体・10代・20代，2010-2015年）

バイルネットの 64.5% が自宅での利用であること，PCネットの利用時間は 2010 年から 15 年にかけ減少傾向にあり，自宅での利用は 11.4 分しかないこと，等が読み取れる．20 代の PC ネットとモバイルネットの分布では 10 代ほどの偏りはないがやはりモバイルネットの利用時間の方が長く，モバイルネットの 65.9% が自宅での利用である．

PC ネットの自宅外利用は仕事や授業等での利用が多く含まれているため，自宅での利用に限定し，それとモバイルネットとを合わせた「ネット利用時

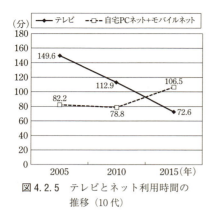
図 4.2.5 テレビとネット利用時間の推移（10代）

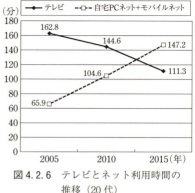
図 4.2.6 テレビとネット利用時間の推移（20代）

表 4.2.1　2000年調査のおもなメディア利用行動（10代〜60代平均）

メディア利用行動	時間（分）
テレビ視聴	201.1
パソコンで作業	29.8
ラジオ聴取	29.4
新聞を読む	21.8
（参考）汎インターネット	8.6

間」とテレビ視聴時間の推移を10代20代で見たのが図4.2.5（10代）と図4.2.6（20代）である．10代20代ともこの5年間でモバイルネットの利用が大きく伸びたが，2011年以降，爆発的に普及したLINE等のソーシャルメディアの利用に負うところが大きい．その結果，2015年には10代20代ともネット（自宅PCとモバイルネットの単純合計）でテレビの視聴時間を凌駕した．このことの情報行動史上の意義はきわめて大きい．

テレビの普及以降，日本人の情報行動は圧倒的にテレビ視聴がその中心を占めていた．例えば，筆者らの2000年調査で主なメディア利用行動は表4.2.1の通りである（当時は主行動と副行動に分けて記録させており，下記の結果はその合計．数値は10代から60代までの全調査対象者の平均値）．

ちなみに1995年調査では調査対象者全体で「テレビを見る」（203.3分）の他は「ラジオを聞く」（36.7分），「新聞を読む」（25.5分），「テープ等を聞く」（20.2分）などがおもな情報行動であり，やはりテレビが圧倒的に情報行動の

中心であったことがわかる．それが2015年に10代20代において，時間量でインターネット利用に凌駕されたわけである．日本においてテレビ放送が始まって60年を超えたが，その歴史で初めての出来事である．

4.3 時刻別にみたテレビ視聴行動の変化

これまで10代20代においてテレビ視聴時間が減少しつつあり，逆にインターネット，特にモバイル経由のアクセスが増加したことを述べてきた．本節では10代20代において時刻別に見ればテレビ視聴構造にどのような変化があったのかを検証する．

図4.3.1，図4.3.2は10代20代において2005年から2015年にかけ，時刻

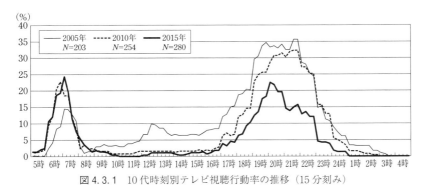

図4.3.1 10代時刻別テレビ視聴行動率の推移（15分刻み）

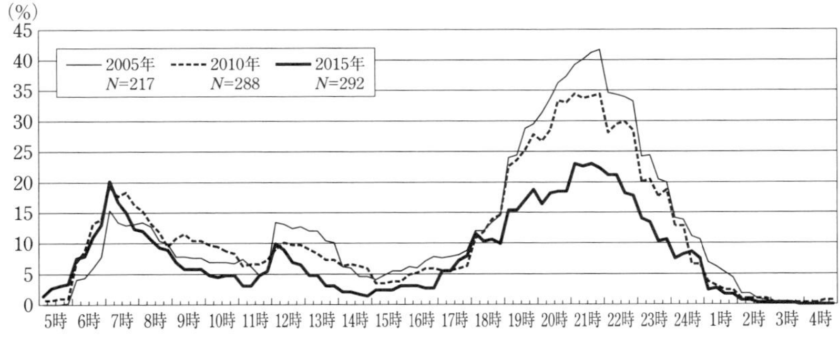

図4.3.2 20代時刻別テレビ視聴行動率の推移（15分刻み）

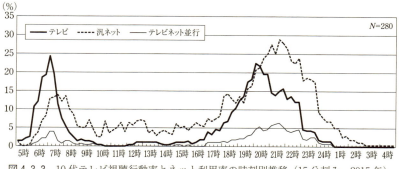

図 4.3.3　10代テレビ視聴行動率とネット利用率の時刻別推移（15分刻み，2015年）

図 4.3.4　20代テレビ視聴行動率とネット利用率の時刻別推移（15分刻み，2015年）

別（15分刻み）視聴行動率の推移にどのような変化があったかを示したものである（第1章1.2節も参照．ただし1.2は60分単位での視聴行動率．なお，日記式の調査対象日は2日間であるが，割り当て期間に2パターン，3曜日を用意しているので実質的に平日6日間の平均になる）．

　図4.3.1に示されるとおり，10代では2005年以降，9時台以降の昼間のテレビ視聴行動率も減少しているが，特に特徴的なのは2010年から2015年にかけ，19時台以降夜間のテレビ視聴行動率が大きく減少している点である．

　20代については（図4.3.2）18時までの視聴行動率について大きな変化はないが，10代同様19時以降の夜間のテレビ視聴行動率が2010年から2015年にかけ大きく減少している．

　では夜間に若年層は何をしているのか．図4.3.3は10代，図4.3.4は20代におけるテレビ視聴行動率と汎ネット利用率（機器，場所，内容を問わずともか

くインターネットを利用している人の率), テレビ視聴行動とネット利用行動の同時並行行動率を示したものである.

同図に示される通り, 10代は20時30分台以降, 20代は20時台以降(途中21時30分台に一時的にテレビがネットを上回る), ネット利用率がテレビ視聴行動率を上回っている. つまり, 10代20代の一部はおおむね20時以降の夜間, テレビ視聴に代えてインターネットにアクセスし, その分, 5年間でテレビ視聴行動時間が減少したことになる. ちなみに利用機器でいえば, 10代20代とも夜間の「汎ネット」の大半がモバイル機器によるものである.

4.4 ネット利用行動の中身

10代20代が夜間にテレビに代え, ネットにアクセスしているとすれば, 具体的にどのようなことをしているのか. 図4.4.1 (10代), 図4.4.2 (20代) では時刻帯別にネット利用の内訳を示した.「コミュニケーション系」とはメールまたはソーシャルメディアの利用である. 図を見れば, 10代も20代も, 夜の時間帯でもっとも多く利用しているのはコミュニケーション系サービスであることがわかる.

在宅自由時間におけるメディア利用は基本的には暇つぶしである. これまで若年層も夜の在宅自由時間の多くをテレビ視聴に割いてきた. それがネットの普及とともに,「おもしろさ」「楽しさ」を求めるメディアとしてネットがテレビに優先し始めた. 10代20代にとって, その「おもしろさ」「楽しさ」の対象は, ネット上の既成のコンテンツよりもむしろ人との交流である. おそらくネットの登場以前であれば, 電話で同等の機能を担うことができたと思われるが, 電話であれば完全に同期であるため, 相手を拘束することになり, そもそも相手が対応可能かどうかもわからない. また通信に要する費用も馬鹿にならない. ところがソーシャルメディアの普及により, 複数の相手と, それぞれの状況に応じて, ほとんどコストをかけずにコミュニケーションすることが可能になった. それで暇つぶしができるのであれば, 何も無理にテレビ画面に目を向ける必要はないわけである.

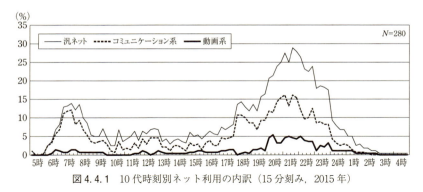

図 4.4.1　10代時刻別ネット利用の内訳（15分刻み，2015年）

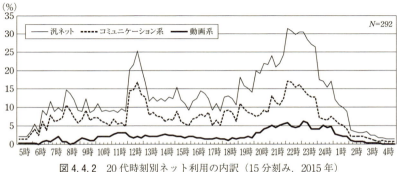

図 4.4.2　20代時刻別ネット利用の内訳（15分刻み，2015年）

　筆者らのデータからは，視聴者がテレビ番組にどの程度満足しているのかはわからない．おそらく，満足度の問題ではなく，そもそも一方的に複数の受け手に送られてくるコンテンツを受動的に見るより，より多くの楽しさや心のいやしをネット上の相手とのコミュニケーションに見いだしているというのが今の若者の現状だと言えるのではないか．テレビは，専念してみるにはじれったく，特にこちらから求めてみるほどものではない，というのが今の若者の実感だろう．テレビはネットの配信コンテンツに時間を奪われたのではなく，ネットを介した対人交流に時間を奪われたのである．

4.5 結婚によって変わるテレビ vs. ネット

10代20代の若年層はこの5年間でテレビ視聴時間が減少したが，それは主に夜間のネット利用時間が増加し，その分テレビ視聴が減少したことの結果であることを見てきた．

では，今の10代20代が年齢を重ねていっても，同じような傾向が続くのだろうか．筆者は「結婚」を機に，テレビ vs. ネットの構図がまた変化すると推測している．

図4.5.1, 図4.5.2は配偶者の有無に分けて，テレビ視聴率と汎ネット利用率の時刻別推移を示したものである．配偶者の有無は年齢によって変化が大きく，またテレビ対ネットの比較をする際，年層効果を回避するためにここでは

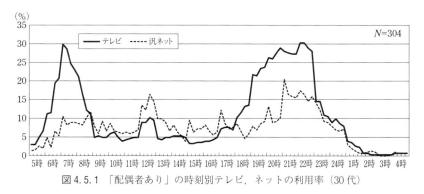

図4.5.1 「配偶者あり」の時刻別テレビ，ネットの利用率（30代）

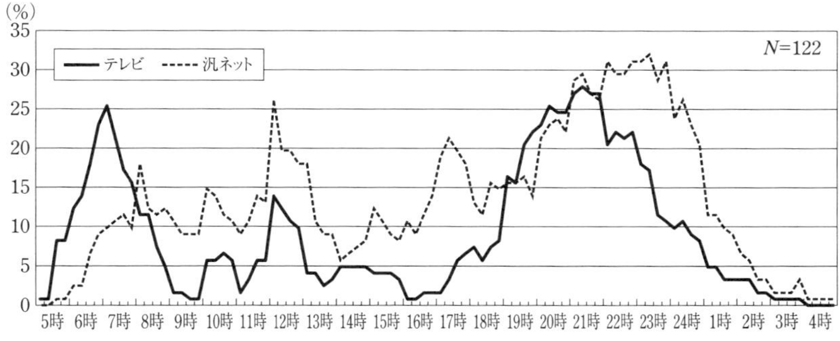

図4.5.2 「配偶者なし」の時刻別テレビ，ネットの利用率（30代）

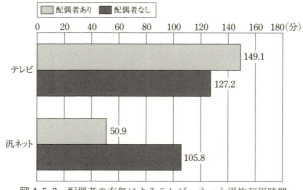

図 4.5.3 配偶者の有無によるテレビ, ネット平均利用時間 (30代)

分析対象を 30 代に限定した.

　配偶者の有無で大きく異相を呈するのは 20 時以降のネット利用である.「配偶者なし」は 20 時以降でネット利用率が増加を続け, 21 時にはテレビを凌駕する. 一方「配偶者あり」は夜間の大半, ネット利用率はテレビ視聴率に比べてかなり低い.

　図 4.5.3 に示すとおり 1 日の平均利用時間で見ても, 30 代の分析では,「配偶者あり」と「配偶者なし」ではテレビ視聴時間で配偶者ありが若干長く (危険率 5% 未満の水準で有意差なし), ネット利用時間では「配偶者なし」の方がかなり長い (危険率 0.1% 未満の水準で有意差).

　夜の自由時間, テレビは配偶者 (およびその他の家族) とともに視聴でき, 共通の暇つぶしの手段になりうるが, ネットは配偶者がそばにいては, 利用しづらい. あるいは, 配偶者のいない人は, 時間つぶしの対象を, テレビ視聴のほか, ネット上でのコミュニケーションに求めるが, 配偶者のある人はネットへの依存率が低くなる. 配偶者や家族とのコミュニケーションが, ソーシャルメディアによるネットでのコミュニケーションと同等の機能を果たすため, あえてネットにアクセスする必要がない.

　今後, テレビ vs. ネットの構図で見れば, 今後も若年層のテレビ視聴時間の減少が続くかもしれない. しかし, 配偶者の有無も考慮した分析結果から言えば, 現在の 10 代 20 代も, 彼らが結婚するとともに夜間のネット利用が減少し,

その分，テレビ視聴時間が担保される可能性はある．

参考文献

橋元良明（2016）テレビ視聴と日本人──「2015年日本人の情報行動調査」から見えたこと，TBS『調査情報』2016（1-2），No. 528, pp. 2-9.

5 移動と情報行動

是永　論

5.1 移動（モビリティーズ）の社会学から

　本章は，今回の日記式調査において得られたデータから，特に移動中に行われている情報行動に注目し，その実態を明らかにすることを目的としている．

　移動中になされる情報行動といっても，後で触れるように，実際に仕事の一部として行われているものは少ない一方，その大半は通勤や通学中の移動においてなされる短いものであり，1日の生活行動に占める割合も大きくはない．また，近年の「歩きスマホ」と呼ばれる現象として，駅構内や街の中を歩きながら携帯電話やスマートフォンを操作する場合のように，移動中に情報機器を操作する機会や行為者の数は以前に比べると大きく増加したと考えられるが，それ自身を情報行動として位置づけたとしても，行為時間そのものはテレビ視聴などの他の情報行動に対して，特に長いものとはいえないであろう．

　そこで，まず，こうした情報行動に注目する背景として，近年の社会学で展開している「移動」に対する特有な見方（パラダイム）について紹介しておくことにしたい．この見方における「移動」は特に「モビリティーズ（mobilities）」という複数形の単語で表現され，徒歩・自転車から鉄道，飛行機にいたるまで，社会の中で行われている様々な形の移動を対象としているが，もともとは自動車に代表される移動技術の普及によってもたらされた社会的な変化について研究することを目的としていた（Featherstone *et al.*, 2005＝2010）．

しかしながら，代表的な研究者の1人であるJ. アーリが，このパラダイムの出現を「移動論的転回（モビリティーズ・ターン）」と呼んでいるように，こうした研究は，単なる移動技術の普及と影響についての考察ではなく，むしろ「移動」という視点により，社会そのものの捉え方を，従来の静態的で非空間的な「社会構造」によるものから転換し，様々な社会空間に結びつけて動態的に考察するプロジェクトとして位置づけられている（Urry, 2007 = 2015）．

現代社会において，このパラダイムのもとで考察される対象としては，グローバルな規模で見られる移民や観光旅行といった，物理的な空間の広がりにおいてなされる移動が代表的であるが，その一方で，仕事や交友にともなう日常的な移動も対象となっている．特に後者については，人々が日常的に維持している人間関係やネットワークと結びついた「移動」として，携帯電話やインターネットなどの通信テクノロジーや，さらにはそうしたテクノロジー自体の移動性（モバイル）との関係から考察がなされている．そこから，移動について，コミュニケーションや相互行為の研究と接点を持った研究が展開しており，さらには相互行為における人々の個々の動作や身体の配置によって，移動に関係した経験がどのようにもたらされているのかを課題とする研究が，その分析方法自体の検討とともにいくつか見られる（Haddington *et al.*, 2015; Busher *et al.*, 2011; Elliot & Urry, 2010）．

こうした通信テクノロジーとの関係において，社会における「移動」は，通信手段に代替されることで，ただ一方的に減少するのではなく，個々人による通信テクノロジーの利用を通じた，様々なネットワークの形成と拡大によって，むしろ促進される可能性をもつ．このとき，携帯電話などの移動通信システムは，ネットワーク形成に対して「諸刃の剣」となることがアーリによって指摘されている．つまり，個々人において独自に形成されるネットワークが，通信テクノロジーごとに多様に拡大し，それぞれにおける他人との交信が移動中にも可能になることによって，人々は「目の前にいない他者と連絡がとれると同時に目の前にいない他者に監視されることにもなる」（Urry, 2007 = 2015: 330）．

そして，人々は移動において，こうした「個別化したネットワーク」との関係を維持するために，いわば「絶え間なき交信」（Katz & Askhus, 2002 = 2003）において，予定を調整，再調整し続けることになる（Urry, 2007 = 2015; Adey,

2010).

　以上のような背景について，移動中の情報行動は，人々における移動の機会の増加とともに，新聞・雑誌や書籍などの従来のマス・メディアから，メールなどの通信メディアを中心とした，移動中の行動の変化とその多様化について考察の対象となるといえる．また，それとともに，本章で実際に見ていくように，特に携帯電話やスマートフォンなどによるインターネットの利用を通じた，個々人における人間関係の維持・調整との関連において考察することができる．

5.2　移動中における情報行動の実態

　前節で見たような問題意識を背景としながらも，今回の日記式調査およびアンケート調査において得られたデータは，本来は情報行動についての調査として行われたものであり，人々の具体的な移動状況やネットワークそのものを対象としたものではない．そのため，手続きとしては，日記式調査において「あなたのいた場所」として「移動中（交通機関，自動車，徒歩など）」を回答した時間中に行われた情報行動をすべて「移動中の情報行動」として扱うことになる．したがって，以降で見るデータは，通勤の電車などに限定されない，さまざまな移動の目的と手段について行われていることに注意する必要がある．また，各行動時間の数値は，日記式調査2日間の平均値として算出し，全体平均時間については，2日間を通じて「移動中」という回答を全く行わなかったものを除いて全体（$N=1231$，全回答者中の 90.4%）としている．なお，1日ごとの行動をそれぞれ一人の行動とした場合（$N=2724$），「移動中」の行為者率は 83.8%，全体平均は 84.4 分，行為者平均は 100.7 分となる．

　移動中の情報行動についての既存研究は国内でほぼ例がなく，英国では鉄道乗客に限ったものであるが，2004 年に 2 万 6221 人を対象に行った調査がある（Lyons et al., 2007）．そこでもっとも行われている行動は，娯楽として読むこと（reading for leisure）であり，全体のほぼ半数（往路 53% および復路 56%）が，移動時間のいくらか（some）を読むことにあてていると回答している．通信に関しては，移動時間のいくらかを電話かメールに費やすことは，私的な内容で

表 5.2.1 移動中の生活行動と情報行動

		全体平均時間(分)	行為者率(%)	行為者平均時間(分)
	N=1231			
生活行動	睡眠	0.1	0.2	33.8
	飲食・身じたく・家事, 買物など	3.4	12.8	26.6
	移動(送り迎えも含む)	82.0	95.9	85.5
	仕事	2.4	7.0	35.0
	授業・勉強・クラブ活動	0.3	1.3	21.6
	趣味・娯楽・休息	1.8	5.1	34.6
情報行動	(モバイルで) メールを読む・書く	1.8	13.5	13.2
	(モバイルで) ソーシャルメディアを見る・書く	3.8	13.1	29.3
	(モバイルで) ソーシャルメディア以外のサイトを見る・書く	1.8	5.8	31.2
	(モバイルで) ネット動画を見る	0.3	1.2	21.5
	(モバイルで) ゲームをする (ネット経由・オンラインで)	1.3	4.5	27.9
	(モバイルで) 通話をする (LINEやスカイプは除く)	0.8	8.8	9.4
	上記の情報行動小計		46.9	
	(PCで) メールを読む・書く	0.5	2.0	22.5
	テレビ放送を見る	1.9	9.3	20.5
	新聞を読む	0.3	2.1	12.9
	マンガを読む	0.0	0.5	10.0
	雑誌(マンガを除く)を読む	0.0	0.3	15.0
	書籍(マンガ・雑誌を除く)を読む	1.0	2.6	39.4
	ラジオを聴く(ネット経由除く)	5.7	7.9	72.3
	上記の情報行動小計		24.8	
	上記すべての情報行動計		71.6	

19%, 仕事で8%と全体の4分の1程度が行っている(Urry, 2007=2015).

ここで今回の日記式調査の結果に移ろう. 表5.2.1は移動中に行われた生活行動と, 情報行動のうち, 1%以上の行為者率があったものを中心にそれぞれの全体平均時間と行為者平均時間を示している. 情報行動のうち,「マンガを読む」と「雑誌を読む」は, 行為者率1%未満ではあったが, 一般に通勤電車内などで見られる行動と考えて掲載している.

まず生活行動については,「移動」のほかに,「飲食や身じたく」が12.8%,「仕事」が7%となっており, 移動中の行動であっても, 単なる移動行動以外のものとして位置づけられている場合があることを示している.

情報行動については, それぞれ携帯電話・スマートフォン(モバイル)によって「メールを読む・書く」,「ソーシャルメディアを見る・書く」の行為者率がそれぞれ13.5%と13.1%となっており, モバイルでの行動が多くを占める

結果となった．行為者率は2日のうちに5分以上の当該行動をした人の割合を示すものであり，また個人が重複して情報行動を行う場合があるので，単純に加算しても全体中の行為者の割合を示すことにはならないが，表中の情報行動を加算した合計が71.6%となるうち，モバイルでの情報行動の合計が46.9%と，移動中の情報行動のうち，モバイルで行われる行動の比率が高い傾向を確かめることができる．

これに対して，従来のマス・メディアのうち，読む行動については，書籍が2.6%，新聞が2.1%であり，マンガと雑誌については1%に満たず，日常的に通勤電車内で目にするような光景とは印象が異なる結果となっている．また，日記式とは回答形式が異なるが，前述の英国での調査では，通勤時間に限ると電車で「読むこと」をする人々が62%を占めており，大きな数字の開きがある．ただし，今回の回答には自動車や徒歩など，通常読むことが行われない移動状況での情報行動も含んでいるため，単純な比較はできず，おそらく自動車内における行動を反映して，テレビやラジオの情報行動が相対的に高くなっていることも合わせて注意が必要である．

以上の傾向を確認した上で，以降では特に「テレビ放送を見る」，「新聞を読む」，「書籍を読む」，「ラジオを聴く」というマス・メディアでの行動と，モバイルでの「メールを読む・書く」，「ソーシャルメディアを見る・書く」，「ソーシャルメディア以外のサイトを見る・書く」，「ゲームをする（ネット経由）」，「通話をする」という行動を中心に取り上げ，属性について比較する．

図5.2.1は，男女別に見た移動中の情報行動の行為者率を比較したものである．

グラフが山型になっているものが男性の行為者率が高い行動で，「新聞」（3.1%）と「ラジオ」（9.5%）が該当する．これに対して，グラフがV字型になっている，「モバイルでのメール」（15.7%）と，「モバイルでのソーシャルメディア」（16.0%）は，女性の行為者率が高くなっており，移動中の情報行動としては，男性はマス・メディア，女性はモバイル・メディアで行われる傾向が高いといえる．

図5.2.2では，年齢層別に移動中の情報行動の行為者率を比較している．特に際立っているのは，「モバイルでのソーシャルメディア」（35.6%）と，「モバ

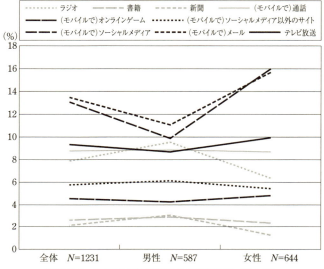

図 5.2.1 移動中の各情報行動の行為者率（男女別）

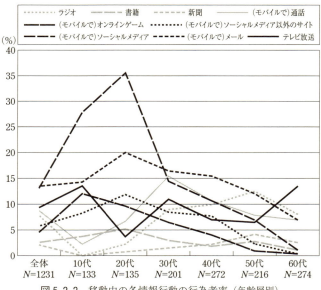

図 5.2.2 移動中の各情報行動の行為者率（年齢層別）

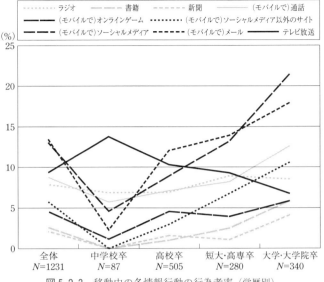

図 5.2.3　移動中の各情報行動の行為者率（学歴別）

イルでのメール」（20.0%）における 20 代の行為者率の高さである．20 代については，「ソーシャルメディア以外のサイト」（11.9%）と，「書籍」（5.2%）も他の年齢層に比べて高くなっている．このほかの年齢層としては，10 代では「モバイルでのオンラインゲーム」（12.0%），30 代で「モバイルでの通話」（15.45%），50 代での「新聞」（4.2%）と「ラジオ」（12.5%）の行為者率が他の年齢層に比べて高くなっている．

このほか，テレビ放送は 20 代の行為者率がもっとも低い（3.7%）のに対して，10 代（13.5%）と 60 代（13.5%）で高くなっている．

以上から，移動中の情報行動においても，20 代以下の若い年齢層はモバイルでのネットの利用行動が多く，50 代以上ではマス・メディアの行動が多いという，情報行動についての一般的な傾向がそのまま反映された結果となった．しかしながら，テレビ放送については，10 代も多いなど，必ずしもその傾向と一致するものではなかった．

図 5.2.3 は，学歴別に移動中の情報行動の行為者率を比較している．テレビ放送を除いて，大学・大学院卒で，移動中の行動の行為者率が高くなっており，

特に「ソーシャルメディア」(21.5%)と「メール」(17.9%)の割合が高い．これに対して，テレビ放送については，中学校卒における行為者率が13.8%ともっとも高くなっている．仕事による移動中の情報行動も含んでいるので，メールや通話などの比率が高くなる傾向には，職種による差なども反映されているものと考えられる．

5.3　移動中の通信行動

以降では，5.1節でみた人間関係・ネットワークと移動中の情報行動の関連に注目し，移動中の行為者率の高かった「モバイルでのメール」と「モバイルでのソーシャルメディア」に加えて，「モバイルで通話をする（ネット経由を含む）」を合わせたものを，「移動中の通信行動」として独自に定義し，他の変数との関連について，さらに詳しく見ていくことにする．

5.3.1　コミュニケーションに関する意識と移動中の通信行動

今回の調査では，アンケート調査において，コミュニケーションについての意識を質問項目としている．項目間の関連を整理するため，あらかじめ相関の見られた項目を因子分析にかけたところ，表5.3.1のような結果となった．

結果から，2つの因子が検出された．因子Ⅰは，人と一緒にいることや，人付き合いに関する積極的な意識を表すものと解釈され，「友人に対する積極

表5.3.1　コミュニケーションに関する意識の因子分析

	因　子	
	Ⅰ	Ⅱ
友達には何でも相談できる	.486	－.023
人と一緒にいるのが好きである	.849	－.083
人づきあいの機会があれば，喜んで参加する	.739	－.079
いつも友人や知人とつながっているという感覚が好きだ	.558	.280
まごまごしていると他人に追いこされそうだという不安を感じる	－.152	.676
自分が他人にどう思われているのか気になる	.100	.638

因子抽出法：最尤法．
回転法：Kaiserの正規化を伴うプロマックス法．

表 5.3.2　移動中の通信行動に関する重回帰分析

	移動中の通信行動時間				通信行動時間	
	モデル 1		モデル 2			
	標準化係数	t 値	標準化係数	t 値	標準化係数	t 値
友人に対する積極性	0.03	1.2	0.01	0.5	0.06	2.00* ③
他人から受ける自意識	0.14	4.7***	0.07	2.3* ④	0.05	1.73
性別ダミー			0.05	2.0* ⑤	0.05	1.81
年　齢			−0.15	−5.4*** ②	−0.19	−6.48*** ①
学歴の高さ			0.11	4.2*** ③	0.05	1.74
移動時間			0.31	11.4*** ①	0.09	2.96** ②
調整済み R^2	0.02		0.17		0.07	

***$p<0.001$, **$p<0.01$, *$p<0.05$.

性」の因子とした．因子 II は，他人と自分の関係についての意識を表すものと解釈され，「他人から受ける自意識」の因子とした．

さらに，それぞれの因子を構成する項目の得点を逆転して合計したものを説明変数としてモデル化（モデル 1）し，個々人における移動中の通信行動時間を目的変数とした重回帰分析を行った．ただし，行動時間の長さを変数としてとる場合，個人が移動に要する時間全体によって影響を受けるので，他の属性と合わせて移動時間を投入して（モデル 2），その変化を見た．

以上の結果を表したものが表 5.3.2 である．モデル 1 では「他人から受ける自意識」が有意な効果を持っており，モデル 2 で他の変数を投入してもその効果は相対的には低くなるものの，有意なままであった．一方で，属性の効果としては，やはり移動時間の長さがもっとも高いが，年齢をはじめとした他の変数についてもすべて有意な効果が見られた．

これに比較して，移動中に加えて，移動していない状態での「モバイルでのメール」と「モバイルでのソーシャルメディア」に加えて，「モバイルで通話をする（ネット経由を含む）」の行為時間を合計したものを「通信行動時間」とし，その目的変数に対してモデル 2 と同じ説明変数で重回帰分析を行った場合は，年齢がもっとも高い効果を示した．コミュニケーションに関する意識については，移動中とは異なり，「友人に対する積極性」が低いながらも有意な効果を示した．

以上から，一般的な通信行動の長さは，友人関係に対する意識によって促進

されており,さらに個人の移動時間が,他人との交流の度合いや本人の多忙さなどとして,行為時間の長さに関連していることが推測される.これに対して,移動中の通信行動は,移動時間が長いために,暇つぶしのように行われている意味合いも考えられる一方で,アーリらの指摘するような,「他人から監視されている」意識に近いものによって促進されている可能性がある.さらに,学歴の高さも関わる中で,職種にともなうネットワークの多様性が関係していることも推測される.

5.3.2 移動中の通信行動とメディア接触の傾向

5.2節で見たように,若い年齢層による,モバイルを中心とした移動中の通信行動の高さは,高齢層におけるマス・メディア中心の行動の高さと合わせて,今後,モバイル以外の情報行動の減少につながる可能性をもつと考えられる.

そこで,図5.3.1に示すように,移動中の通信行動を行う層と,全く行わない層に分けて,アンケート調査での,ソーシャルメディアの利用および,日常的なメディアへの接触頻度における「よくある」と「たまにある」の回答についての比率の合計を比較した.

結果から,移動中の通信行動を行う者(行為者)は,ソーシャルメディアの中でも,特にラインの利用率(73.8%)が高かったが,非行為者との利用の差についてはツイッターが大きい(行為者39.8%に対して非行為者17.4%).また,

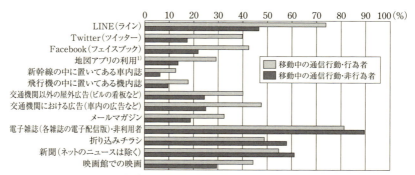

図 5.3.1 移動中の通信行動の行為者別にみたメディア利用

[1] 地図アプリ(Googleマップなど)については,「ほぼ毎日/週に数回利用する」の合計.
いずれも5%未満の水準で,行為者と非行為者間で有意差あり.

地図アプリ（29.1%）やメールマガジン（32.5%）などをはじめとして，行為者の方がインターネットの利用が全般的に活発であった．

　機内誌や車内の広告など，移動中に接触するメディアについては，行為者は非行為者よりも利用頻度が高く，移動中の通信だけに専念していて，他のメディアに関心を払わないような状況にいるわけではないことが明らかとなった．

　その点では，移動中の通信行動を行う者は，さまざまな情報メディアへの接触を積極的に行っている層であるともいえるが，チラシと新聞については，通信行動を行わない者よりも利用頻度が低かった．

　以上の結果については，単純な相関であり，移動時間の影響を除外していないため，移動中の通信利用者は，もともと移動を行う傾向が活発であるために，特に広告や車内媒体などの場合，多様なメディアに接触する機会がそれだけ多いことによって，頻度が高くなっているという可能性もある．しかしその場合においても，いわばネットやスマートフォンへの依存のような形で，通信行動への過剰な没入のあまり，移動中の接触により他のメディア接触が抑制されるような状態にあるわけではなく，映画館での映画利用も高いことなどから，移動中の通信利用者において，多様な情報への接触が活発な状態にあることが示唆される．

5.4　移動における「絶え間ない交信」

　すでに述べたように，本章で用いているデータは，情報行動を中心としたものであるため，通信行動をはじめとした移動中の情報行動が，いかなる社会的背景のもとに行われているかを明らかにするには，行為者の通勤時間や移動手段のほか，職種・業務内容や交友関係やネットワークなど，行為者の実生活に関わる詳しいデータを加えて検証する必要があるだろう．

　冒頭で紹介した「歩きスマホ」の現象については，スマートフォンに過剰に依存するがゆえに，あたかも移動中も目を離せない状態にいるような見方をされることがあるが，今回見たデータからは，そうした閉塞的な状況よりは，むしろ移動中の通信行動を行う者が，ソーシャルメディア以外にも多様なメディ

アにおける情報に接触している可能性が示された．

　その一方で，移動中の通信行動の長さに対して，他人との関わりにおける自意識が有意な効果を持っていたことから，個人における人間関係のネットワークの拡大を背景に，他人との関係に過敏になっていることが，相互監視のような形で移動中の通信行動を促しているという可能性も指摘できる．この点は，2000年代においてSNSのさきがけとしてミクシィが普及した際に，多くのユーザーが，サイト上の日記への他人からのコメントや，コメント返信状況を通じた相互監視状態の中で疲弊した「ミクシィ疲れ」という現象が指摘されていた（原田，2010）ように，ソーシャルメディアを介した人間関係への過剰な配慮が，移動中においても「絶え間ない交信」をもたらしているとすれば，情報機器への依存といった問題とはまた異なった観点から注意が必要になるかもしれない．

参考文献

Adey, P. (2010) *Mobility*, Routledge.

Busher, M., Urry, J. & Witchger, K. (eds.) (2011) *Mobile Methods*, Routledge.

土橋臣吾 (2015)「移動するモノ，設計される経験——ケータイの可動性と可変性をめぐって」，『マス・コミュニケーション研究』87, 17-35.

Elliot, A. & Urry, J. (2010) *Mobile Lives*, Routldge.

Featherstone, M., Thrift, N. & Urry, J. (2005) *Automobilities*, Sage.（近森高明訳 (2010)『自動車と移動の社会学——オートモビリティーズ』，法政大学出版局）．

Haddington, P., Mondada, L. & Nevile, M. (2015) "Being mobile: Interaction on the move" in Haddington, P., Mondada, L. & Nevile, M. (eds.) *Interaction and Mobility: Language and the body in motion*, De Gruyter, 3-61.

原田曜平 (2010)『近頃の若者はなぜダメなのか——携帯世代と「新村社会」』，光文社．

Katz, J. E. & Askhus, M. (2002) *Perpetual Contact: Mobile Communication, Private talk, Public Performance*, Cambridge University Press.（富田英典監訳 (2003)『絶え間なき交信の時代——ケータイ文化の誕生』，NTT出版）．

Lyons, G. & Urry, J. (2005) "Travel time use in the information age," *Transportation Research Part A*, 39, 257-276.

Lyons, G., Jain, J. & Holley, D. (2007) "The use of travel time by rail passengers in Great Britain," *Transportation Research Part A*, 41, 107-120.

Urry, J. (2007) *Mobilities*, Polity Press. (吉原直樹・伊藤嘉高訳 (2015)『モビリティーズ——移動の社会学』,作品社).

6 情報行動における年齢・時代・世代効果の検討

北村　智

6.1　情報行動の変化に関する論点

　20世紀末以降のインターネットおよび携帯電話の普及やその技術・サービス発展に伴い，市民を取り巻くメディア環境の変容が急速に進みつつある．モバイル機器によるデータ通信利用の一般化は，日常生活のいたるところでメディア利用が行われる事態をもたらしてきた．

　現在の日本社会にはそうしたメディア環境の変容を目の当たりにしながら生きてきた世代とインターネットや携帯電話のあるメディア環境を当然のものとして育った世代が混在している．つまり，時代の変化とともにメディア環境は変容してきたが，同時に社会の成員の世代交代も進んでいる．また時代が進むにつれて人は年齢を重ねるものだが，時代の変容によって行動を変える部分と加齢によって行動を変える部分の両方がありうる．「日本人の情報行動調査」は変容するメディア環境下で，人々の行動がどのように変化するかを明らかにすることが趣旨であるが（橋元，2011），情報行動の変化には様々な効果が働きうる．

　そこで本章ではメディア環境の変容が進行するなかでの，情報行動における年齢効果，時代効果，世代効果の検討を目的とする．そのために「日本人の情報行動調査」の2005年調査，2010年調査，2015年調査の3時点データをプールして，階層的APC（Age-Period-Cohort）分析（Yang & Land, 2006）を行う．こ

の方法により，テレビ，新聞，インターネット利用における年齢効果，時代効果，世代効果について実証的な検討を試みる．

6.2 メディアと世代論

　本章で年齢効果，時代効果，世代効果の弁別問題を取り上げる背景の1つには，メディアと社会の問題を論じる議論において，世代論が一定の位置を占めてきたことがある．例えば，1990年代の携帯電話の普及以降，メディア言論などでみられる若者批判は若者が使用するメディアへの批判を少なからず含んできた（北田・大多和，2007）．ここでの議論の対象となる「若者」はある特定の時代のメディア環境に紐付けられたものであり，つまりこの種の議論はメディア利用における世代効果を問題とするものだといえる．

　そうした議論の1つに「若者の人間関係希薄化論」があった．これは「携帯電話やネットの普及で，コミュニケーションがヴァーチャル化し，人間関係が希薄化した」，「メディアが若者の対人関係を代替・切断してきた」といった議論である（北田・大多和，2007）．こうした議論に対して，橋元（1998）は「若者の人間関係希薄化論」を支持する証拠は調査データから見いだせないことを指摘し，「人間関係希薄化論」が述べられる理由の1つにコーホート（世代）効果と年齢（層）効果の混合を挙げた．

　また，21世紀に入って以降，インターネットやソーシャルメディア，スマートフォンなどのデジタル技術の急速な普及とともに注目を集めるようになった言葉の1つに「デジタルネイティブ（digital natives）」がある．デジタルネイティブとはコンピュータやビデオゲーム，デジタル音楽プレイヤー，ビデオカメラ，携帯電話といったデジタル時代の機器に囲まれ，利用しながら育った人々のことをいう（Prensky, 2001）．

　教育分野での「デジタルネイティブ」に関する議論について，Bennett *et al.* (2008) は，明確に区別できる世代である「デジタルネイティブ」の存在，その「デジタルネイティブ」のニーズに合わせて教育が根本的に変わる必要性，という2段階の論点に整理した上で，批判的検討を行った．本章でより重要な

点となる前半の論点に関して，Bennett らは (1)「デジタルネイティブ」は情報技術に関する高度な知識とスキルを有しており，(2)「デジタルネイティブ」はそれ以前の世代とは異なる世代特有の学習選好またはスタイルを有する，という2つの仮定の存在を指摘し，(1) の仮定を「デジタルネイティブ」にカテゴライズされる世代の若者のなかでも情報技術利用とスキルに個人差が存在すると批判した．つまり，情報技術利用に長けた若者は存在するが，一方で「デジタルネイティブ」として期待されるような水準にみたない若者もかなり存在しており，世代間の差異と同じように世代内の差異も存在するという批判である．

こうした若者世代内の差異は後続の実証研究でも指摘されている．例えば，Hargittai (2010) は 2007 年にサンプルの 97.0% が 18-19 歳である大学生調査を行い，ウェブ利用スキルとオンライン活動タイプにおける個人差の存在を示した．また Hargittai の分析では，そうしたウェブ利用スキルやオンライン活動タイプは性別や親の学歴などに規定されていることが示された．他にも Correa (2015) は 2013 年に 18-29 歳を対象とした調査をチリ都市部で行い，「デジタルネイティブ」と呼ばれる世代が一様な集団ではなく，デジタルスキルの個人差があり，そうしたスキルがフェイスブックの利用内容と関係していることを示した．

このように，いわゆる「デジタルネイティブ」世代を対象とした調査を行えば，世代内での個人差が見いだされる．そして世代間の差異の過度な強調で世代内の差異やそれと結びつく社会的問題が見えなくなるという批判は重要な議論だろう．日本のデジタルネイティブの議論を行った橋元 (2010) も「将来，日本の若者すべてがネオ・デジタルネイティブになるはずもなく，若者のなかでも，視覚情報を中心にユビキタスにネットを縦横に駆使し，これまでと異なったライフスタイル，世界観を持つ一部の人たちが，その名で呼ぶにふさわしい」と指摘している．

だが，こうした批判の一方で世代間の差異が注目を集めるのは，「年齢」がメディア利用の差異を説明する要因として見過ごせないためであろう．Helsper & Eynon (2010) のデジタルネイティブ批判では，年齢よりもインターネット利用の幅や経験，ジェンダー，教育水準が重要になるケースも多いと

指摘されている．だが，新しい技術の受容・利用行動の説明を目的とした研究では，年齢がしばしば重要な予測変数・調整変数とされる（Burton-Jones & Hubona, 2006; Ha, Yoon & Choi, 2007; Morris & Venkatesh, 2000）．第1部でも示されているように，情報行動において年齢層間の差異は大きい．

しかし，こうした年齢層による差異の証拠がただちに世代間の差異の証拠となるわけではない．例えば Helsper & Eynon（2010）は2007年の英国調査における「年齢」を「世代（generation）」の変数として扱ったが，単一時点での調査結果で示された年齢層による差異には，年齢（加齢）に由来する差異と世代に由来する差異が含まれうる（橋元, 1998）．したがって，世代間の差異を論じるためには，年齢に由来する差異と世代に由来する差異の弁別が必要である．

6.3　年齢効果・時代効果・世代効果と識別問題

年齢効果（age effects）とは，加齢による生理・身体的変化や社会的な経験の蓄積や役割，状況の変化などによって生じる，年齢と結びついた変化のことをいう．一方，時代効果（period effects）とは同時代にいる全ての年齢層に影響を与える，調査データが取得された時点の影響のことをいう．そして，コーホートとはこの文脈では一般に「一定の時期における同一の重大な出来事を体験した人びと」（Glenn, 2005）のことをいい，コーホート効果（cohort effects）は，コーホート成員であることが原因となって生じた効果のことをいう．このコーホートの定義における「一定の時期」について，出生時点を基準に考える場合を「出生コーホート」と呼ぶ．この出生コーホートが本章でいう「世代」に相当し，出生コーホート効果を世代効果という．

すでに指摘したように，年齢層による差異には加齢に由来する差異と世代に由来する差異が含まれうる．これはつまり，年齢効果と世代効果の双方が反映されるという意味である．ある時点における横断調査によって年齢層による差異が見出されたとしても，その若年層で顕著にみられる特性が加齢とともに消えていく性質のもの，つまり年齢効果によるものなのか，ある時期に生まれた人口集団の特性として生じたものなのかを，その調査データのみから判断する

ことはできない（橋元, 2010）.

　また，反復横断調査によって社会全体の変化を捉えることが可能になるが，そうした変化を引き起こす要因には世代交代による変化と時代効果による変化が考えられる（永瀬・太郎丸, 2014）. 世代交代による変化とは，先行する世代と新しい世代が入れ替わっていくことで社会全体に変化が生じることをいう. 例えば一人ひとりの個人のなかではテレビ視聴行動が時代によってまったく変化しなかったとしても，先行する世代と新しい世代のテレビ視聴行動に差異があれば，世代交代が行われることによって，テレビ視聴行動における社会全体の変化が生じうる.

　こうした年齢効果，時代効果，世代効果を識別することが APC 分析の目的であるが，ここには「識別問題（identification problem）」と言われる問題が存在する. これはつまり，年齢（A）と時代（P），世代（C）の間には世代と時代を特定することで年齢が定まる，A = P − C という関係が成立するため，何らかの変数 Y を目的変数，A，P，C，を説明変数とした回帰分析を行ったとしても完全な多重共線性があるために，解が定まらないという問題である. この識別問題への対応方法は大きく，何らかの制約条件を付加して 3 効果のパラメータを推定しようとするものと，3 効果のパラメータそのものの推定は不可能として統計学的に推定可能な成分の推定に議論を限るものとに分かれる（中村, 2005）.

　この識別問題に対して，前者の対応方法をとる手法の 1 つが階層的 APC 分析（Yang & Land, 2006）である. 階層的 APC 分析とは，すべての調査時点の調査データをプールしたデータを用いて，各個人が調査年（時代）と出生コーホート（世代）のそれぞれの社会的コンテクストにまたがって属することを想定し，マルチレベル分析によって効果推定を行う手法である. この分析では個人の年齢による効果，つまり年齢効果をレベル 1 の固定効果として推定し，時代効果と世代効果をそれぞれレベル 2 のランダム効果として推定する. そして，年齢効果に関しては分析に「年齢」と「年齢の 2 乗（年齢を平均値で中心化した上で 2 乗した変数. 以下，年齢 2 乗項）」を加えることによって推定する.

6.4 分析の目的とデータ，分析モデル

「デジタルネイティブ」の議論では，デジタルメディアに囲まれて育った世代は，大人になってからデジタルメディアに触れるようになった世代とは意識や行動様式が異なるとされる（Bennett et al., 2008）．ここでいわれる意識や行動様式には，教育分野で議論される学習選好やスタイル（Bennett et al., 2008）から，社会行動全般に関わるメンタリティ（橋元，2010）が含まれうる．しかし，その前提にあるのはメディア利用に関わる意識や行動様式，スキルであるだろう（Hargittai, 2010; Helsper & Eynon, 2010）．つまり，情報行動における差異の問題として理解できよう．

そこで本章では情報行動における年齢効果，時代効果，世代効果の検討を行う．具体的には，情報行動に関わる意識としてテレビ，新聞，インターネットに関する情報目的の重要性評価，娯楽目的の重要性評価，そして情報行動の時間量としてテレビ視聴時間，新聞閲読時間，PC ウェブ利用時間，モバイルウェブ利用時間を取り上げる．

本章で用いるデータは「日本人の情報行動調査」のうち，2005 年調査，2010 年調査，2015 年調査のデータである．「日本人の情報行動調査」の調査対象者は，住民基本台帳にもとづいた層化二段無作為抽出によって選定された日本全国に在住する 13〜69 歳の男女である．

本章では 2005 年調査，2010 年調査，2015 年調査の 3 回分の調査データをプールした累積データを使用した．本章での分析対象は分析に用いる変数すべてに欠損値のない 4360 ケースに限定した．世代は各調査時点で若い世代を 13〜14 歳の年齢層として，15 歳以上の年齢層については 5 歳刻みの出生コーホートによって定めた．したがって，分析には 14 世代が含まれた．

6.4.1 目的変数のコーホート表――テレビ，新聞，インターネット

（1） 情報目的の重要性評価，娯楽目的の重要性評価

情報目的の重要性評価は「あなたが情報を得るための手段（情報源）として，次のメディアはどのくらい重要ですか」という質問に対して，「非常に重要」

「ある程度重要」「どちらともいえない」「あまり重要ではない」「まったく重要ではない」の5段階で回答をもとめたものである．本章ではテレビ，新聞，インターネットの3つに関するデータを用い，「非常に重要」から「まったく重要ではない」の段階に合わせて5点から1点として数量化した．調査時点である時代と各時代における年齢層ごとにテレビ，新聞，インターネットのそれぞれの重要性評価の平均値を算出したコーホート表を表6.4.1に示した．

表 6.4.1 情報目的の各メディアの重要性評価（平均値）のコーホート表

	テレビ			新聞			インターネット		
	2005年	2010年	2015年	2005年	2010年	2015年	2005年	2010年	2015年
13-14歳	4.64	4.71	4.82	3.73	3.29	2.96	3.34	3.24	4.07
15-19歳	4.49	4.59	4.47	3.74	3.14	2.78	3.39	4.19	4.22
20-24歳	4.41	4.21	4.21	3.81	3.19	2.75	3.57	4.35	4.38
25-29歳	4.37	4.51	4.33	3.74	3.19	2.62	3.41	4.22	4.58
30-34歳	4.28	4.44	4.31	3.93	3.38	2.81	3.33	4.20	4.60
35-39歳	4.32	4.48	4.31	4.11	3.61	2.95	3.20	4.01	4.35
40-44歳	4.29	4.66	4.31	4.24	4.13	3.33	3.28	3.88	4.14
45-49歳	4.45	4.59	4.28	4.37	4.19	3.59	3.25	3.79	4.09
50-54歳	4.31	4.69	4.52	4.24	4.26	3.93	2.97	3.62	3.77
55-59歳	4.43	4.72	4.58	4.39	4.40	4.11	2.93	3.21	3.76
60-64歳	4.39	4.65	4.58	4.46	4.37	4.10	2.71	2.86	3.10
65-69歳	4.51	4.64	4.65	4.48	4.49	4.28	2.56	2.38	2.88
全体	4.39	4.59	4.44	4.17	3.97	3.52	3.11	3.58	3.88

表 6.4.2 娯楽目的の各メディアの重要性評価（平均値）のコーホート表

	テレビ			新聞			インターネット		
	2005年	2010年	2015年	2005年	2010年	2015年	2005年	2010年	2015年
13-14歳	4.75	4.86	4.61	3.14	2.52	2.18	3.84	3.81	3.93
15-19歳	4.57	4.44	4.25	2.74	2.61	1.97	3.68	4.34	4.34
20-24歳	4.43	4.02	3.85	2.97	2.62	1.96	3.62	4.44	4.54
25-29歳	4.33	4.24	4.15	3.05	2.48	2.06	3.61	4.30	4.73
30-34歳	4.29	4.47	4.11	3.27	2.72	2.36	3.56	4.18	4.57
35-39歳	4.26	4.40	4.23	3.52	3.04	2.48	3.35	3.96	4.23
40-44歳	4.19	4.43	4.15	3.62	3.51	2.56	3.26	3.80	4.16
45-49歳	4.38	4.43	4.30	3.74	3.50	3.01	3.21	3.73	4.01
50-54歳	4.25	4.52	4.42	3.81	3.74	3.39	2.89	3.56	3.70
55-59歳	4.29	4.51	4.42	3.99	3.90	3.56	2.72	3.06	3.62
60-64歳	4.35	4.45	4.38	4.11	4.04	3.59	2.43	2.78	3.06
65-69歳	4.40	4.47	4.50	4.10	4.02	4.01	2.33	2.23	2.84
全体	4.33	4.44	4.30	3.61	3.42	2.96	3.10	3.54	3.84

娯楽目的の重要性評価は「あなたが楽しみを得るための手段として，次のメディアはどのくらい重要ですか」という質問に対して，情報目的の重要性評価の場合と同様に「非常に重要」「ある程度重要」「どちらともいえない」「あまり重要ではない」「まったく重要ではない」の5段階で回答をもとめたものである．こちらについてもテレビ，新聞，インターネットの3つに関するデータを用い，「非常に重要」から「まったく重要ではない」の段階に合わせて5点から1点として数量化した．調査時点である時代と各時代における年齢層ごとにテレビ，新聞，インターネットのそれぞれの重要性評価の平均値を算出したコーホート表を表6.4.2に示した．

(2) 情報行動時間量――テレビ，新聞，インターネット

テレビに関する情報行動時間量として，1日あたりのテレビ視聴時間を日記式調査データにもとづいて計算した．ここでの「テレビ視聴時間」は「テレビ受像機」で「テレビ放送を見る」の項目のみで算出した．調査時点である時代と各時代における年齢層ごとに，1日あたりのテレビ視聴時間の平均値を算出したコーホート表を表6.4.3に示した．

新聞に関する情報行動時間量として，1日あたりの新聞閲読時間を日記式調査データにもとづいて計算した．ここでの「新聞閲読時間」は「印刷物」とし

表6.4.3 1日あたりのテレビ視聴時間（平均値）のコーホート表 (分)

	2005年	2010年	2015年
13-14歳	108.47	117.86	95.27
15-19歳	162.89	106.68	68.39
20-24歳	160.03	106.25	90.72
25-29歳	172.80	176.80	135.72
30-34歳	143.97	148.09	126.05
35-39歳	143.06	142.77	149.24
40-44歳	161.07	140.63	131.48
45-49歳	173.69	164.83	157.50
50-54歳	178.60	186.22	174.01
55-59歳	191.49	226.61	208.62
60-64歳	241.22	261.69	247.28
65-69歳	272.70	262.81	284.69
全体	181.59	184.38	173.39

6 情報行動における年齢・時代・世代効果の検討

表6.4.4 1日あたりの新聞閲読時間（平均値）のコーホート表 (分)

	2005年	2010年	2015年
13-14歳	3.75	0.24	0.80
15-19歳	5.72	2.18	1.84
20-24歳	8.35	2.93	1.63
25-29歳	13.75	5.25	0.95
30-34歳	12.97	7.27	3.12
35-39歳	18.66	10.18	5.06
40-44歳	23.29	10.50	9.31
45-49歳	24.81	18.28	11.49
50-54歳	36.42	20.44	18.09
55-59歳	33.08	28.33	22.41
60-64歳	45.72	36.03	27.84
65-69歳	55.52	41.07	39.36
全体	26.75	19.03	15.28

表6.4.5 1日あたりのウェブ利用時間（平均値）のコーホート表 (分)

	PCウェブ利用時間			モバイルウェブ利用時間		
	2005年	2010年	2015年	2005年	2010年	2015年
13-14歳	9.60	8.21	5.00	11.19	20.12	37.86
15-19歳	20.16	15.25	17.53	79.93	77.00	110.89
20-24歳	27.45	48.37	36.63	34.62	93.85	86.59
25-29歳	41.04	52.94	65.49	29.42	52.41	103.41
30-34歳	29.12	50.83	37.53	14.96	32.92	72.35
35-39歳	26.63	54.89	32.04	16.75	28.12	63.00
40-44歳	31.19	42.38	34.13	11.76	29.27	48.33
45-49歳	24.05	51.70	37.43	12.47	19.30	49.29
50-54歳	14.34	35.55	31.10	9.88	17.47	36.18
55-59歳	11.04	27.85	37.97	4.00	8.42	27.23
60-64歳	4.78	15.52	21.78	2.58	9.02	20.44
65-69歳	2.56	10.27	16.26	1.44	3.59	5.93
全体	19.64	35.47	31.02	15.88	25.94	48.20

て「新聞を読む」の項目によって算出した．調査時点である時代と各時代における年齢層ごとに，1日あたりの新聞閲読時間の平均値を算出したコーホート表を表6.4.4に示した．

　インターネットに関する情報行動時間量として，1日あたりのPCウェブ利用時間とモバイルウェブ利用時間をそれぞれ日記式調査データにもとづいて計算した．PCウェブ利用時間はそれぞれの調査時点において「パソコン」から

のウェブ利用として定義された項目を用いて算出した[1]．同様に，モバイルウェブ利用時間はそれぞれの調査時点において「携帯電話」からのウェブ利用として定義された項目を用いて算出した[2]．調査時点である時代と各時代における年齢層ごとに，1日あたりのPCウェブ利用時間とモバイルウェブ利用時間の平均値を算出したコーホート表を表6.4.5に示した．

6.4.2 分析モデル

本章では年齢効果，時代効果，世代効果を弁別して検討するために，階層的APC分析（Yang & Land, 2006）を用いた．分析では連続変量を目的変数とする階層線形モデルを用い，6.4.1で説明した情報行動に関わる意識と情報行動の時間量のそれぞれを目的変数として，レベル1の説明変数に年齢と年齢2乗項を加え，ランダム効果として調査時点（2005年，2010年，2015年）と14世代の出生コーホートを加えた．その他，統制変数として性別（男性＝0，女性＝1），学歴（中学校＝1，高校＝2，短大・高専・旧制高校・専門学校＝3，大学＝4，大学院＝5），婚姻関係（未婚・離死別＝0，既婚＝1），家族人数（本人を含んだ実数），世帯収入（200万円未満＝1〜1400万円以上＝8，200万円刻みの8段階），就業形態（フルタイム労働者を参照変数とした，パートタイム労働者，専業主婦・主夫，無職，中学生，高校生，その他学生のダミー変数）をレベル1に加えた．また，情報行動の時間量の分析に関しては，1日あたりの在宅活動時間（日記式調査において「自宅」におり，「睡眠」以外の生活行動をとっている時間）を統制変数としてレベル1に加えた．

6.5　階層的APC分析による結果

6.5.1　情報目的の重要性，娯楽目的の重要性

（1）情報目的の重要性評価

表6.5.1は各メディアの情報目的での重要性評価を目的変数とした，階層的APC分析の結果である．各モデルは目的変数のみが異なっており，説明変数は共通している．

6 情報行動における年齢・時代・世代効果の検討

表 6.5.1 各メディアの情報目的の重要性評価に関する階層的 APC 分析結果

固定効果	テレビ Coef.	新聞 Coef.	ネット Coef.
年齢	0.00**	0.03***	−0.03***
年齢の2乗	0.00*	0.00***	−0.00***
性別（男性=0, 女性=1）	0.12***	0.04	−0.15***
学歴	−0.04**	0.07***	0.26***
婚姻（未婚・離死別=0, 既婚=1）	0.16***	−0.01	0.10*
家族人数	0.00	0.04***	−0.04**
世帯収入	0.00	0.02	0.10***
就業形態（ref.=フルタイム）			
パートタイム	0.03	−0.02	−0.01
専業主婦・主夫	−0.02	−0.04	−0.11
無職	−0.02	−0.05	−0.10
中学生	0.27*	0.19	0.22
高校生	0.19*	0.21	0.25
その他学生	0.03	0.12	−0.05
定数	4.16***	1.75***	4.23***
ランダム効果			
時代効果	0.09***	0.31***	0.33***
世代効果	0.03	0.28***	0.19***
N	4360	4360	4360
Wald 統計量	132.84	123.08	619.87

***$p<0.001$, **$p<0.01$, *$p<0.05$.

　まず，情報目的でのテレビの重要性評価に関する分析結果（表 6.5.1 左列）をみる．年齢の係数は 0.0034（標準誤差 0.0012）と 1% 水準で有意な正の値，年齢2乗項の効果は 0.0002（標準誤差 0.00008）と 5% 水準で有意な正の値であった．つまり，年齢と情報目的でのテレビの重要性評価の関連は，30代半ばを底とする U 字曲線を描く．したがって，本分析が対象とした範囲に関して言えば，時代や世代とは別にして，10代前半から 30 代半ばにかけて情報目的でのテレビの重要性評価は緩やかに低下し，60 代後半に向けて再び上昇するということになる．

　一方，ランダム効果として加えた時代効果と世代効果に着眼すると，時代効果は 0.1% 水準で有意な値であったが，世代効果は有意な値ではなかった．つまり，情報目的でのテレビの重要性評価に関して，調査が行われた 2005 年，2010 年，2015 年という 3 時点の間で年齢層を問わず生じた差異はあったが，

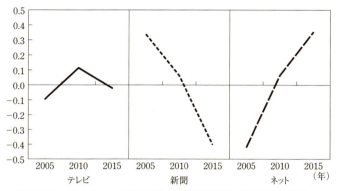

図 6.5.1 各メディアの情報目的の重要性評価に対する時代効果の推定結果

調査データに含まれた世代間に統計的に有意な差異は認められなかった．有意な効果が認められた情報目的でのテレビの重要性評価に対する時代効果の推定値をプロットしたのが，図 6.5.1（左）である．3 時点のうち，中間にあたる 2010 年にもっとも情報目的でのテレビの重要性評価が高まっており，2005 年と 2015 年はそれよりも低いものであった．

次に，情報目的での新聞の重要性評価をみると（表 6.5.1 中央列），年齢の係数は 0.032（標準誤差 0.004）と 0.1% 水準で有意な正の値，年齢 2 乗項の係数は 0.0008（標準誤差 0.0002）と 0.1% 水準で有意な正の値であった．つまり，年齢と情報目的での新聞の重要性評価の関連は，20 代半ばを底とする U 字曲線を描く．このモデルにもとづけば，10 代前半から 20 代半ばにかけて情報目的での新聞の重要性評価は低下したあと，60 代後半に向けて上昇することが予測される．

そして，時代効果と世代効果はともに 0.1% 水準で有意な値であった．つまり，年齢の効果とは別に，情報目的での新聞の重要性評価において調査時点間の差異も，調査対象となった世代間の差異も統計的に有意に存在した．この情報目的での新聞の重要性評価に関する時代効果の推定値をプロットしたのが図 6.5.1（中央）であり，世代効果の推定値をプロットしたのが図 6.5.2 である．時代効果の推定値のプロットから，この 10 年で日本社会全体として情報源としての新聞の重要性評価は低下を続けたといえる．世代効果の推定値のプロッ

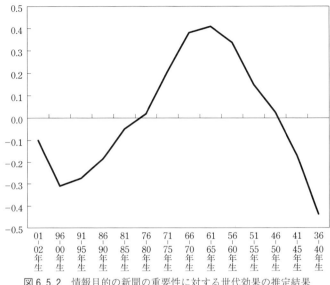

図 6.5.2　情報目的の新聞の重要性に対する世代効果の推定結果

トをみると，1961-65 年生まれ世代がもっとも情報源としての新聞の重要性を高く評価しており，それ以下の世代ではおおむね世代が若くなるほど情報源としての新聞の重要性評価は低下していた．また年齢効果と世代効果を弁別した推定結果としては，1956-60 年生まれから上の世代にいくにつれて情報源としての新聞の重要性評価は低下していた．

　情報目的でのインターネット（ネット）の重要性評価の分析結果をみると（表 6.5.1 右列），年齢の係数は -0.029（標準誤差 0.003），年齢 2 乗項の係数は -0.001（標準誤差 0.0002）といずれも 0.1% 水準で有意な負の値であった．したがって，年齢と情報目的でのネットの重要性評価の関連は，30 代前半を頂点とする逆 U 字曲線を描くことになる．つまり，10 代前半から 30 代前半に向かって情報目的でのネットの重要性評価は上昇したあと，60 代後半に向けて低下していくことがこのモデルからは予測される．

　そして，時代効果と世代効果はともに 0.1% 水準で有意だった．したがって，情報目的でのネットの重要性評価は，加齢の効果とは別に，調査時点間でも世代間でも有意な差異が認められた．この情報目的でのネットの重要性評価に関

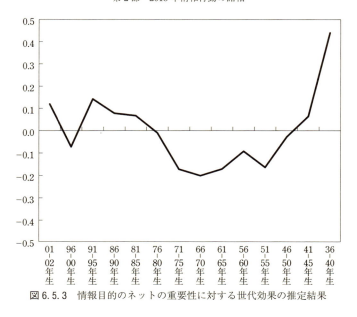

図 6.5.3 情報目的のネットの重要性に対する世代効果の推定結果

する時代効果の推定値をプロットしたのが図 6.5.1（右）であり，世代効果の推定値をプロットしたのが図 6.5.3 である．時代効果の推定値のプロットから，この 10 年で日本社会全体として情報を得るための手段としてのインターネットの重要性は高まってきたといえる．一方，世代効果に関しては，新聞の場合ほど傾向が明確ではないが，1976 年生まれ以降の世代と 1950 年生まれ以前の世代で情報源としてのインターネットの重要性評価が相対的に高く，1951-75 年生まれの世代では相対的に評価が低い傾向が示された．

（2）娯楽目的の重要性評価

表 6.5.2 は各メディアの娯楽目的での重要性評価を目的変数とした，階層的 APC 分析の結果である．各モデルは情報目的での重要性評価の分析と同様に，それぞれ共通の説明変数を投入している．

ここでもテレビに対する娯楽目的での重要性評価の分析結果（表 6.5.2 左列）から確認していく．まず，年齢効果は，年齢の係数が 0.0022（標準誤差 0.0012）と値は正だが有意なものではなく，年齢 2 乗項の係数は 0.00016（標準

6 情報行動における年齢・時代・世代効果の検討

表 6.5.2 各メディアの娯楽目的の重要性評価に関する階層的 APC 分析結果

固定効果	テレビ Coef.	新聞 Coef.	ネット Coef.
年齢	0.00	0.04***	-0.04***
年齢の2乗	0.00*	0.00**	-0.00***
性別（男性=0，女性=1）	0.06*	0.00	-0.16***
学歴	-0.05***	-0.02	0.24***
婚姻（未婚・離死別=0，既婚=1）	0.14***	0.10*	0.14**
家族人数	0.00	0.02	-0.05***
世帯収入	0.01	-0.01	0.09***
就業形態（ref.=フルタイム）			
パートタイム	0.04	-0.02	-0.08
専業主婦・主夫	-0.01	0.00	-0.12*
無職	-0.08	0.02	-0.10
中学生	0.33**	0.23	0.14
高校生	0.17	0.16	-0.03
その他学生	-0.01	0.29*	-0.18
定数	4.19***	1.48***	4.46***
ランダム効果			
時代効果	0.06***	0.30***	0.30***
世代効果	0.00	0.19***	0.07
N	4360	4360	4360
Wald 統計量	105.12	164.85	882.84

***$p<0.001$，**$p<0.01$，*$p<0.05$．

誤差 0.00008）と 5% 水準で有意な正の値であった．よって，このモデルからは年齢と娯楽目的でのテレビの重要性評価の関係は 30 代後半を底とした U 字曲線を描くと推定される．つまり，情報目的でのテレビの重要性評価との関係とほぼ同じように，若い年齢から 30 代後半に向けて娯楽目的でのテレビの重要性評価は緩やかに低下し，そこから 60 代後半に向けて緩やかに高まっていくという予測が示された．

娯楽目的でのテレビの重要性評価に対する時代効果と世代効果の分析結果を確認すると，時代効果は 0.1% 水準で有意であったが，世代効果は有意ではなかった．この結果は情報目的でのテレビの重要性評価における結果と共通であった．有意な効果が認められた時代効果の推定値をプロットしたものが図 6.5.4（左）である．時代効果のあらわれ方も情報目的でのテレビの重要性評価の場合と共通しており，3 時点のうち，中間にあたる 2010 年に娯楽目的で

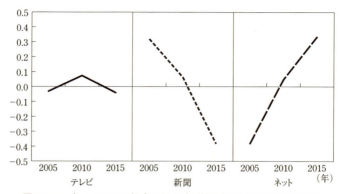

図 6.5.4 各メディアの娯楽目的の重要性評価に対する時代効果の推定結果

のテレビの重要性評価がもっとも高まっていた．だが，時代効果による変動はさほど大きくないことがわかる．

次に，娯楽目的での新聞の重要性評価に関する分析結果をみる（表 6.5.2 中央列）．年齢効果は，年齢の係数が 0.04（標準誤差 0.003）と 0.1% 水準で有意な正の値，年齢 2 乗項の係数は 0.0004（標準誤差 0.00015）と 1% 水準で有意な正の値であった．この分析での年齢の取りうる範囲でみれば，この分析結果から，年齢が上がるほど娯楽目的での新聞の重要性評価が高まるといえる．

そして，娯楽目的での新聞の重要性評価に対する時代効果と世代効果の分析結果をみると，ともに 0.1% 水準で有意な効果が示されている．時代効果の推定結果をプロットしたものが図 6.5.4（中央），世代効果の推定結果をプロットしたものが図 6.5.5 である．時代効果の推定結果は情報目的での新聞の重要性評価の場合と共通しており，この 10 年で日本社会全体として娯楽目的の新聞の重要性評価は低下してきたことを示している．一方，世代効果の推定結果は 1976 年生まれ以降の世代と 1945 年生まれ以前の世代において娯楽目的の新聞の重要性評価は低く，その間，つまり 1946 年から 1975 年生まれの世代において高いというものであった．

娯楽目的でのインターネット（ネット）の重要性評価の分析結果（表 6.5.2 右列）をみると，年齢効果については，まず年齢の係数が -0.04（標準誤差 0.002）と 0.1% 水準で有意，年齢 2 乗項の係数が -0.0005（標準誤差 0.0001）

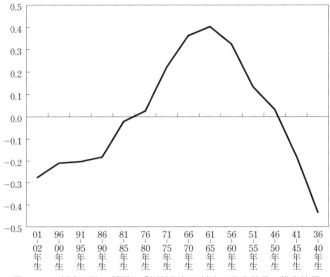

図 6.5.5　娯楽目的の新聞の重要性評価に対する世代効果の推定結果

と 0.1% 水準で有意というものであった．この分析における年齢の取りうる範囲でみれば，この分析結果から，年齢が若いほど娯楽目的でのネットの重要性評価が高まるといえる．

ランダム効果として投入した時代効果と世代効果の結果をみると，娯楽目的でのネットの重要性評価に対して時代効果は 0.1% 水準で有意であったが，世代効果は有意ではなかった．つまり，娯楽目的でのネットの重要性評価は調査時点である 3 時点間で有意差があったが，世代間での差異はみられなかったといえる．有意差の確認された時代効果の推定結果をプロットしたのが図 6.5.4（右）である．この結果から，情報目的でのネットの重要性評価と同様に，この 10 年間で娯楽目的でのネットの重要性評価は全体として高まってきたことが示されたといえよう．

6.5.2　日記式調査法による行動時間

（1）　1 日あたりのテレビ視聴時間

表 6.5.3 が 1 日あたりのテレビ視聴時間に関する階層的 APC 分析の結果で

ある．まず，年齢効果に関して，年齢の係数は1.34（標準誤差0.23）と0.1%水準で，年齢2乗項の係数は0.047（標準誤差0.015）と1%水準で，ともに有意な正の値であった．つまりこのモデルでは，1日あたりのテレビ視聴時間に対する年齢効果は，およそ30歳を底とするU字曲線を描くと予測された．

一方，時代効果は，有意ではなかった．つまり，2005年，2010年，2015年の3時点の間で1日あたりのテレビ視聴時間に統計的に有意な差は生じていなかったといえる．

それに対して世代効果は5%水準で有意であった．その世代効果の推定結果をプロットしたのが図6.5.6である．1日あたりのテレビ視聴時間に対する世代効果は，5歳刻みで1世代として考えると，おおよそ3世代ごとに入れ替わるパターンが生じていた．つまり，1991-2002年生まれの3世代，1961-75年生まれの3世代，1936-45年生まれの2世代は1日あたりのテレビ視聴時間が

表6.5.3　1日あたりのテレビ視聴時間に関する階層的APC分析結果

固定効果	Coef.
年　齢	1.34***
年齢の2乗	0.05**
性別（男性=0，女性=1）	-0.76
学　歴	-20.36***
婚姻（未婚・離死別=0，既婚=1）	8.52
家族人数	-3.32*
世帯収入	-4.44**
就業形態（ref.=フルタイム）	
パートタイム	-6.05
専業主婦・主夫	-8.78
無　職	48.17***
中学生	-55.02**
高校生	-52.09***
その他学生	-4.24
在宅活動時間	0.20***
定　数	89.85***
ランダム効果	
時代効果	0.00
世代効果	7.87*
N	4360
Wald統計量	1355.77

***$p<0.001$, **$p<0.01$, *$p<0.05$.

6 情報行動における年齢・時代・世代効果の検討

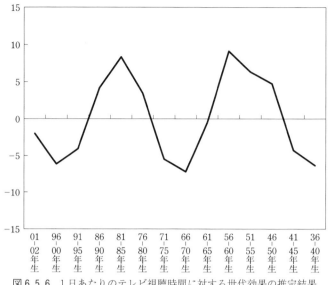

図 6.5.6　1日あたりのテレビ視聴時間に対する世代効果の推定結果

相対的に短い世代であり，その間に入る1976-90年生まれの3世代，1946-60年生まれの3世代は1日あたりのテレビ視聴時間が相対的に長い世代であった．

（2）　1日あたりの新聞閲読時間

表6.5.4が1日あたりの新聞閲読時間に関する階層的APC分析の結果である．まず，年齢効果に着眼すると，年齢の係数が0.82（標準誤差0.04），年齢2乗項の係数が0.01（標準誤差0.003）といずれも0.1%水準で有意であった．年齢の幅は13-69歳であるから，年齢効果は年齢が上がるほど1日あたりの新聞閲読時間が長くなるという単調増加を示すものだったといえる．

次に時代効果に着眼すると，0.1%水準で有意であった．この時代効果の推定結果をプロットしたのが図6.5.7である．図6.5.7に示されるように，調査時点である2005年，2010年，2015年の3時点で，時代を経るごとに1日あたりの新聞閲読時間は短いものになってきたことがわかる．

一方，世代効果に関しては統計的に有意ではなかった．つまり，2005年，2010年，2015年の3回の調査でみて，1日あたりの新聞閲読時間に関して世

表6.5.4 1日あたりの新聞閲読時間に関する階層的APC分析結果

固定効果	Coef.
年　齢	0.82***
年齢の2乗	0.01***
性別（男性=0，女性=1）	−6.23***
学　歴	2.10***
婚姻（未婚・離死別=0，既婚=1）	0.73
家族人数	−1.01**
世帯収入	0.86**
就業形態（ref.=フルタイム）	
パートタイム	0.73
専業主婦・主夫	0.54
無　職	8.55***
中学生	3.95
高校生	0.77
その他学生	−0.19
在宅活動時間	0.01***
定　数	−28.11***
ランダム効果	
時代効果	5.57***
世代効果	0.00
N	4360
Wald統計量	1318.30

***$p<0.001$, **$p<0.01$, *$p<0.05$.

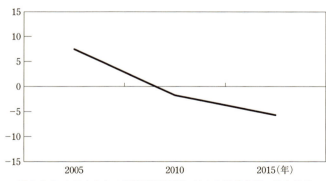

図6.5.7　1日あたりの新聞閲読時間に対する時代効果の推定結果

6 情報行動における年齢・時代・世代効果の検討   231

代間の差異は生じていなかったと,この分析からは判断できる.

(3) 1日あたりのウェブ利用時間

表6.5.5に1日あたりのウェブ利用時間に関する階層的APC分析の結果をPCウェブとモバイルウェブに分けて示した.

まず,PCウェブに関する結果(表6.5.5左列)からみていく.1日あたりのPCウェブ利用時間に対する年齢効果に関しては,年齢の係数が -0.50(標準誤差 0.10)と 0.1% 水準で有意,年齢2乗項の係数が -0.024(標準誤差 0.007)と 1% 水準で有意であった.この結果から,年齢と1日あたりのPCウェブ利用時間の関係は30代半ばを頂点とした逆U字曲線を描くと推定されたといえる.

次に,1日あたりのPCウェブ利用時間に対する時代効果をみると,0.1%

表 6.5.5 1日あたりのウェブ利用時間に関する階層的APC分析結果

固定効果	PC ウェブ Coef.	モバイルウェブ Coef.
年 齢	-0.50***	-1.53***
年齢の2乗	-0.02**	-0.02
性別(男性=0,女性=1)	-20.00***	3.39
学 歴	11.43***	1.70
婚姻(未婚・離死別=0,既婚=1)	-12.29***	-5.23*
家族人数	-2.97***	0.24
世帯収入	3.90***	0.24
就業形態(ref.=フルタイム)		
パートタイム	-7.62*	0.06
専業主婦・主夫	-5.21	-2.78
無 職	-3.91	-2.63
中学生	-8.78	-53.47***
高校生	-15.16	-7.24
その他学生	-21.97**	11.17
在宅活動時間	0.02**	0.00
定 数	39.41***	101.94***
ランダム効果		
時代効果	4.98***	15.29***
世代効果	0.00	14.75***
N	4360	4360
Wald 統計量	445.88	142.55

***$p<0.001$,**$p<0.01$,*$p<0.05$.

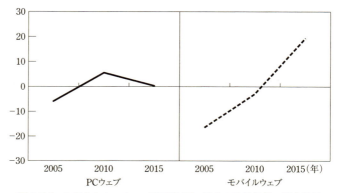

図 6.5.8　1 日あたりのウェブ利用時間に対する時代効果の推定結果

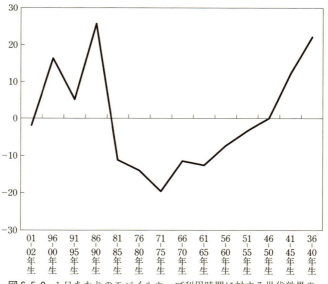

図 6.5.9　1 日あたりのモバイルウェブ利用時間に対する世代効果の推定結果

水準で有意なものであった．その推定結果をプロットしたのが図 6.5.8（左）である．3 時点でもっとも 1 日あたりの PC ウェブ利用時間が長いのは 2010 年であり，2005 年と 2015 年はそれに比べると 1 日あたりの PC ウェブ利用時間が短いという結果が推定された．

一方，1日あたりのPCウェブ利用時間に対する世代効果は統計的に有意ではなかった．つまり，この分析のデータにもとづけば，1日あたりのPCウェブ利用時間に対して年齢効果と時代効果は生じていたが，世代効果は生じていなかったということがいえる．

次に，モバイルウェブに関する結果（表6.5.5右列）をみる．年齢効果については，年齢の係数が -1.53（標準誤差0.22）と，0.1%水準で有意であったが，年齢2乗項の係数は統計的に有意な値ではなかった．つまり，1日あたりのモバイルウェブ利用時間と年齢の関係は，加齢に従って1日あたりのモバイルウェブ利用時間が単調減少していくことが推定された．

そして，1日あたりのモバイルウェブ利用時間に対する時代効果は0.1%水準で有意なものであった．この時代効果をプロットしたのが図6.5.8（右）である．図6.5.8に示されるように，時代を経るにしたがって1日あたりのモバイルウェブ利用時間が増加するという時代効果が推定された．

一方，1日あたりのモバイルウェブ利用時間に対する世代効果も0.1%水準で有意なものであった．この世代効果をプロットしたのが図6.5.9である．図6.5.9に示されるように，1986-2002年生まれの4世代は，1961-85年生まれの5世代に比べて1日あたりのモバイルウェブ利用時間が長い．また，1960年生まれ以前の世代については世代が上がるにつれて1日あたりのモバイルウェブ利用時間は相対的に長くなるという推定結果であった．

6.6 考察・結論・今後の展望

本章では，「日本人の情報行動」2005年調査，2010年調査，2015年調査の3時点データをプールし，階層的APC分析（Yang & Land, 2006）を行うことで，日本人の情報行動における年齢効果，時代効果，世代効果を分析した．分析によって得られた推定結果をまとめると，以下のことがいえる．

まず，年齢効果に関してはすべての目的変数に対して何らかの形でみられた．そのあらわれ方は目的変数によって異なっていたが，方向性をまとめると次のような形になる．まず，テレビと新聞に関しては，認知的にも行動的にも加齢

に伴う単調増加関係またはU字曲線関係がみられた．一方，インターネットに関しては，認知的にも行動的にも加齢に伴う単調減少関係または逆U字曲線関係があった．つまり，年齢効果に関してはおおむねマスメディアに対するものとインターネットに対するものは逆パターンを示すといえる．この結果については，これまでの単一時点での年齢層の比較で示されていた結果と一貫したものとして理解することができるだろう．

次に，時代効果は新聞と（モバイル）ネットに対しては一方向的な効果が推定された．つまり，新聞については時代が進むにつれて重要性評価が下がり，閲読時間も減っていた．一方，インターネットに関しては時代が進むにつれて重要性評価が上がり，モバイルウェブ利用時間は増加していた．つまり，「日本人の情報行動調査」における新聞と（モバイル）ネットに関する調査時点間の変化は，この分析結果からは時代効果による部分があると推定されたのである．

ただし，インターネットに関してはモバイルウェブ利用時間に対する時代効果は2005年から2010年にかけての増加より，2010年から2015年にかけての増加が大きく推定された一方，PCウェブ利用時間に対して，2010年から2015年にかけて利用時間が減少する時代効果が推定された．この結果は調査時点に近い時期のパソコンの世帯保有率の動き（2004年末77.5%，2009年末87.2%，2014年末78.0%）と重なる（総務省，2015）．2010年から2015年にかけての時代の変化として，スマートフォンとLTE（Long-Term Evolution）の普及があった点が関係すると考えられるが，こうした時代効果の背景を追究していく必要がある．

また，本章で推定された世代効果については，「デジタルネイティブ」論で主張されるほど単純ではなかった．まず，若い世代の新聞低評価と（モバイル）ネット高評価が示されたが，戦前世代にも類似したパターンが示された．つまり，この分析で推定された若い世代の特徴は「デジタルネイティブ」の特徴であるとは言い難い．本章での分析結果からは「デジタルネイティブ」の特徴としてみえている情報行動は，むしろ年齢効果によるところが大きいと考えられる．

そして，テレビ視聴行動に対する世代効果はより複雑な結果が示された．つ

まり，一般に「デジタルネイティブ」として解釈されるような1980年代以降の生まれの世代とそれ以前の世代との間に違いがあるのではなく，テレビ視聴時間が相対的に長い世代と短い世代が交互に存在している可能性が示されたのである．テレビ視聴時間に対して時代効果が生じていないという推定結果であったが，このことと世代効果の推定結果を合わせれば，テレビ視聴時間に関する社会変動が2005年から2015年にかけての10年で起きていたとしても，それは時代効果による変動よりはむしろ世代交代による変動と理解できる可能性が示唆されたのだといえる．

これらをまとめると本章の結論は，情報行動において年齢効果，時代効果，世代効果はあると実証的にもいえそうだが，特に世代効果については若い世代の特異性を示す証拠が得られたわけではないということになる．もちろん，本章で行った分析には様々な課題が残っているため，特に「デジタルネイティブ」論については継続的な議論が必要になるだろう．例えば，本章で用いたデータは調査時点が2005年，2010年，2015年の3時点と時点数が少なく，またその幅が10年と世代効果の推定を行うには決して十分な幅であるとはいえない．この問題を解消するためには情報行動に関するデータの蓄積を継続していくしか方法はない．

また本章では分析モデルとして階層的APC分析（Yang & Land, 2006）を採用したが，方法論的な問題も残る．APC分析には本章で採用した方法以外に，Mason *et al.*（1973）のダミー変数を用いる方法やベイズ型コーホートモデル（中村，1989）などがあり，年齢・時代・世代効果を区別するための公式や決定的アプローチは存在しない（Glenn, 2005）．また階層的APC分析において，時代と世代の数が限られており，各サンプルサイズがアンバランスであることはパラメータ推定値を歪める要因となるため（宍戸・佐々木，2011），本章の分析結果には一定の留保が必要となる．

そして，本章の最大の限界は年齢効果，時代効果，世代効果のそれぞれがなぜ生じるのかについて，まったく説明ができていないという問題にあるだろう．本章の分析では時代効果と世代効果をランダム効果として推定したが，時代，世代にあたるマクロ変数をレベル2の変数として加えることでそれぞれの効果の背景について，より詳細な理解が可能になるだろう．また，年齢効果につい

てライフステージの観点から分析するアプローチもあり（van Steen *et al.*, 2015），より詳細な検討が必要とされる点である．

注
（1）2005年調査では「パソコン」から「ウェブサイトを見る」「ウェブサイト（掲示板，ブログなど）に書き込む」の2項目，2010年調査では「パソコン」から「サイトを見る」「サイトに書き込む」の2項目，2015年調査では「パソコン・タブレット端末」で「ソーシャルメディアを見る・書く（フェイスブック，LINE など）」「ソーシャルメディア以外のサイトを見る・書く」の2項目であった．
（2）2005年調査では「携帯電話（PHS も含む）でのインターネット」として提示された「ウェブサイトを見る」「ウェブサイト（掲示板・ブログなど）に書き込む」の2項目，2010年調査では「携帯電話」から「サイトを見る」「サイトに書き込む」の2項目，2015年調査では「スマートフォン・従来型携帯電話・PHS」で「ソーシャルメディアを見る・書く（フェイスブック，LINE など）」「ソーシャルメディア以外のサイトを見る・書く」の2項目であった．

参考文献

Bennett, S., Maton, K. & Kervin, L. (2008) "The 'digital natives' debate: A critical review of the evidence," *British Journal of Educational Technology*, 39 (5), 775-786.

Burton-Jones, A. & Hubona, G. S. (2006) "The mediation of external variables in the technology acceptance model," *Information & Management*, 43 (6), 706-717.

Correa, T. (2015) "Digital skills and social media use: how Internet skills are related to different types of facebook use among 'digital natives'," *Information, Communication & Society*. DOI: 10.1080/1369118X.2015.1084023.

Glenn, N. D. (2005) *Cohort Analysis*, 2nd Edition, Sage.

Ha, I., Yoon, Y. & Choi, M. (2007) "Determinants of adoption of mobile games under mobile broadband wireless access environment," *Information & Management*, 44 (3), 276-286.

Hargittai, E. (2010) "Digital na(t)ives? Variation in internet skills and uses among members of the 'net generation'," *Sociological Inquiry*, 80 (1), 92-113.

橋元良明（1998）「パーソナル・メディアの普及とコミュニケーション行動——青少年にみる影響を中心に」，竹内郁郎・児島和人・橋元良明（編）『メディア・コミュニケーション論』，北樹出版，117-138．

橋元良明（2010）「デジタルネイティブからネオ・デジタルネイティブへ——ネット世代のメンタリティから占う」，橋元良明・奥律哉・長尾嘉英・庄野徹『ネオ・デジタルネイティブの誕生——日本独自の進化を遂げるネット世代』，ダイヤモンド社，107-140.

橋元良明（編）（2011）『日本人の情報行動2010』，東京大学出版会.

Helsper, E. J. & Eynon, R. (2010) "Digital natives: where is the evidence?" *British Educational Research Journal*, 36 (3), 503-520.

北田暁大・大多和直樹（2007）「子どもとニューメディア　序論」，北田暁大・大多和直樹（編）『子どもとニューメディア』，日本図書センター，3-18.

Mason, K. O., Mason, W. M., Winsborough, H. H. & Poole, W. K. (1973) "Some methodological issues in cohort analysis of archival data," *American Sociological Review*, 38 (2) 242-258.

Morris, M. G. & Venkatesh, V. (2000) "Age differences in technology adoption decisions: Implications for a changing work force," *Personnel Psychology*, 53 (2), 375-403.

永瀬圭・太郎丸博（2014）「性役割意識のコーホート分析——若者は保守化しているか」，『ソシオロジ』，58 (3), 19-33.

中村隆（1989）「継続調査によって社会の変化を捉えるコウホート分析の方法」，『理論と方法』，4 (2), 5-23.

中村隆（2005）「コウホート分析における交互作用効果モデル再考」，『統計数理』，53 (1), 103-132.

Prensky, M. (2001) "Digital natives, digital immigrants part 1," *On the Horizon*, 9 (5), 1-6.

宍戸邦章・佐々木尚之（2011）「日本人の幸福感——階層的APC AnalysisによるJGSS累積データ2000-2010の分析」，『社会学評論』，62 (3), 336-355.

総務省（2015）『平成27年版情報通信白書』，ぎょうせい.

van Steen, A., Vlegels, J. & Lievens, J. (2015) "On intergenerational differences in highbrow cultural participation. Is the Internet at home an explanatory factor in understanding lower highbrow participation among younger cohorts?" *Information, Communication & Society*, 18 (6), 595-607.

Yang, Y. & Land, K. C. (2006) "A mixed models approach to the age-period-cohort analysis of repeated cross-section surveys, with an application to data on trends in verbal test scores," *Sociological Methodology*, 36 (1), 75-97.

7 ソーシャルメディア利用と他のネット利用の関連

河井大介

7.1 ソーシャルメディアの普及と多義性

東京大学橋元研究室と総務省情報通信政策研究所によると，2012年末のソーシャルメディア[1]の行為者率は全体で41.4%であったのに対し，2014年末で62.3%と約1.5倍に増加している（総務省情報通信政策研究所, 2015）（図7.1.1）．また年齢層別にみた場合，もっとも利用率の高い20代では2014年末

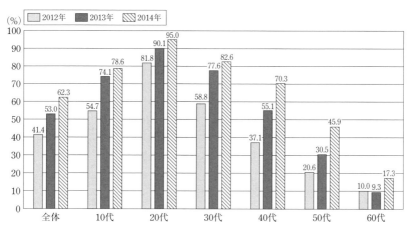

図7.1.1 2012年から2014年の年齢層別ソーシャルメディア行為者率（総務省情報通信政策研究所, 2015より筆者作成）

表7.1.1 性・年齢層別のソーシャルメディア利用時間と行為者率

		N	利用時間（分）			行為者率（%）		
			モバイル	PC	汎	モバイル	PC	汎
	全体	2724	17.9	4.3	21.4	26.2	5.0	29.4
性別	男性	1288	14.8	5.1	18.8	20.8⁻	6.5⁺	24.9⁻
	女性	1436	20.7	3.6	23.7	31.1⁺	3.6⁻	33.5⁺
	F値・χ^2値		35.86***	12.68***	23.1***	36.89***	12.72***	24.0***
年齢層別	10代	280	44.2^a	0.3^b	44.5^a	50.0⁺	2.9	52.1⁺
	20代	292	45.8^a	12.2^a	55.5^a	53.1⁺	7.5⁺	56.8⁺
	30代	426	23.1^b	7.4^{ab}	29.6^b	42.5⁺	6.3	46.0⁺
	40代	582	14.1^{bc}	3.0^b	16.7^{bc}	27.3	5.8	30.9
	50代	492	8.3^{cd}	3.4^b	10.2^c	12.4⁻	4.9	15.7⁻
	60代	652	1.4^d	2.2^b	3.6^c	2.8⁻	3.1⁻	5.7⁻
	F値・χ^2値		41.71***	4.26***	36.06***	483.58***	14.38*	454.29***

「利用時間（分）」性別は，Kruskal-Wallis検定の結果．
「利用時間（分）」年齢層別の右肩のa, b, c, …は，縦に見て，同符号間ではTukeyの多重範囲検定の結果$p<0.05$で有意差がないことを示す．
「行為者率（%）」右肩の記号は，残差分析の結果，$p<0.05$で，＋で有意に多く，－で有意に少ない．
F値右肩の記号は，分散分析の結果 ***$p<0.001$, **$p<0.01$, *$p<0.05$.
χ^2値右肩の記号は，χ^2検定の結果 ***$p<0.001$, **$p<0.01$, *$p<0.05$.

で95.0%と飽和状態である．一方，20代の前後である10代および30代では，2012年末時点で10代54.7%，30代58.8%であったがその翌年には同74.1%，77.6%と急速に増加し，2014年末で同78.6%，82.6%と若干の伸びを示している．また，40代では2012年末で37.1%，2013年末で55.1%，2014年末で70.3%と15～20ポイント増加している．さらに50代，60代では，他の年齢層よりも利用率は低いものの，2013年末から2014年末にかけての増加が著しい．このように見てみると，ソーシャルメディアの利用は，20代を中心に飽和状態に近づいており，40代以上では今後も増加する余地がある．

このように普及が進むソーシャルメディアの利用について，筆者らの日記式調査では，モバイル，PC別に確認している．その全体・性別・年齢層別の利用時間および行為者率を示したものが表7.1.1である．性別では，モバイル，機器を問わない汎利用では女性，PCでは男性の利用時間が長く行為者率が高い．年齢層別ではいずれも20代を中心に利用が活発であるが，10代ではPCでの利用が他の年齢層に比べて低い値となっている．

このように若年層が中心ではあるが高年齢層にも利用者が増加するソーシャ

ルメディアとはなにか．ボイド（Boyd, 2014）は，「SNS サイト，動画共有サイト，ブログおよびマイクロブログのプラットフォーム，また参加者が自身のコンテンツを作ってシェアすることができる関連ツール」とし，「2000 年代前半に出現したサイトやサービスのこと」としている．しかしこの定義ではウェブ上の多くのサービスを包含することとなる．したがって，本章ではソーシャルメディアの中核をなすソーシャルネットワーキングサービス（以下，SNS）を中心にソーシャルメディアについて議論する．

　では，SNS とは何であるか．エリソンとボイド（Ellison & Boyd, 2013）は①本人，他の利用者もしくはシステムによるコンテンツに，利用者を特定できるプロファイルがある，②他の利用者に公開された利用者間のネットワークが存在する，③利用者間のネットワークで生成されたコンテンツを消費，シェアもしくはやり取りすることができる，という 3 点を SNS の定義としている．この定義は一般に普及しているソーシャルメディアという言葉のイメージに近いのではないだろうか．

　次に，ソーシャルメディアでどのようなことができるのか．代表的なソーシャルメディアであるフェイスブックを例に，ソーシャルメディアでどのようなことが可能か確認したい．フェイスブックでは，性別や生年月日，出身地や居住地，出身校や現在の職業等，多様なプロフィールを記載することができる．また，最近の出来事として，利用者がどのようなことをしたのか投稿することができ，また「友達」もしくは「フォロー」の関係にある他の利用者の投稿を閲覧することができるタイムライン機能がある．「フォロー」の対象はニュースサービスを提供する企業も含まれ，さらに動画の投稿や他のサイトの情報を閲覧することもできる．また，他の利用者とメッセージのやり取りや音声通話をしたり，グループを作成し複数の利用者とやり取りしたりすることも可能である．これらのような機能は他のソーシャルメディアでも程度の差こそあれ実装されており，様々な情報に接するだけでなくコミュニケーションすることも可能である．つまり，受動的な側面は否めないが，検索を除けばインターネットでできることの多くを，ソーシャルメディア上でもしくはソーシャルメディアを起点に行うことが可能といえる．

　このように，ソーシャルメディアを起点として様々なインターネット上のサ

ービスを利用できるようになったということは，従来用いられてきたメールやウェブサイトを代替している可能性がある．そこで本章では，ソーシャルメディアの利用によって他のインターネットの利用がどのようになったのか，日記式調査のデータを用いてその関係について明らかにする．

7.2 日記式調査からみたソーシャルメディア利用と他のネット利用

7.2.1 他のネット利用時間との関連

まず，ソーシャルメディア利用時間が長い人は他のネット利用時間も長いのかを確認する．そこで，日別の日記式調査のデータを用いて機器ごとのソーシャルメディア利用時間と，ソーシャルメディア利用を除いた機器ごとのネット利用時間の相関を，機器ごとのネット行為者に限定して分析したものが表7.2.1である．例えばモバイルでは，モバイルでのソーシャルメディア利用時間とモバイルでの「メールを読む・書く」時間の相関を分析した．

分析の結果，PC でのソーシャルメディア利用時間と PC でのソーシャルメディアを除いた汎ネット利用時間に有意な相関は見られなかったが，モバイル

表7.2.1 ソーシャルメディア利用時間と他のネット利用時間の相関
（日別・機器別ネット行為者のみ）

		モバイル ソーシャルメディア	PC ソーシャルメディア	汎 ソーシャルメディア
	N	1577	763	1851
機器別ネット利用時間	汎ネット（ソーシャルメディア除く）	0.1030***	0.0520	0.1470***
	メールを読む・書く	0.0663**	−0.0098	0.0572*
	ソーシャルメディア以外	0.1446***	0.0041	0.1622***
	ネット動画を見る	0.1808***	0.0511	0.1318***
	ネットで音声通話	0.1450***	−0.0175	0.1015***
	ゲーム（ネット経由）	0.0027	0.1360***	0.0715**
	電子書籍	−0.0012	0.0521	0.0623**

分析対象は，モバイルソーシャルメディアはモバイルネット行為者，PC ソーシャルメディアは PC ネット行為者，汎ソーシャルメディアは汎ネット行為者．
表側は，表頭に対応する各ネット利用時間．
表側の汎ネットには，ソーシャルメディア利用時間を含まない．
数値は Pearson の相関係数．数値横の記号は，***$p<0.001$，**$p<0.01$，*$p<0.05$．

でのソーシャルメディア利用時間はモバイルでのソーシャルメディアを除いた汎ネット利用時間には有意な正の相関がみられた．さらに個別のネット利用との関係を見ても，その傾向は変わらず，PCからのソーシャルメディア利用時間とネット経由のゲーム利用時間でのみ正の有意な相関がみられた．

つまり，モバイルでソーシャルメディアを活発に利用する人はモバイルでのネットも活発に利用しているが，PCでは必ずしもそうではない．

7.2.2 利用有無による他のネット利用時間の差異

次に，ソーシャルメディアの利用の有無によって他のネット利用時間がどのように異なるのかを確認するために，日別の日記式調査のデータを用いて分析した．

まず汎ソーシャルメディア行為有無による汎ネット時間および個別の利用時間の差を分析したものが表7.2.2である．分析の結果，「メールを読む・書く」時間では，ソーシャルメディア行為者より非行為者で有意に長く，「汎ネット」時間，「ソーシャルメディア以外」のウェブサイトの利用時間，「ネット動画を見る」時間，「ゲーム（ネット経由）」時間では，逆に行為者が非行為者よりも有意に長い結果となった．つまり機器を問わずソーシャルメディアを利用した人はそうでない人に比べて「メールを読む・書く」時間が短い傾向が示され，ソーシャルメディア利用によってメール利用が減少している可能性が示唆された．

表7.2.2 ソーシャルメディア行為有無によるネット利用時間の差
（日別・機器問わず・汎ネット利用者のみ）

	ソーシャルメディア 非行為者 $N=1049$	ソーシャルメディア 行為者 $N=802$	χ^2 値
汎ネット	93.7	143.3	93.6***
メールを読む・書く	35.7	31.0	50.9***
ソーシャルメディア	0.0	72.7	
ソーシャルメディア以外	22.4	30.4	14.5***
ネット動画を見る	10.7	15.8	21.2***
ネットで音声通話	6.6	8.2	2.1
ゲーム（ネット経由）	22.4	24.7	5.4*
電子書籍	2.6	2.5	1.7

χ^2 値はWilcoxonの順位和検定の結果．数値横の記号は，***$p<0.001$，*$p<0.05$．

表 7.2.3 ソーシャルメディア利用有無によるネット利用時間の差
（日別・汎モバイルネット利用者のみ）

	モバイルソーシャルメディア非行為者 $N=863$	モバイルソーシャルメディア行為者 $N=714$	χ^2 値
汎モバイルネット	66.5	112.0	135.6***
メールを読む・書く	25.5	17.1	96.0***
ソーシャルメディア	0.0	68.3	
ソーシャルメディア以外	9.4	20.4	49.1***
ネット動画を見る	6.1	8.4	23.1***
ネットで音声通話	5.8	6.6	1.6
ゲーム（ネット経由）	21.6	18.9	2.9†
電子書籍	1.8	1.4	1.5

χ^2 値は Wilcoxon の順位和検定の結果．数値横の記号は，***$p<0.001$, †$p<0.10$.

表 7.2.4 ソーシャルメディア利用有無によるネット利用時間の差
（日別・汎ＰＣネット利用者のみ）

	PC ソーシャルメディア非行為者 $N=628$	PC ソーシャルメディア行為者 $N=135$	χ^2 値
汎PCネット	105.2	149.7	11.2***
メールを読む・書く	43.6	27.8	5.7*
ソーシャルメディア	0.0	86.3	
ソーシャルメディア以外	36.8	24.3	5.9*
ネット動画を見る	15.7	25.6	1.0
ネットで音声通話	4.3	7.4	0.0
ゲーム（ネット経由）	12.7	31.8	3.8†
電子書籍	3.2	3.2	0.0

χ^2 値は Wilcoxon の順位和検定の結果．数値横の記号は，***$p<0.001$, *$p<0.05$, †$p<0.10$.

さらに，機器別に同様の分析を行った結果が，モバイルは表7.2.3，PCは表7.2.4である．モバイルでは，「メールを読む・書く」時間では，モバイルソーシャルメディア行為者より非行為者で有意に長く，「汎モバイルネット」時間，「ソーシャルメディア以外」のウェブサイトの利用時間，「ネット動画を見る」時間では，逆に行為者が非行為者よりも有意に長く，汎ソーシャルメディアとほぼ同様の結果となった．しかし，PCでは，「メールを読む・書く」時間だけでなく「ソーシャルメディア以外」のウェブサイトの利用時間も行為者よりも非行為者が有意に長く，行為者が非行為者よりも有意に長いのは，「汎PCネット」時間であった．

つまり，モバイルではソーシャルメディア利用によってメールの利用が減っ

ているが，ソーシャルメディア以外のウェブサイトやネット動画の利用が増えている可能性が示唆された．また，PC ではソーシャルメディア利用によってメールだけでなくソーシャルメディア以外のウェブサイトの利用も減っている可能性が示唆された．

7.2.3 利用日・非利用日の他のネット利用時間の差異

ここまでみてきたように，ソーシャルメディアの利用によってメール（PC・モバイルの両方）やウェブサイトの閲覧（PC のみ）が減少する可能性が示された．しかし，ソーシャルメディアの利用やインターネットの利用はデモグラフィック属性による影響が大きい（第 2 章 2.1 節を参照）．そこで，石井（1999）の「多忙度とテレビ視聴時間」の検証や橋元（2005）の「自宅での PC インターネット利用時間の在宅時間相応配分説」で援用された「時間差マッチング法」を援用し，ソーシャルメディア利用によって他のネット利用がどのように異なるのかさらに検討を加えたい．

本項では 2 日間の日記式調査の結果から，2 日ともインターネットを利用し，かつ 1 日目もしくは 2 日目のいずれか 1 日のみソーシャルメディアを利用しているサンプルを抽出し，ソーシャルメディアを利用した日と利用していない日の他のネット利用時間を比較した．これは石井（1999）や橋元（2005）の採用した方法と同様であり，互いに比較するデータのサンプルは同じであり，他の属性等による疑似相関の可能性や影響を考慮する必要がない．

表 7.2.5 ソーシャルメディア利用日と非利用日の各ネット利用時間の差（ネット両日利用者でソーシャルメディア利用が 1 日の回答者）

$N=106$	利用日（分）	非利用日（分）	利用日−非利用日	t 値
汎ネット	143.3	127.6	15.6	1.38 n.s.
汎ネット（ソーシャルメディア除く）	109.0	127.6	−18.6	−1.59 n.s.
メールを読む・書く	33.4	36.4	−2.9	−0.56 n.s.
ソーシャルメディア	50.1	0.0	50.1	
ソーシャルメディア以外	29.9	38.5	−8.6	−1.20 n.s.
ネット動画を見る	25.6	29.0	−3.4	−0.49 n.s.
ネットで音声通話	6.4	14.1	−7.7	−1.25 n.s.
ゲーム（ネット経由）	29.2	28.9	0.2	0.04 n.s.
電子書籍	2.6	1.3	1.3	1.37 n.s.

t 値横の記号は，対応のあるサンプルの t 検定の結果．n.s.：$p<0.10$ で有意差なし．

この方法に基づいて，機器を問わないソーシャルメディア利用と機器を問わないネット利用の関係を分析した結果が表7.2.5である．いずれも統計的に有意差は見られないが，利用日は非利用日よりも「メールを読む・書く」，「ソーシャルメディア以外」のウェブサイト，「ネット動画を見る」，「ネットで音声通話」で短い傾向がみられた．ソーシャルメディアを除くネット利用時間では，利用日は非利用日より短い傾向もみられるため，ソーシャルメディアの利用が他のネット時間を侵食しているとは明確には言えないが，その可能性が示唆される結果となった．

7.3 考察と今後の展望

以上のように，本章の第1節でソーシャルメディアについて，性別ではモバイルで女性，PCでは男性が，年齢層別では20代を中心とした若年層が活発に利用していることを確認した．さらに第2節では，ソーシャルメディア利用者は他のネット利用も活発ではあるが，ソーシャルメディアの利用がメール（PC・モバイルの両方）やウェブサイトの閲覧（PCのみ）を減少させる可能性が示唆されている．これは，ソーシャルメディアがメールやウェブと類似した機能を有しているためではないだろうか．

メールについては若年層を中心としたLINEによる友人とのやり取りの増加が，第2章2.1節でみたような10代でのメール利用の減少の要因ではないだろうか．同様に日記式調査によるインターネット利用を計測している総務省情報通信政策研究所（2015）によると，2014年末時点で，10代および20代でソーシャルメディアの行為者率はメールの行為者率を抜いている．本調査においてはさらにその傾向が強まり，30代でも汎ソーシャルメディア利用率が46.0%，汎メール利用率が46.9%とほぼ拮抗している．この傾向は「ソーシャルメディア以外」のウェブでも同様の傾向がみられる．このように時系列でみるとソーシャルメディアがメールやウェブを代替している可能性が高いといえる．

しかし，7.2.3項の人別でのソーシャルメディア利用日と非利用日の分析で

は，上記のような傾向は見られたものの統計的に有意差は見られなかった．この点については，以下の2つの要因が考えられる．1つ目はソーシャルメディア利用者の年齢構成比と，同項で分析したソーシャルメディア1日利用者の年齢構成比が大きく異なる点である．表7.1.1でみたように行為者率は年齢層が低いほど高い傾向にあるが，7.2.3項の分析対象は，60代を除けば年齢層に偏りはなく，60代のみ他の年齢層の約半分となっている．つまり，ソーシャルメディア利用の中心であり，メールやウェブに比べてソーシャルメディアの行為者率が高い10-20代のサンプルの比率が低く，比較的高年齢層のサンプルの比率が高くなっているのである．2つ目は，1つ目の理由とも関連するが，分析対象をソーシャルメディアの1日利用者としたため，いわゆるヘビーユーザーを除外してしまっている可能性がある．実際にソーシャルメディア2日利用者の1日平均利用時間は76.8分と，1日利用者の利用日の平均50.1分よりも有意に長い（Wilcoxonの順位和検定で$p<0.0029$）．

以上のように分析上の課題がいくつかあるが，本章の分析とこれまでの経年でのソーシャルメディア利用の増加とメールやウェブ利用の減少の傾向を踏まえると，ソーシャルメディアがメールやウェブを代替している可能性が十分にあるといえる．このようにソーシャルメディアが複数のインターネットサービスの機能を代替しているとすると，結局ソーシャルメディアで何をしているのかということが問題となってくる．つまり，ソーシャルメディアには，メールに代わるメッセージ機能，ウェブの一部を代替する情報収集機能，さらに音声通話や動画を視聴する機能も存在する．このようにとらえた場合，インターネット上での情報行動についての検討に際して，ソーシャルメディアといったサービスではなく，より具体的に何をしているのかということを検討することが必要ではないだろうか．

注
（1） 東京大学橋元研究室と総務省情報通信政策研究所の共同研究におけるソーシャルメディア利用率は，主なソーシャルメディアとして「LINE」「facebook」「Twitter」「mixi」「Mobage」「GREE」を挙げ，機器を問わず1つでも利用している人をソーシャルメディア利用者として定義している．

参考文献

Boyd, D.（2014）*It's complicated: The social lives of networked teens*, New Haven: Yale University Press.（野中モモ訳（2014）『つながりっぱなしの日常を生きる――ソーシャルメディアが若者にもたらしたもの』，東京，草思社）．

Ellison, N. B. & Boyd, D.（2013）"Sociality through social network sites," In W. H. Dutton（Ed.）, *The Oxford Handbook of Internet Studies*. Oxford: Oxford University Press, 151-172.

橋元良明（2006）「「日本人の情報行動・日記式調査」の分析からみたインターネット利用の生活時間・他メディア利用時間への影響――「在宅時間相応配分説」について」，東京大学大学院情報学環編（2006）『日本人の情報行動2005』，東京大学出版会，207-216.

石井健一（1999）「メディアの代替過程」，橋元良明編『情報行動と社会心理』，北樹出版，152-172.

総務省情報通信政策研究所（2015）「平成26年情報通信メディアの利用時間と情報行動に関する調査報告書」，総務省情報通信政策研究所.

第3部　調査票（単純集計結果）

【附属資料】調査票および単純集計結果／日記式調査票

日本人のメディア利用に関する実態調査

平成 27 年 6 月

〔調査企画〕東京大学大学院 情報学環 橋元研究室
東京経済大学 コミュニケーション学部
北村研究室
〔調査実施〕一般社団法人 中央調査社

　この調査は，全国にお住まいの 13 歳から 69 歳の方，2,500 名を対象に，日頃お使いのさまざまなメディア（テレビ・新聞・インターネットなど）の利用実態やご感想をうかがい，今後の研究に役立てることを目的としています．

　この調査票でお答えいただいた内容につきましては，統計として取りまとめるだけで，皆様の個人的な内容はいっさい明らかにされることはありませんので，どうぞ安心してご回答ください．

　ぜひご協力をいただきますようお願い申し上げます．

ご記入に際してのお願い

1. この調査は，ご協力をお願いするあなた様ご本人にご回答をお願いいたします．
2. お答えは，あてはまる選択肢の番号に〇をつけていただくか，数字をご記入ください．
また，「その他」の（　　）内はなるべく具体的にご記入ください．
3. お答えは原則的に 1 つの質問につき 1 つ選んでいただきます．
ただし質問によっては，2 つ以上の回答を選んでいただく場合もあります．
4. ご記入は，質問の番号や矢印（→）の指示にそってお願いいたします．一部の方だけにお答えいただく質問もありますので，その場合は【　】内の指示にしたがってお答えください．
わかりづらい質問もあるかもしれませんが，最後までお答えくださるようお願いいたします．
5. ご記入は鉛筆または黒・青のペン，ボールペンでお願いいたします．
なお，記入上わかりづらい点などがありましたら，うかがった調査員におたずねいただくか，調査の実施機関である一般社団法人 中央調査社にお問い合わせください．

≪問い合せ先につきましては別紙の「ご協力のお願い」をご覧ください≫

〔記入例〕

	ほぼ毎日する	週に数回	月に数回	月に一回以下	していない
b　オンラインゲームをする	1	②	3	4	5

ご記入くださった調査票は　　　日　　　時ごろ　　　いただきにあがりますので，よろしくお願いいたします．
それまでに，「生活行動時間調査票」とあわせてご記入くださいますようお願いいたします．

整理番号				点検者	

第3部　調査票（単純集計結果）

問1　次にいろいろな機器があげられています。それぞれ家にあるかどうか、家にある場合はふだん自分で利用しているかどうか、家にない場合は将来ほしいと思っているかどうかなどに関し、(1)～(9)について、あてはまるものに<u>1つずつ</u>○をつけてください。（○は1つずつ）

	家にある		家にない		無回答
	自分も利用している	自分は利用していない	将来ほしい	いらない／わからない	
(1) テレビ受像機（パソコンやスマートフォン、従来型携帯電話は除く）	86.1	5.4	1.2	6.2	1.0
(2) DVD・ブルーレイなどの録画機	73.7	12.3	3.9	9.5	0.5
(3) パソコン（タブレット端末は除く）	66.4	17.9	5.1	9.9	0.6
(4) タブレット端末（iPad、Nexus など）	23.6	18.5	18.2	37.9	1.8
(5) 固定電話	72.7	13.4	2.0	11.3	0.6
(6) スマートフォン（iPhone、Xperia など）	61.7	16.4	6.1	15.0	0.9
(7) 従来型携帯電話（スマートフォンは除く、PHSを含む）	40.0	20.7	0.7	37.2	1.4
(8) 電子書籍リーダー（Amazon Kindle など）	5.9	11.9	9.0	71.7	1.5
(9) ゲーム機（ニンテンドー3DS、PS Vita、Wii U など）	26.9	35.3	1.6	35.2	0.9

問2　あなたはふだん1日にご自宅でどのくらい自由に使える時間がありますか。睡眠、仕事、勉強、家事、食事、身の回りの用事の時間を除いて、平日（仕事や学校がある日）と休日に分けておおよその時間をお答えください。

	あなたが自由に使えるおおよその時間			
(1) 平日（仕事や学校がある日）	□□ 時間	□□ 分くらい	平均 225.5分	無回答 1.5
(2) 休日	□□ 時間	□□ 分くらい	平均 440.2分	無回答 1.7

問3 あなたは，次の (1)～(4) でこの1週間で何日くらいニュースを見ましたか．あわせて，見た日の1日あたりの平均時間を記入してください．（そのメディアでニュースを見なかった場合は，右欄の「0 見ていない」に○をつけてください．）

	1週間で見た日数	見た日の1日あたり平均時間	見ていない	無回答
(1) テレビのニュース	日 平均 くらい 5.9日	時間 分 平均 くらい 72.0分	6.3	1.8
(2) 紙の新聞	日 平均 くらい 5.7日	時間 分 平均 くらい 42.7分	40.7	1.3
(3) パソコンやタブレット端末によるインターネットのニュース	日 平均 くらい 5.1日	時間 分 平均 くらい 43.9分	60.9	2.1
(4) スマートフォンや従来型携帯電話によるインターネットのニュース	日 平均 くらい 5.6日	時間 分 平均 くらい 32.9分	52.6	2.0

問4 あなたは「YouTube（ユーチューブ）」，「ニコニコ動画」などインターネットの動画投稿・共有サイトをふだんどのくらいの頻度で見ていますか．あてはまるものに1つだけ○をつけてください．（○は1つ）

| 11.0 ほぼ毎日 | 16.2 月に数回 | 46.1 見ない | |
| 20.0 週に数回 | 5.8 月に1回以下 | 0.9 無回答 | |

→ 次ページ問6へお進みください

【問4で「1 ほぼ毎日」～「4 月に1回以下」と答えた方に伺います】
問5 あなたが視聴しているインターネットの動画の中で，テレビ番組の映像はどのくらいありますか．
視聴している動画全体を100％として，テレビ番組の映像の占める大体の割合を％でお答えください．
テレビ番組の映像を見ない場合は，「0 テレビ番組の映像は見ない」に○をつけてください．
（※テレビ番組の映像とは，ニュースや音楽番組，ドラマ，バラエティなど，すべてのテレビ番組を指します．）
(n=722)

テレビ番組の映像は ％程度 平均36.4％   1.5 無回答   53.3 テレビ番組の映像は見ない

254　第3部　調査票（単純集計結果）

【全員の方に】

問6　あなたは，次のようなことをしていますか．自宅での利用に限らず，職場や学校，移動中での利用も含めて，(1)〜(4)について，「1（している）」「2（していない）」のうち，あてはまるものに1つずつ○をつけてください．（○は1つずつ）

※なお，「サイトやアプリを利用する」とは，サイトを見るだけの場合も含みます．

		している	していない	無回答
(1) パソコン（タブレット端末を除く）で	メールや，LINEなどでのメッセージを見たり送ったりする	40.7	58.8	0.4
	インターネットのサイトやアプリを利用する	49.0	50.0	1.0
(2) タブレット端末（iPad，Nexusなど）で	メールや，LINEなどでのメッセージを見たり送ったりする	9.7	89.7	0.6
	インターネットのサイトやアプリを利用する	17.3	81.5	1.2
(3) スマートフォン（iPhone，Xperiaなど）で	メールや，LINEなどでのメッセージを見たり送ったりする	59.7	39.9	0.4
	インターネットのサイトやアプリを利用する	56.2	42.8	1.0
(4) 従来型の携帯電話（スマートフォンを除く，PHSを含む）で	メールや，LINEなどでのメッセージを見たり送ったりする	26.4	72.8	0.8
	インターネットのサイトやアプリを利用する	7.3	91.6	1.1

すべて「2」の方は7ページ問9へ

【前ページ問6（1）パソコンや（2）タブレット端末で「メールや，LINEなどでのメッセージを見たり送ったりする」または「インターネットのサイトやアプリを利用する」と答えた（どれか1つでも「1 している」に○を付けた）方におうかがいします】

問7　自宅での利用に限らず，職場や学校，移動中での利用も含めて，パソコンやタブレット端末によるインターネット利用全般についてお答えください．
　　あなたは，パソコンやタブレット端末を使ってインターネットで以下のようなことをしていますか．（1）～（17）のそれぞれについて，あてはまるものに<u>1つずつ</u>○をつけてください．（○はそれぞれ1つずつ）（n=808）

	ほぼ毎日する	週に数回	月に数回	月に一回以下	していない	無回答
（1）音楽を聴く（ダウンロードを含む）	11.5	12.5	15.1	12.9	47.5	0.5
（2）オンラインゲームをする	11.5	5.1	3.3	3.1	76.5	0.5
（3）ネットバンキングを利用する	0.7	1.9	9.3	8.5	79.2	0.4
（4）ネット上で株式を売買する	1.2	0.1	1.9	4.1	92.2	0.5
（5）ネットショッピングで商品・サービスを購入する	0.4	2.8	26.0	36.0	34.3	0.5
（6）オークションに参加する	0.4	1.0	3.5	11.1	83.7	0.4
（7）検索（サーチエンジン）を利用する	36.8	28.6	14.7	5.0	14.4	0.6
（8）チケットを予約する	0.4	1.1	5.0	32.7	60.3	0.6
（9）チャットをする	4.0	2.1	1.7	3.5	88.1	0.6
（10）スカイプ，LINEなどの音声通信を利用する	7.9	4.7	4.6	8.0	74.3	0.6
（11）メールマガジンを読む	6.4	8.8	9.7	9.5	65.0	0.6
（12）掲示板の内容を読む	7.4	9.9	11.3	7.7	63.2	0.5
（13）掲示板に書き込みをする	0.7	2.2	1.9	4.1	90.7	0.4
（14）自分のブログ，ホームページを作ったり更新したりする	1.2	1.9	3.8	4.0	88.6	0.5
（15）他の人（個人）のブログ，ホームページを見る	10.3	15.0	16.3	11.6	46.4	0.4
（16）インターネット上のサービスで自分の文書や写真を管理している（Dropbox，OneDriveなど）	3.6	4.0	5.0	5.2	81.9	0.4
（17）地図アプリ（Googleマップなど）を利用する	4.1	17.9	31.1	23.0	23.6	0.2

【4ページの問6 (3) スマートフォンや (4) 従来型の携帯電話で「メールや，LINE などでのメッセージを見たり送ったりする」または「インターネットのサイトやアプリを利用する」と答えた（どれか1つでも「1 している」に○を付けた）方におうかがいします】

問8 自宅での利用に限らず，職場や学校，移動中での利用も含めて，スマートフォンや従来型の携帯電話によるインターネット利用全般についてお答えください．
あなたは，スマートフォンや従来型の携帯電話を使ってインターネットで以下のようなことをしていますか．(1)～(17)のそれぞれについて，あてはまるものに1つずつ○をつけてください．（○はそれぞれ1つずつ）
(n=1144)

	ほぼ毎日する	週に数回	月に数回	月に一回以下	していない	無回答
(1) 音楽を聴く（ダウンロードを含む）	16.6	13.1	10.3	7.2	50.3	2.4
(2) オンラインゲームをする	21.5	6.9	3.6	3.1	62.1	2.9
(3) ネットバンキングを利用する	0.3	0.6	3.9	3.5	88.8	2.8
(4) ネット上で株式を売買する	0.2	0.3	0.8	1.0	95.1	2.6
(5) ネットショッピングで商品・サービスを購入する	0.3	2.5	14.4	19.3	60.9	2.5
(6) オークションに参加する	0.4	0.7	2.8	4.6	88.9	2.5
(7) 検索（サーチエンジン）を利用する	31.9	19.8	8.7	4.0	32.9	2.6
(8) チケットを予約する	0.2	0.6	4.1	17.0	75.6	2.5
(9) チャットをする	5.8	1.9	1.1	1.4	86.9	2.9
(10) スカイプ，LINE などの音声通信を利用する	14.1	8.7	9.2	6.4	59.1	2.6
(11) メールマガジンを読む	7.8	8.4	7.9	5.7	67.6	2.7
(12) 掲示板の内容を読む	6.6	9.3	7.5	5.7	68.3	2.6
(13) 掲示板に書き込みをする	0.9	1.6	2.3	2.8	89.9	2.6
(14) 自分のブログ，ホームページを作ったり更新したりする	1.1	2.2	2.4	2.3	89.5	2.5
(15) 他の人（個人）のブログ，ホームページを見る	10.0	11.7	11.0	7.3	57.4	2.6
(16) インターネット上のサービスで自分の文書や写真を管理している（Dropbox，OneDrive など）	2.0	3.8	4.2	2.7	85.2	2.5
(17) 地図アプリ（Google マップなど）を利用する	5.2	14.9	25.6	15.6	36.2	2.5

【全員の方に】
問9　あなたは次の(1)～(9)の内容に関する情報を，どのような情報源から得ていますか。この1ヶ月の間に，(1)～(9)のそれぞれの内容に関する情報を得た情報源としてあてはまるものに，1～8の中からいくつでも○をつけてください。また，(1)～(9)のそれぞれについて，1～8の中でもっともよく使った情報源には◎をつけてください。その種の情報を必要としなければ9に○をつけてください。（○はそれぞれいくつでも，◎はそれぞれ1つ）

※（　）内の数字は◎の％

情報＼情報源	テレビ	ラジオ	新聞	雑誌	パンフレット・チラシ・フリーペーパー	パソコン・タブレット	スマートフォン・従来型携帯電話	友人・家族	そのような情報は必要としない	無回答
(1) 国内ニュース	90.8 (54.6)	21.4 (1.8)	50.7 (6.6)	9.5 (―)	3.7 (0.1)	28.9 (5.2)	42.7 (11.8)	30.1 (1.0)	1.5 (1.5)	0.1 (17.3)
(2) 海外ニュース	81.6 (51.5)	14.8 (1.0)	40.7 (5.5)	6.2 (0.1)	1.4 (―)	25.3 (6.9)	32.7 (11.5)	17.5 (1.0)	6.8 (6.8)	1.0 (15.6)
(3) 地域（ローカル）ニュース	69.2 (41.6)	15.2 (1.8)	43.8 (16.8)	4.4 (0.3)	6.7 (1.5)	14.4 (3.0)	20.6 (6.9)	27.7 (5.7)	6.4 (6.4)	1.6 (15.9)
(4) 天気予報	88.7 (52.3)	16.2 (1.5)	27.8 (1.9)	0.7 (―)	0.6 (0.1)	22.6 (5.1)	47.8 (20.9)	18.4 (0.8)	1.1 (1.1)	0.4 (16.4)
(5) 旅行，観光情報	29.2 (11.2)	3.2 (0.2)	13.5 (2.1)	24.7 (8.1)	17.6 (6.7)	28.0 (14.2)	27.0 (14.2)	18.1 (3.7)	26.5 (26.5)	1.9 (13.0)
(6) ショッピング，商品情報	30.0 (10.3)	3.2 (0.2)	14.9 (2.9)	22.4 (4.9)	18.9 (10.0)	30.8 (16.3)	34.8 (20.7)	18.8 (3.2)	17.9 (17.9)	1.5 (13.7)
(7) 健康・医療関連	45.6 (24.9)	4.7 (0.1)	20.3 (4.5)	13.4 (2.4)	4.6 (0.4)	21.7 (6.6)	24.3 (10.6)	20.9 (5.7)	23.3 (23.3)	2.0 (13.5)
(8) テレビ番組情報	66.8 (44.0)	1.5 (―)	39.7 (22.5)	6.5 (1.0)	1.2 (0.2)	9.8 (2.6)	14.5 (4.1)	14.7 (2.2)	12.1 (12.1)	1.0 (11.3)
(9) グルメ情報	47.0 (21.6)	3.8 (0.2)	12.6 (1.0)	24.2 (6.8)	13.9 (3.2)	20.6 (8.3)	28.5 (14.5)	25.6 (6.8)	24.4 (24.4)	1.5 (13.2)

問10　あなたが情報を得るための手段（情報源）として，次の(1)～(4)のメディアは，どのくらい重要ですか。それぞれについて，1～5の中から1つずつ○をつけてください。（○はそれぞれ1つずつ）

	非常に重要	ある程度重要	どちらともいえない	あまり重要ではない	まったく重要ではない	無回答
(1) テレビ	57.9	32.5	4.4	3.4	1.7	0.1
(2) 新聞	25.8	34.7	13.2	14.3	11.5	0.4
(3) 雑誌	5.1	26.8	27.8	25.6	14.3	0.4
(4) インターネット	42.3	28.9	11.0	6.6	10.8	0.4

問11 あなたが楽しみを得るための手段として，次の (1)～(4) のメディアは，どのくらい重要ですか．それぞれについて，1～5の中から1つずつ○をつけてください．（○はそれぞれ1つずつ）

	非常に重要	ある程度重要	どちらともいえない	あまり重要ではない	まったく重要ではない	無回答
(1) テレビ	51.3	34.9	6.3	4.3	2.9	0.2
(2) 新聞	11.4	29.7	20.1	17.9	20.5	0.4
(3) 雑誌	9.0	35.8	26.1	17.4	11.3	0.4
(4) インターネット	40.3	30.9	10.5	7.2	10.6	0.5

問12 あなたは，次の (1)～(4) のメディアの情報のうち，信頼できる情報はどの程度あると思いますか．それぞれについて，1～5の中から1つずつ○をつけてください．なお，利用していないメディアについては，大体の印象でお答えください．（○はそれぞれ1つずつ）

	全部信頼できる	大部分信頼できる	半々くらい	一部しか信頼できない	まったく信頼できない	無回答
(1) テレビ	6.0	53.2	31.0	7.9	1.8	0.1
(2) 新聞	8.5	57.0	27.0	5.7	1.5	0.3
(3) 雑誌	0.7	18.4	50.3	25.3	4.8	0.5
(4) インターネット	1.6	22.0	48.8	19.3	7.3	1.1

問13 次の (1)～(11) の意見について，あなたご自身はどう思われますか．あなたのお気持ちに最も近いものに，それぞれ1つずつ○をつけてください．（○はそれぞれ1つずつ）

	そう思う	まあそう思う	あまりそう思わない	そうは思わない	無回答
(1) 政治のことよりも自分の生活のほうが大事だ	29.5	50.7	14.4	5.3	0.1
(2) われわれが少々騒いだところで政治はよくなるものではない	39.6	40.5	12.9	6.8	0.1
(3) 政治のことは難しすぎて自分にはよくわからない	17.8	39.6	27.5	14.9	0.1
(4) 情報を入手する際，重要なのはどちらかといえば質より早さだ	7.5	25.0	47.7	19.6	0.2
(5) ほとんどの人は他人を信頼している	2.9	36.6	46.8	13.5	0.1
(6) 人を助ければ，今度は自分が困っている時に誰かが助けてくれる	13.4	48.9	29.5	8.1	0.1
(7) 人と会って話しているときより，パソコンやスマートフォン，従来型携帯電話をいじっているときのほうが楽しい	1.8	7.1	37.0	54.0	0.1
(8) 人と会って話すより，メールやソーシャルメディアでやりとりする方が気軽だ	3.6	14.1	33.0	49.0	0.2

(問13つづき)

	そう思う	まあそう思う	あまりそう思わない	そうは思わない	無回答
(9) 実際に体験していなくても，情報として知っていれば十分だと思う	4.6	29.7	38.8	26.7	0.3
(10) いろいろな情報は，記憶していなくてもインターネットで探しだせれば十分だ	4.1	24.5	40.2	30.6	0.6
(11) テレビの番組を，はじめから放送されるままに順番どおりに見ているとじれったい	11.2	23.9	41.0	23.3	0.4

問14　あなたには，次の(1)～(14)のようなことが，どのくらいあてはまりますか．あなたのお気持ちに最も近いものに，それぞれ1つずつ〇をつけてください．(〇はそれぞれ1つずつ)

	あてはまる	ややあてはまる	あまりあてはまらない	あてはまらない	無回答
(1) まわりの人たちと興味や考え方が合わないと思うことがよくある	8.8	40.0	44.5	6.5	0.1
(2) 友達には何でも相談できる	7.7	34.9	43.1	14.2	0.1
(3) まごまごしていると他人に追いこされそうだ，という不安を感じる	4.8	19.0	43.2	32.8	0.2
(4) いつもやらなければならないことに追われているように感じる	16.1	33.5	32.3	17.9	0.2
(5) 人と一緒にいるのが好きである	23.6	38.3	31.6	6.4	0.1
(6) 人づきあいの機会があれば，喜んで参加する	17.5	38.0	36.0	8.4	0.1
(7) 自分が他人にどう思われているのか気になる	15.0	33.8	36.1	15.1	0.1
(8) いつも友人や知人とつながっているという感覚が好きだ	11.1	29.8	43.8	15.1	0.2
(9) 世間のできごとより，自分の身の回りのできごとに興味がある	11.4	43.8	38.4	6.4	0.1
(10) ふだん「明日は明日で何とかなる」と思って暮らしている	15.9	41.3	31.8	10.9	0.1
(11) ことばより，絵や映像の方が自分の気持ちをうまく表現できる	3.4	12.3	52.3	31.6	0.4
(12) 自分の意見や気持ちを文字で発信することに喜びを感じる	3.4	15.5	49.0	31.9	0.2
(13) ふだんから政治に対して関心がある	9.5	30.2	38.5	21.7	0.1
(14) 最近は情報が多すぎて負担に感じる	9.0	30.7	43.2	16.9	0.1

問15 あなたは，次の (1)～(4) のような目的のために，どのメディアを最も利用していますか．
それぞれ1つずつ○をつけてください．

(1) いち早く世の中のできごとや動きを知る（○は1つ）

56.4	テレビ	0.1	書籍
2.8	ラジオ	37.7	インターネット
2.5	新聞	0.5	その他
—	雑誌	—	無回答

(2) 世の中のできごとや動きについて信頼できる情報を得る（○は1つ）

54.6	テレビ	2.6	書籍
1.9	ラジオ	13.4	インターネット
24.4	新聞	2.6	その他
0.4	雑誌	0.1	無回答

(3) 趣味・娯楽に関する情報を得る（○は1つ）

23.3	テレビ	4.7	書籍
0.7	ラジオ	51.0	インターネット
3.5	新聞	2.3	その他
11.2	雑誌	3.4	その種の情報はとくに必要ない
		0.1	無回答

(4) 仕事や研究に役立つ情報を得る（○は1つ）

9.3	テレビ	19.9	書籍
0.4	ラジオ	43.5	インターネット
6.6	新聞	3.6	その他
2.7	雑誌	13.7	その種の情報はとくに必要ない
		0.2	無回答

問16 あなたは,以下のメディアに接すること(見る,聴く,読む等)がありますか.それぞれ,あてはまるものに1つずつ○をつけてください.(○は1つずつ)

	よくある	たまにある	あまりない	まったくない	無回答
(1) テレビの地上波放送(民放局,NHKなど)	77.5	13.6	5.6	3.2	0.1
(2) BS放送(民放BS局,NHK BS,WOWOWなど)	25.3	22.6	15.0	36.9	0.3
(3) CS放送(スカパー!など)	5.6	6.8	10.1	76.7	0.7
(4) ケーブルTV(J:COMなど)	8.9	7.9	10.1	72.3	0.7
(5) パソコンやタブレット端末でのインターネット	42.4	18.5	10.3	28.5	0.3
(6) スマートフォンや従来型携帯電話(PHSも含む)でのインターネット	49.1	13.8	8.2	28.6	0.3
(7) ラジオ(インターネット経由でのラジオは除く)	16.7	20.0	17.8	45.2	0.4
(8) ネット経由でのラジオ(radiko,らじる★らじる,など)	3.1	6.5	9.9	80.0	0.4
(9) 新聞(紙の新聞のみ,電子新聞やネットのニュースは除く)	41.7	19.0	14.4	24.7	0.2
(10) 新聞の電子版(新聞社が有料でネット配信しているメディア)	2.6	4.0	6.2	86.9	0.2
(11) 折り込みチラシ	28.0	28.3	17.6	25.7	0.3
(12) 雑誌(紙の雑誌のみ,電子雑誌は除く)	13.1	41.6	25.4	19.5	0.4
(13) 電子雑誌(各雑誌の電子配信版,ソフトバンクのビューンなど)	0.6	2.5	9.3	87.3	0.3
(14) フリーペーパー(街頭や宅配で,無料で配布される新聞や雑誌など)	6.7	28.3	26.4	38.4	0.2
(15) メルマガ(メールマガジン)	5.6	16.5	18.1	59.5	0.2
(16) 交通機関における広告(車内の広告,駅のポスターなど)	6.5	24.1	31.1	38.2	0.1
(17) 交通機関以外の屋外広告(ビルの看板,街頭ビジョン,街のポスターなど)	4.8	23.9	37.8	33.3	0.1
(18) 飛行機の中に置いてある機内誌(翼の王国,SIGNATUREなど)	1.6	10.1	20.0	68.1	0.2
(19) 新幹線の中に置いてある車内誌(トランヴェール,WEDGEなど)	1.2	7.0	19.8	71.8	0.1
(20) 映画館で上映される映画	5.4	27.3	27.0	40.1	0.1

問17 以下に (1)~(10) のウェブサイトやアプリのリストが挙げられています。この中で、あなたが利用しているものはありますか。あてはまるものに1つずつ〇をつけてください。(〇は1つずつ)

	利用している		利用していない	無回答
	見るだけ	書き込み・投稿もする		
(1) mixi（ミクシィ）	4.0	1.9	93.7	0.4
(2) Facebook（フェイスブック）	14.0	12.1	73.6	0.2
(3) GREE（グリー）	2.6	0.9	96.1	0.4
(4) Mobage（モバゲー）	4.3	1.1	94.3	0.3
(5) Google+（グーグルプラス）※Googleでの検索、Gmailとは別のサービス	15.6	2.1	82.0	0.3
(6) LinkedIn（リンクトイン）	0.3	0.2	99.1	0.4
(7) Twitter（ツイッター）	11.0	11.7	76.9	0.4
(8) LINE（ライン）	10.9	41.0	47.9	0.2
(9) Instagram（インスタグラム）	5.2	4.8	89.6	0.3
(10) Vine（ヴァイン）	2.6	0.3	96.8	0.3

すべて「3」の方は次ページ問18へ

【問17の (1)~(10) のうち、どれか1つでも「1」~「2」に〇を付けた方に】

付問1　問17にあげたサービスを「ソーシャルメディア」と呼ぶことがあります。あなたは、ソーシャルメディアをどのくらいの頻度で利用していますか。お使いのソーシャルメディアをすべて合わせてお答えください。(〇は1つだけ) (n=835)

1.9　1日に100回以上　　5.5　1日に50回以上~100回未満　　15.1　1日に20回以上~50回未満
52.9　1日に1回以上~20回未満　　13.9　週に数回　　9.9　月に数回以下　　0.7　無回答

付問2　あなたは、問17 (1)~(10) のサイトやアプリに書き込む場合に、「テレビ番組に関連すること」を書き込んだり、投稿したりすることは、どのくらいありますか。(〇は1つだけ) (n=835)

1.4　よくある　　9.8　たまにある　　18.6　あまりない　　69.6　まったくない　　0.6　無回答

付問3　あなたは、問17 (1)~(10) のサイトやアプリにおいて、他の人が「テレビ番組に関連すること」を書き込んだり投稿したりしているのを見たのがきっかけで、その番組を自分でも視聴したことがどのくらいありますか。(〇は1つだけ) (n=835)

2.6　よくある　　18.9　たまにある　　28.4　あまりない　　49.6　まったくない　　0.5　無回答

【全員の方に】
問18 あなたは次のような「動画」を見ることはありますか．それぞれあてはまるものに1つずつ○をつけてください．（○は1つずつ）

	見る	見ない	無回答
（1）DVD・ブルーレイのレンタルビデオ	61.1	38.5	0.4
（2）市販のDVD・ブルーレイ	44.7	54.9	0.4
（3）ケーブルテレビ（J:COMなど）の有料放送	12.6	87.1	0.3
（4）CS放送（スカパー！など）	13.1	86.6	0.3
（5）BS放送の無料チャンネル	45.2	54.4	0.4
（6）BS放送の有料チャンネル（WOWOWなど）	10.1	89.5	0.4
（7）パソコン（タブレット端末を除く）でのインターネット無料動画	43.0	56.7	0.4
（8）パソコン（タブレット端末を除く）でのインターネット有料動画	2.5	97.1	0.4
（9）タブレット端末（iPad, Nexusなど）でのインターネット無料動画	17.8	81.8	0.4
（10）タブレット端末（iPad, Nexusなど）でのインターネット有料動画	1.7	97.9	0.4
（11）スマートフォンや従来型携帯電話でのインターネット無料動画	47.8	51.8	0.4
（12）スマートフォンや従来型携帯電話でのインターネット有料動画	2.5	97.1	0.4
（13）IPTVでの有料動画（ひかりTVなど）	2.1	97.4	0.4

問19 まず，次の文章をお読みください．

> 私たちは，自分が関心のあることについては，みずから積極的に情報を探しにいったりしますが，もともとそれほど関心の高くないことについては，何となく，偶然にメディアから情報を得たりしています．

あなたは，このような「関心がそれほど高くないこと」については，どんなメディアから情報を得ていますか．あてはまるものすべてに○をつけてください．（○はいくつでも）

```
89.0  テレビ              13.4  ネットのブログ
49.6  新聞                23.9  ソーシャルメディア
28.6  ラジオ                    （フェイスブック，LINE，ツイッターなど）
36.0  雑誌                 3.0  その他
42.8  ネットのニュースサイト       （具体的に：            ）
                           0.5  無回答
```

問20 あなたは，以下の項目について，どのくらいあてはまりますか．もっとも近いものに，それぞれ<u>1つずつ</u>○をつけてください．（○は1つずつ）

	あてはまる	ややあてはまる	あまりあてはまらない	あてはまらない	無回答
（1）社会や人の生き方を考えさせられるものなど，深い内容のあるテレビ番組が好きである	30.6	40.7	20.6	7.6	0.4
（2）ふだん，テレビで放送されている映画をよく見る	15.9	33.9	35.5	14.4	0.4
（3）TVドラマなどの主人公や登場人物に対し，感情移入して作品を楽しむ方だ	16.2	38.1	32.1	13.3	0.4
（4）悲しいTVドラマで泣くことがある	26.7	35.3	19.4	18.2	0.4
（5）「自分というもの」や「自分らしさ」をしっかり持つことが大切だと思う	41.6	44.9	10.9	2.1	0.5
（6）どんな時も自分らしさを出すように心がけている	15.2	42.7	36.6	5.0	0.4
（7）気に入ったTVドラマや映画は市販のソフトで購入してそろえたい	4.9	10.6	23.2	60.9	0.4
（8）「ハッピーエンドで分かりやすい恋愛ドラマ」が好きだ	13.4	29.4	30.0	26.8	0.4
（9）バーチャル（インターネット上の世界）とリアル（現実の生活）では，バーチャルの方が楽しい	2.5	8.4	35.5	53.2	0.4
（10）非日常的なストーリーのTVドラマや小説に惹かれる	7.5	25.8	37.7	28.6	0.4
（11）周囲の人の様子（その人が何をしているか，その人が今どんな気持ちでいるか，など）について常に気を配っている方だ	12.8	47.3	30.0	9.6	0.3
（12）テレビのニュース番組で知ったニュースに関して，その後の状況について最新動向をネットでチェックすることがある	11.6	30.9	25.1	31.9	0.4
（13）他では見ることのできない貴重な映像に強く惹かれる方だと思う	15.3	31.2	34.9	18.1	0.4
（14）試供品（サンプル）が置いてあったり配られていたりしていたら，手に取る方だ	14.2	28.0	35.5	21.8	0.4
（15）動物の出ている番組やコマーシャルには自然と目がいってしまう方だ	19.5	32.7	29.9	17.6	0.4
（16）私はこれまでの人生の中で，こうしたいと思った重要なことは成し遂げてきた	5.7	32.7	46.9	14.3	0.3
（17）先の事はあまり考えない方だ	7.0	34.2	43.2	15.3	0.3

問21 あなたは，以下の項目について，どのくらいあてはまりますか．もっとも近いものに，それぞれ1つずつ○をつけてください．（○は1つずつ）

	あてはまる	ややあてはまる	あまりあてはまらない	あてはまらない	無回答
(1) 出世するよりは，自分の人生をエンジョイする生活を送りたいと思う	28.7	54.3	13.7	2.9	0.4
(2) 皆と同じような生き方をするのはおもしろくないと思う	12.3	34.9	45.3	7.0	0.5
(3) 主人公として，自分の意思でストーリーが展開していくようなゲームや物語に魅力を感じる	7.8	24.8	37.2	29.8	0.4
(4) 定期的にチェックする特定のブロガーのブログがある	8.8	9.8	12.3	68.6	0.5
(5) 他の人とはひと味違う個性的な生き方をしていると思う	5.7	18.0	45.1	30.7	0.5
(6) 個性を主張するよりも，協調の精神の方が大事だと思う	10.9	53.8	27.8	6.9	0.6
(7) 流されるままに生きている方が気楽だと思う	8.1	30.5	42.9	18.0	0.5
(8) TVドラマの登場人物の生き方に，自分の人生も影響を受けることがある	4.8	21.1	45.2	28.4	0.4
(9) バカバカしいお笑い番組やバラエティ番組などを見たあとには，時間を無駄にしたと後悔することが多い	6.7	13.7	37.8	41.6	0.3
(10) 友人や知人と話題にして盛り上がったりできるタイプのテレビ番組が好きだ	12.0	34.3	38.0	15.3	0.4
(11) テレビは，旅番組やグルメ番組など，あたかも自分がそれをしているような体験を提供してくれる点が魅力だと思う	9.0	34.5	37.1	19.0	0.4
(12) テレビは，くつろいで（リラックスして）見られるところがよいと思う	49.6	42.0	5.4	2.6	0.4

問22 ふだんよく見るテレビ番組のジャンルは何ですか．次の中からあてはまるものにいくつでも○をつけてください．また，その中で最もよく見る番組に◎をつけてください．

（○はいくつでも，◎は1つ）
※（ ）内の数字は◎の％

79.4 (25.0)	ニュース	47.4 (5.7)	情報番組
47.4 (7.3)	スポーツ	43.5 (3.5)	映画
57.2 (15.8)	ドラマ	36.6 (2.3)	旅行・グルメ
25.6 (4.9)	アニメ	28.0 (2.3)	趣味・教養
62.7 (15.2)	バラエティ（お笑い・クイズなど）	2.6 (0.5)	その他
34.7 (1.9)	音楽	0.8 (15.4)	無回答

問23 買い物や商品の選び方などについてお聞きします。あなたは，以下の項目について，どのくらいあてはまりますか。もっとも近いものに，それぞれ **1つずつ**○をつけてください。(○は1つずつ)

	あてはまる	ややあてはまる	どちらともいえない	あまりあてはまらない	あてはまらない	無回答
(1) 商品を選ぶ際に，機能，性能，品質，製法，効能などは注目して見る方だ	41.3	40.5	12.2	3.7	1.9	0.4
(2) 商品の持っているブランドイメージや雰囲気を重視する方だ	12.2	35.3	29.3	14.5	8.3	0.4
(3) 同じ商品でも，少しでも安く買える店があるなら，そのような店をわざわざ探すのも苦にならない	19.7	31.0	24.6	16.3	8.0	0.4
(4) 商品の効果効能や安全性などに関して，信頼できる機関や専門家による科学的なデータで客観的に示されると買いたくなる方だ	7.9	31.8	31.0	18.1	10.6	0.5
(5) 新商品は，自分では気になっていても周りの人がまだ買い始めて（使い始めて）いないと購入に踏み切れない方だ	6.1	19.5	27.7	25.8	20.3	0.6
(6) 少し価格は高いが素材や製法にこだわって作られた商品に惹かれる方だ	17.2	36.4	27.5	11.2	7.3	0.4
(7) 広告では，自分の好きなタレントが推奨していると俄然注目してしまう方だ	5.2	11.8	22.5	26.1	34.0	0.4
(8) 昔人気のあった商品やブランドの復刻版として発売された商品（リバイバル商品）には目が行く方だ	4.6	16.5	27.6	25.8	25.2	0.3
(9) 「この商品・サービスを使えば，生活の中での時間や手間が効率化できる」という利便性が訴えられると利用したくなる方だ	6.2	27.8	29.5	21.1	14.9	0.5
(10) 「今月が誕生日のあなたへ」「○○の選択に迷ってるあなたへ」など，自分だけに特別に語りかけられるような情報には惹かれる方だ	2.1	10.4	20.3	28.3	38.5	0.4
(11) 商品を選ぶ際に，いろいろなバリエーションが用意されていること（色やデザインのタイプなど）は重要だ	21.4	40.7	21.1	9.6	6.8	0.4
(12) 商品やメーカーの社会貢献性を伝えている広告を見ると，買いたくなる方だ	1.8	12.1	35.1	27.9	22.5	0.5
(13) これまでなかったようなまったく新しい商品が誕生すると，飛びついて買いたくなる方だ	3.8	14.8	27.7	25.5	28.0	0.3
(14) 「○○が当たる！」など，"キャンペーン実施中"のフレーズを聞くと興味を引かれる方だ	3.7	17.3	20.0	26.0	32.5	0.4
(15) 同じ商品でも，少し先まで待てば価格が安くなると知っていたら，今買わずに待つ方だ	22.1	37.5	22.8	10.9	6.2	0.4
(16) 商品の見た目の形状やデザインが，今までなかったような斬新なものであると，買いたくなる方だ	5.2	18.9	32.1	23.3	20.1	0.3
(17) アニメのキャラクターとのコラボによる特別仕様の製品（例：ディズニー携帯など）には，気を引かれる方だ	4.6	11.9	16.7	22.2	44.2	0.3

最後にあなたご自身のことについておたずねします。調査を統計的に分析するために重要ですので、ぜひご記入いただくようお願いいたします。

F1　あなたの性別をお知らせください。（○は1つ）

47.3　男性	52.7　女性

F2　あなたの年齢をお知らせください。

10.3　13～19歳	10.7　20～29歳	15.6　30～39歳
21.4　40～49歳	18.1　50～59歳	23.9　60～69歳

F3　あなたが最後に在籍、または現在在学中の学校は、次のどれですか。あてはまるものに1つだけ○をつけてください。（○は1つ）

　　7.1　中学校（旧制尋常小学校、旧制高等小学校を含む）
　41.2　高校（旧制中学校、実業学校、師範学校、女学校を含む）
　22.7　短大・高専・旧制高校・専門学校
　25.5　大学
　　1.7　大学院　　　　　　　　　　　　　　　　1.8　無回答

F4　あなたは現在、結婚していますか。次のうち、あてはまるものに1つだけ○をつけてください。
（○は1つ）

62.6　既婚（パートナーと同居も含む）　7.8　離婚、死別　29.3　未婚　0.4　無回答

F5　お宅で同居なさっているご家族は、あなたを含めて何人ですか。（具体的に数字をお書きください）

6.2	21.4	24.5	28.0	12.3	4.8	2.3	0.6
1人	2人	3人	4人	5人	6人	7人以上	無回答

F6　かりに現在の日本社会全体を、以下の5つの層に分けるとすれば、あなたご自身はどれに入ると思いますか。次のうち、あてはまるものに1つだけ○をつけてください。（○は1つ）

　　0.9　上　　9.4　中の上　　41.7　中の中　　22.5　中の下　　7.9　下
　17.3　わからない・答えたくない　　0.4　無回答

F7　あなたは現在の市区町村に何年くらい住んでいますか。具体的に数字をお書きください。1年未満の場合は「0 住み始めて1年未満」に○をつけてください。

☐ 年くらい　平均26.1年　　1.8　住み始めて1年未満　　0.4　無回答

F8　あなたの現在のお仕事についておうかがいします．あなたはふだんどのような仕事をなさっていますか．次のうち，あてはまるものに1つだけ○をつけてください．（○は1つ）

46.8	19.4	13.4	11.2	8.7
フルタイムで働いている	パートタイム，アルバイト	専業主婦（夫）	学生・生徒	無職

　　　　　　　　　　　　　　　▶【F9へお進みください】　　　　　0.4　無回答

【F8で「1」に○をつけた方におたずねします】

F8-1　あなたのお仕事の内容は，次の1～11のうち，どれに最も近いですか．あてはまるものに1つだけ○をつけてください．（○は1つ）（n=638）

4.9	会社団体役員（会社社長，会社役員，その他各種団体理事など）
9.7	自営業主（商店主，工場主，その他各種サービス業の事業主）
0.8	自由業（宗教家，文筆家，音楽家，デザイナー，職業スポーツ選手など）
17.7	専門技術職（医師，弁護士，教員，技術者，看護師など）
10.0	管理職（会社・団体などの課長以上，管理的公務員など）
20.2	事務職（一般事務系・係長以下，記者，編集者，タイピストなど）
11.3	販売・サービス職（販売員，セールスマン，理容師・美容師，調理師など）
18.5	技能・労務職（職人，工員，自動車運転手など）
1.3	保安職（警察官，自衛官，海上保安官など）
1.3	農林漁業
3.8	その他（具体的に　　　　　　　　　　　　　　　）　0.6　無回答

F9　お宅の世帯年収（税込み）は，次のうちどれにあたりますか．次のうち，あてはまるものに1つだけ○をつけてください．（○は1つ）

9.5	200万円未満	9.6	800万円以上～1,000万円未満
25.3	200万円以上～400万円未満	4.6	1,000万円以上～1,200万円未満
20.7	400万円以上～600万円未満	2.2	1,200万円以上～1,400万円未満
15.4	600万円以上～800万円未満	3.3	1,400万円以上
		9.3	無回答

～　長い間，ご協力ありがとうございました　～

「生活行動時間調査票」の記入もよろしくお願いいたします．

水曜・木曜用

〔調査企画主体〕東京大学大学院 橋元研究室
　　　　　　　　東京経済大学 北村研究室
〔調査実施機関〕一般社団法人 中央調査社

生活行動時間調査票

（　月　日（水）と　月　日（木）の2日間ご記入ください）

【ご記入のお願い】

▽　この調査は，指定した2日間のあなたご自身の生活行動を，「あなたのいた場所」「主な生活行動」「情報行動」の3つの区分で，それぞれ記録していただくものです．できるだけ記入はその日のうちにお願いいたします．

▽　**あなたご自身の行動を記入してください．**

▽　記入用紙は，<u>午前5：00から翌日の午前4：59まで</u>を1日分とした<u>2日分（計2枚）</u>についての15分単位の行動記録です（1目盛15分刻みです）．

▽　記入は黒鉛筆でお願いいたします．

▽　記入の前に，下記の「記入にあたって」と記入例を示した『記入の仕方』をよくお読みになってください．

【記入にあたって】

1)「あなたのいた場所（どこにいたか）」（上段）

2)「主な生活行動（何をしていたか）」（中段）

　①　1目盛り15分間のうち，最も長くいた場所，および，最も長くしていた生活行動を選んで，あてはまる欄に矢印（↔）を引いてください．（「あなたのいた場所」「主な生活行動」では，×印の記入はありません）

　②　矢印は必ず，24時間切れ目なくご記入ください．

　③　重複して矢印が引かれることはありません．

3)「情報行動」（下段）

※「情報行動」とはメディアの利用行動などを指します

　①　行動が10分間以上の場合は，あてはまる欄に矢印（↔）を引いてください．行動自体はあったが，10分に満たない場合は×印をご記入ください．

　②　同じ時間にいくつもの行動を重複して行った場合は，その行動すべてに印をつけてください．

整　理　番　号	点　検

※　行動の記入がもれているところがないように，注意して見直しをお願いします．
※　記入上，不明な点などがございましたら調査員におたずねいただくか，調査の実施機関である一般社団法人中央調査社にお問い合わせください．

次ページ以降の生活行動時間の記録とあわせ，下記の質問にもお答えください．

問　生活行動時間の記録をお願いした2日間で，以下のことをどのくらい行いましたか．
　　通話などされていない場合は「0」を，ふだんまったく使っていない場合は「×」を記入してください．

		月　　日（水）	月　　日（木）
a）	固定電話での通話回数（受発信の合計）	回	回
b）	スマートフォンや携帯電話，PHSでの通話回数（受発信の合計）	回	回
c）	LINEやスカイプなどネットでの音声通話の回数	回	回
d）	その日に会って話を交わした人数（名前を知っている人，家族・仕事関係も含む）	人	人

第3部　調査票（単純集計結果）

月　　日（水曜日）

※注1　「あなたのいた場所」と「主な生活行動」は，その15分間のうち，最も長
※注2　「インターネット」は回線をつないでいる時間ではなく，実際にインターネット

1）あなたのいた場所
※24時間切れ目や重複がないように矢印（↔）を記入

		5時	6時	7時	8時	9時	10時	11時	12時	13時
		30分	30分	30分	30分	30分	30分	30分	30分	30分
自宅（現在お住まいのところ）	01									
職場（仕事中の自宅兼職場を含む）	02									
学校	03									
移動中（交通機関，自家用車，徒歩など）	04									
その他（矢印の下に具体的な場所をお書き下さい）										

01～04に該当しなければ「その他」に記入し，具体的な場所も記入（店舗，レストランも含む）

重複不可　7:00～7:30

レストラン

2）主な生活行動
※24時間切れ目や重複がないように矢印（↔）を記入

		10時	11時	12時	13時
		30分	30分	30分	30分
睡眠	06				
飲食・身じたく・家事，買物など	07				
移動（送り迎えも含む）	08				
仕事	09				
授業・勉強・クラブ活動	10				
趣味・娯楽・休息	11				
その他（矢印の下に具体的な行動をお書き下さい）	12				

職場（学校）での食事を含む

「営業や配達などの移動」や「パート，アルバイト」を含む

未記入不可　8:30～9:00

06～11に該当しなければ「その他」に記入し，具体的な行動も記入

3）情報行動
※行動があったすべての項目で10分未満は×印，10分以上は矢印（↔）を記入

			5時	6時	7時	8時	9時	10時	11時	12時	13時
			30分	30分	30分	30分	30分	30分	30分	30分	30分
テレビで		テレビ放送を見る	13								
		録画したテレビ番組を見る	14								
		DVD・ブルーレイなどを見る	15								
		テレビゲームをする	16								
スマートフォン・従来型携帯電話・PHSで	ネット利用	メールを読む・書く	17								
		ソーシャルメディアを見る・書く（フェイスブック，LINEなど）	18								
		ソーシャルメディア以外のサイトを見る・書く	19								
		ネット動画を見る	20								
		LINEやスカイプなどネットで音声通話をする	21								
		ゲームをする（ネット経由・オンラインで）	22								
		電子書籍（小説・漫画など）を見る（ダウンロード含む）	23								
	ネット以外	通話をする（LINEやスカイプは除く）	24								
		テレビ放送を見る	25								
		録画したテレビ番組を見る	26								
		ゲームをする（オフラインのゲーム）	27								
		文章や表の作成，写真の加工などをする	28								
パソコン・タブレット端末で	ネット利用	メールを読む・書く	29								
		ソーシャルメディアを見る・書く（フェイスブック，LINEなど）	30								
		ソーシャルメディア以外のサイトを見る・書く	31								
		ネット動画を見る	32								
		LINEやスカイプなどネットで音声通話をする	33								
		ゲームをする（ネット経由・オンラインで）	34								
		電子書籍（小説・漫画など）を見る（ダウンロード含む）	35								
	ネット以外	テレビ放送を見る	36								
		録画したテレビ番組を見る	37								
		DVD・ブルーレイなどを見る	38								
		ゲームをする（オフラインのゲーム）	39								
		文章や表の作成，写真の加工などをする	40								
印刷物		新聞を読む	41								
		マンガを読む	42								
		雑誌（マンガを除く）を読む	43								
		書籍（マンガ・雑誌を除く）を読む	44								
		上記以外の文章を読む	45								
その他		ラジオを聴く（ネット経由除く）	46								
		ラジオを聴く（radikoなどネット経由のラジオ）	47								
		固定電話で通話する	48								

| | 5時 | 6時 | 7時 | 8時 | 9時 | 10時 | 11時 | 12時 | 13時 |

フェイスブック，LINEなどのメール的機能は「18」へ

YouTube，ニコニコ動画，Huluなど

【情報行動の記入方法】
①10分以上の行動
②10分未満の行動
③10分未満の行動が連続した場合

YouTube，ニコニコ動画，Huluなど

た場所，最も長くしていた生活行動を選んでご記入ください．
利用行動を行った時間帯をご記入ください．ネットで複数の行動をしている場合は，それぞれに記入してください．

15分の目盛りのうち，最も長くいた場所を記入
（例）13：05に会社に戻った場合

未記入不可
19：00〜20：00

【1）と2）の記入方法】
矢印で記入

重複不可
22：00〜23：00

犬の散歩

重複OK
該当する項目はすべて記入

場所	コード
自宅	01
職場	02
学校	03
移動中	04
その他	05
睡眠	06
飲食・身じたく・家事	07
移動	08
仕事	09
授業・勉強・クラブ活動	10
趣味・娯楽・休息	11
その他	12
テレビで テレビ放送を見る	13
録画した番組を見る	14
DVDなどを見る	15
テレビゲームをする	16
スマートフォン・従来型携帯電話・PHSで メールを読む・書く	17
ソーシャルメディア	18
ソーシャルメディア以外	19
ネット動画を見る	20
ネットで音声通話	21
ゲーム（ネット経由）	22
電子書籍	23
通話をする	24
テレビ放送を見る	25
録画した番組を見る	26
ゲーム（オフライン）	27
文章や表の作成，写真の加工	28
パソコン・タブレット端末で メールを読む・書く	29
ソーシャルメディア	30
ソーシャルメディア以外	31
ネット動画	32
ネットで音声通話	33
ゲーム（ネット経由）	34
電子書籍	35
テレビ放送を見る	36
録画した番組を見る	37
DVDなどを見る	38
ゲーム（オフライン）	39
文章や表の作成，写真の加工	40
印刷物 新聞を読む	41
マンガを読む	42
雑誌を読む	43
書籍を読む	44
上記以外の文章を読む	45
その他 ネット以外のラジオ	46
ネットでラジオ	47
固定電話で通話	48

月　　日（水曜日）

※注1　「あなたのいた場所」と「主な生活行動」は、その15分間のうち、最も長くい
※注2　「インターネット」は回線をつないでいる時間ではなく、実際にインターネット

		5時	6時	7時	8時	9時	10時	11時	12時	13時
1）あなたのいた場所 ※24時間切れ目や重複がないように矢印（↔）を記入		30分	30分	30分	30分	30分	30分	30分	30分	30分
自宅（現在お住まいのところ）	01									
職場（仕事中の自宅兼職場を含む）	02									
学校	03									
移動中（交通機関，自家用車，徒歩など）	04									
その他（矢印の下に具体的な場所をお書き下さい）	05									

		5時	6時	7時	8時	9時	10時	11時	12時	13時
2）主な生活行動 ※24時間切れ目や重複がないように矢印（↔）を記入		30分	30分	30分	30分	30分	30分	30分	30分	30分
睡眠	06									
飲食・身じたく・家事，買物など	07									
移動（送り迎えも含む）	08									
仕事	09									
授業・勉強・クラブ活動	10									
趣味・娯楽・休息	11									
その他（矢印の下に具体的な行動をお書き下さい）	12									

			5時	6時	7時	8時	9時	10時	11時	12時	13時
3）情報行動 ※行動があったすべての項目で10分未満は×印，10分以上は矢印（↔）を記入			30分	30分	30分	30分	30分	30分	30分	30分	30分
テレビで		テレビ放送を見る　13									
		録画したテレビ番組を見る　14									
		DVD・ブルーレイなどを見る　15									
		テレビゲームをする　16									
スマートフォン・従来型携帯電話・PHSで	ネット利用	メールを読む・書く　17									
		ソーシャルメディアを見る・書く（フェイスブック，LINEなど）　18									
		ソーシャルメディア以外のサイトを見る・書く　19									
		ネット動画を見る　20									
		LINEやスカイプなどネットで音声通話をする　21									
		ゲームをする（ネット経由・オンラインで）　22									
		電子書籍（小説・漫画など）を見る（ダウンロード含む）　23									
	ネット以外	通話をする（LINEやスカイプは除く）　24									
		テレビ放送を見る　25									
		録画したテレビ番組を見る　26									
		ゲームをする（オフラインのゲーム）　27									
		文章や表の作成，写真の加工などをする　28									
パソコン・タブレット端末で	ネット利用	メールを読む・書く　29									
		ソーシャルメディアを見る・書く（フェイスブック，LINEなど）　30									
		ソーシャルメディア以外のサイトを見る・書く　31									
		ネット動画を見る　32									
		LINEやスカイプなどネットで音声通話をする　33									
		ゲームをする（ネット経由・オンラインで）　34									
		電子書籍（小説・漫画など）を見る（ダウンロード含む）　35									
	ネット以外	テレビ放送を見る　36									
		録画したテレビ番組を見る　37									
		DVD・ブルーレイなどを見る　38									
		ゲームをする（オフラインのゲーム）　39									
		文章や表の作成，写真の加工などをする　40									
印刷物		新聞を読む　41									
		マンガを読む　42									
		雑誌（マンガを除く）を読む　43									
		書籍（マンガ・雑誌を除く）を読む　44									
		上記以外の文章を読む　45									
その他		ラジオを聴く（ネット経由除く）　46									
		ラジオを聴く（radikoなどネット経由のラジオ）　47									
		固定電話で通話する　48									
			5時	6時	7時	8時	9時	10時	11時	12時	13時

た場所，最も長くしていた生活行動を選んでご記入ください．
利用行動を行った時間帯をご記入ください．ネットで複数の行動をしている場合は，それぞれに記入してください．

14時	15時	16時	17時	18時	19時	20時	21時	22時	23時	24時	1時	2時	3時	4時			
30分	30分	30分	30分	30分	30分	30分	30分	30分	30分	30分	30分	30分	30分	30分			
																自宅	01
																職場	02
																学校	03
																移動中	04
																その他	05

14時	15時	16時	17時	18時	19時	20時	21時	22時	23時	24時	1時	2時	3時	4時			
30分	30分	30分	30分	30分	30分	30分	30分	30分	30分	30分	30分	30分	30分	30分			
																睡眠	06
																飲食・身じたく・家事	07
																移動	08
																仕事	09
																授業・勉強・クラブ活動	10
																趣味・娯楽・休息	11
																その他	12

14時	15時	16時	17時	18時	19時	20時	21時	22時	23時	24時	1時	2時	3時	4時				
30分	30分	30分	30分	30分	30分	30分	30分	30分	30分	30分	30分	30分	30分	30分				
															テレビで	テレビ放送を見る	13
																録画した番組を見る	14
																DVDなどを見る	15
																テレビゲームをする	16
															スマートフォン・従来型携帯電話・PHSで	メールを読む・書く	17
																ソーシャルメディア	18
																ソーシャルメディア以外	19
																ネット動画を見る	20
																ネットで音声通話	21
																ゲーム（ネット経由）	22
																電子書籍	23
																通話をする	24
																テレビ放送を見る	25
																録画した番組を見る	26
																ゲーム（オフライン）	27
																文章や表の作成，写真の加工	28
															パソコン・タブレット端末で	メールを読む・書く	29
																ソーシャルメディア	30
																ソーシャルメディア以外	31
																ネット動画	32
																ネットで音声通話	33
																ゲーム（ネット経由）	34
																電子書籍	35
																テレビ放送を見る	36
																録画した番組を見る	37
																DVDなどを見る	38
																ゲーム（オフライン）	39
																文章や表の作成，写真の加工	40
															印刷物	新聞を読む	41
																マンガを読む	42
																雑誌を読む	43
																書籍を読む	44
																上記以外の文章を読む	45
															その他	ネット以外のラジオ	46
																ネットでラジオ	47
																固定電話で通話	48
14時	15時	16時	17時	18時	19時	20時	21時	22時	23時	24時	1時	2時	3時	4時			

第3部 調査票（単純集計結果）

月　　日（木曜日）

※注1　「あなたのいた場所」と「主な生活行動」は，その15分間のうち，最も長くい
※注2　「インターネット」は回線をつないでいる時間ではなく，実際にインターネット

1）あなたのいた場所 ※24時間切れ目や重複がないように矢印（↔）を記入		5時 30分	6時 30分	7時 30分	8時 30分	9時 30分	10時 30分	11時 30分	12時 30分	13時 30分
自宅（現在お住まいのところ）	01									
職場（仕事中の自宅兼職場を含む）	02									
学校	03									
移動中（交通機関，自家用車，徒歩など）	04									
その他（矢印の下に具体的な場所をお書き下さい）	05									

2）主な生活行動 ※24時間切れ目や重複がないように矢印（↔）を記入		5時 30分	6時 30分	7時 30分	8時 30分	9時 30分	10時 30分	11時 30分	12時 30分	13時 30分
睡眠	06									
飲食・身じたく・家事，買物など	07									
移動（送り迎えも含む）	08									
仕事	09									
授業・勉強・クラブ活動	10									
趣味・娯楽・休息	11									
その他（矢印の下に具体的な行動をお書き下さい）	12									

3）情報行動 ※行動があったすべての項目で10分未満は×印，10分以上は矢印（↔）を記入			5時 30分	6時 30分	7時 30分	8時 30分	9時 30分	10時 30分	11時 30分	12時 30分	13時 30分
テレビで	テレビ放送を見る	13									
	録画したテレビ番組を見る	14									
	DVD・ブルーレイなどを見る	15									
	テレビゲームをする	16									
スマートフォン・従来型携帯電話・PHSで（ネット利用）	メールを読む・書く	17									
	ソーシャルメディアを見る・書く（フェイスブック，LINEなど）	18									
	ソーシャルメディア以外のサイトを見る・書く	19									
	ネット動画を見る	20									
	LINEやスカイプなどネットで音声通話をする	21									
	ゲームをする（ネット経由・オンラインで）	22									
	電子書籍（小説・漫画など）を見る（ダウンロード含む）	23									
（ネット以外）	通話をする（LINEやスカイプは除く）	24									
	テレビ放送を見る	25									
	録画したテレビ番組を見る	26									
	ゲームをする（オフラインのゲーム）	27									
	文章や表の作成，写真の加工などをする	28									
パソコン・タブレット端末で（ネット利用）	メールを読む・書く	29									
	ソーシャルメディアを見る・書く（フェイスブック，LINEなど）	30									
	ソーシャルメディア以外のサイトを見る・書く	31									
	ネット動画を見る	32									
	LINEやスカイプなどネットで音声通話をする	33									
	ゲームをする（ネット経由・オンラインで）	34									
	電子書籍（小説・漫画など）を見る（ダウンロード含む）	35									
（ネット以外）	テレビ放送を見る	36									
	録画したテレビ番組を見る	37									
	DVD・ブルーレイなどを見る	38									
	ゲームをする（オフラインのゲーム）	39									
	文章や表の作成，写真の加工などをする	40									
印刷物	新聞を読む	41									
	マンガを読む	42									
	雑誌（マンガを除く）を読む	43									
	書籍（マンガ・雑誌を除く）を読む	44									
	上記以外の文章を読む	45									
その他	ラジオを聴く（ネット経由除く）	46									
	ラジオを聴く（radikoなどネット経由のラジオ）	47									
	固定電話で通話する	48									
			5時	6時	7時	8時	9時	10時	11時	12時	13時

た場所，最も長くしていた生活行動を選んでご記入ください．
利用行動を行った時間帯をご記入ください．ネットで複数の行動をしている場合は，それぞれに記入してください．

時間帯																行動	番号
14時	15時	16時	17時	18時	19時	20時	21時	22時	23時	24時	1時	2時	3時	4時		自宅	01
																職場	02
																学校	03
																移動中	04
																その他	05

14時	15時	16時	17時	18時	19時	20時	21時	22時	23時	24時	1時	2時	3時	4時		行動	番号
																睡眠	06
																飲食・身じたく・家事	07
																移動	08
																仕事	09
																授業・勉強・クラブ活動	10
																趣味・娯楽・休息	11
																その他	12

14時	15時	16時	17時	18時	19時	20時	21時	22時	23時	24時	1時	2時	3時	4時	機器	行動	番号
															テレビで	テレビ放送を見る	13
																録画した番組を見る	14
																DVDなどを見る	15
																テレビゲームをする	16
															スマートフォン・従来型携帯電話・PHSで	メールを読む・書く	17
																ソーシャルメディア	18
																ソーシャルメディア以外	19
																ネット動画を見る	20
																ネットで音声通話	21
																ゲーム（ネット経由）	22
																電子書籍	23
																通話をする	24
																テレビ放送を見る	25
																録画した番組を見る	26
																ゲーム（オフライン）	27
																文章や表の作成，写真の加工	28
															パソコン・タブレット端末で	メールを読む・書く	29
																ソーシャルメディア	30
																ソーシャルメディア以外	31
																ネット動画	32
																ネットで音声通話	33
																ゲーム（ネット経由）	34
																電子書籍	35
																テレビ放送を見る	36
																録画した番組を見る	37
																DVDなどを見る	38
																ゲーム（オフライン）	39
																文章や表の作成，写真の加工	40
															印刷物	新聞を読む	41
																マンガを読む	42
																雑誌を読む	43
																書籍を読む	44
																上記以外の文章を読む	45
															その他	ネット以外のラジオ	46
																ネットでラジオ	47
																固定電話で通話	48
14時	15時	16時	17時	18時	19時	20時	21時	22時	23時	24時	1時	2時	3時	4時			

(1) あなたのいた場所　分類表

場所分類	備考
01. 自宅（現在お住まいのところ）	自宅でパソコンなどの作業をした場合，「02 職場（仕事中の自宅兼職場を含む）」ではなくここに含めてください．
02. 職場（仕事中の自宅兼職場を含む）	アルバイト先なども含めてください．仕事中の立ち寄り先は，「05 その他」の欄に記入してください．自宅に作業場などがあり，その仕事場にいた場合は，ここに記入してください．個人商店なども含めてください．
03. 学校	中学，高校，高専，予備校，塾，短大，大学，大学院，専門学校，ビジネススクールなどは，ここに記入してください．
04. 移動中（交通機関，自家用車，徒歩など）	電車，バス，タクシー，営業用車輌，自家用車，自転車，徒歩など．電車での待ち時間もここに含めてください．
05. その他	親戚や知人の家，商業施設，レジャー施設，街でのショッピングなど上記 01～04 以外の場所すべてを具体的に記入してください．

(2) 主な生活行動　分類表

行動分類	備考
06. 睡眠	昼寝の場合もここに含めてください．
07. 飲食・身じたく・家事，買物など	外での飲食だけでなく，自宅や職場での飲食もここに含めてください．また，「病院での受診」「美容院」「金融機関でのやりとり」はここに含めてください．また，実際に商品を購入せず，店の中を見るだけの場合もここに含めてください．
08. 移動（送り迎えも含む）	通勤や通学の時間だけでなく，電車の待ち時間もここに含めてください．
09. 仕事	営業や配達などの移動，パート・アルバイトなども含めてください．
10. 授業・勉強・クラブ活動	勉強で本を読んだ場合，情報行動の「44 書籍を読む」にも記入してください．
11. 趣味・娯楽・休息	余暇や旅行の移動もここに記入してください．
12. その他	「（この）調査票の記入」「お祈り」「犬の散歩」は「その他」と考え，ここに含めてください．

(3) 情報行動　分類表

	行動分類	備考
テレビで	13. テレビ放送を見る	テレビ番組を放送と同時に見る．
	14. 録画したテレビ番組を見る	録画したテレビ番組をビデオ・DVD・HDD・ブルーレイディスクなどで再生して見る．
	15. DVD・ブルーレイなどを見る	レンタル及び市販，プライベートのビデオや DVD，ブルーレイディスクなどを見る．

		16. テレビゲームをする	Wiiシリーズ，PlayStationシリーズ，Xboxシリーズなど．
スマートフォン・従来型携帯電話・PHSで	ネット利用	17. メールを読む・書く	スマホ・ケータイでメールを読み書きする．
		18. ソーシャルメディアを見る・書く（フェイスブック，LINEなど）	スマホ・ケータイでソーシャルメディアを見る・書く（ツイッター，グリー等も含む）．
		19. ソーシャルメディア以外のサイトを見る・書く	スマホ・ケータイで情報サイトや掲示板，ブログなどを見る・書き込む（自分のサイトの更新も含む）．朝日新聞デジタルなどのニュース，天気予報，地図，乗換案内，オンラインショッピング，ネット通販などネットにつながっているアプリ利用を含む．
		20. ネット動画を見る	スマホ・ケータイでインターネットの動画サイトを見る（YouTube，ニコニコ動画，GyaO!，Hulu，NHKオンデマンドなど）．
		21. LINEやスカイプなどネットで音声通話をする	スマホ・ケータイで音声通話を使う（Skype，LINEなど）．ビデオ通話を含む．
		22. ゲームをする（ネット経由・オンラインで）	スマホ・ケータイでオンラインゲームをする（パズル＆ドラゴンズ，モンスターストライク，ツムツムなど）．
		23. 電子書籍（小説・漫画など）を見る（ダウンロード含む）	スマホ・ケータイで電子書籍（小説，漫画，雑誌など）を見る（ダウンロード含む）．新聞の電子版は「19 ソーシャルメディア以外のサイトを見る・書く」に記入してください．
	ネット以外	24. 通話をする（LINEやスカイプは除く）	スマホ・ケータイで通話をする．
		25. テレビ放送を見る	スマホ・ケータイでテレビ番組を放送と同時に見る．
		26. 録画したテレビ番組を見る	録画したテレビ番組を，スマホ・ケータイで再生して見る．
		27. ゲームをする（オフラインのゲーム）	スマホ・ケータイでゲームをする．
		28. 文章や表の作成，写真の加工などをする	スマホ・ケータイで文書作成や計算したり，写真や動画の編集をする．
パソコン・タブレット端末で	ネット利用	29. メールを読む・書く	PC・タブレットでメールを読み書きする．
		30. ソーシャルメディアを見る・書く（フェイスブック，LINEなど）	PC・タブレットでソーシャルメディアを見る・書く（ツイッター，グリー等も含む）．
		31. ソーシャルメディア以外のサイトを見る・書く	PC・タブレットで情報サイトや掲示板，ブログなどを見る・書き込む（自分のサイトの更新も含む）．朝日新聞デジタルなどのニュース，天気予報，地図，乗換案内，オンラインショッピング，ネット通販などネットにつながっているアプリ利用を含む．
		32. ネット動画を見る	PC・タブレットでインターネットの動画サイトを見る（YouTube，ニコニコ動画，GyaO!，Hulu，NHKオンデマンドなど）．
		33. LINEやスカイプなどネットで音声通話をする	PC・タブレットで音声通話を使う（Skype，LINEなど）．ビデオ通話を含む．
		34. ゲームをする（ネット経由・オンラインで）	PC・タブレットでオンラインゲームをする（剣と魔法のログレス，ドラゴンネストなど）．

ネット以外	35. 電子書籍（小説・漫画など）を見る（ダウンロード含む）		PC・タブレットで電子書籍（小説，漫画，雑誌など）を見る（ダウンロードを含む）。新聞の電子版は「31. ソーシャルメディア以外のサイトを見る・書く」に記入してください。
	36. テレビ放送を見る		PC・タブレットでテレビ番組を放送と同時に見る。
	37. 録画したテレビ番組を見る		録画したテレビ番組を，PC・タブレットで再生して見る。
	38. DVD・ブルーレイなどを見る		PC・タブレットでレンタルや市販，プライベートのDVD，ブルーレイディスクなどを見る。
	39. ゲームをする（オフラインのゲーム）		PC・タブレットでゲームをする。
	40. 文章や表の作成，写真の加工などをする		PC・タブレットで文書作成（Wordなど）や計算（Excelなど）したり，写真や動画の編集をする。
印刷物	41. 新聞を読む		一般紙の朝刊・夕刊，スポーツ新聞，夕刊紙など。
	42. マンガを読む		コミック雑誌，コミック単行本，コミック文庫本など。
	43. 雑誌（マンガを除く）を読む		週刊誌，隔週誌，月刊誌，R25のようなフリーペーパー・フリーマガジンなど。
	44. 書籍（マンガ・雑誌を除く）を読む		単行本，新書，文庫本など。
	45. 上記以外の文章を読む		
その他	46. ラジオを聴く（ネット経由除く）		据置型ラジオ，携帯型ラジオ，ラジカセ，カーラジオなど。
	47. ラジオを聴く（radikoなどネット経由のラジオ）		radiko，らじる★らじるなど。
	48. 固定電話で通話する		固定電話で通話をする（IP電話を含む）。職場など自宅以外での利用も記入してください。

※スマホ・ケータイ：スマートフォンや従来型携帯電話，PHSを指す。
※PC・タブレット：パソコンやタブレット端末を指す。

図表一覧

1 情報行動の全般的行動

表 1.1.1　各行動の平均時間，行為者率，行為者平均時間 …………………………… 10
表 1.1.2　年齢層別にみた場所・生活行動の平均時間 …………………………………… 12
表 1.1.3　年齢層別にみた各情報行動の平均時間 ………………………………………… 13
表 1.1.4　2015年調査結果と2010年調査結果の比較 …………………………………… 14
図 1.2.1　時間帯別のテレビ受像機でのリアルタイム視聴行為者率の推移 ……… 18
表 1.2.1　時間帯別のテレビ受像機でのリアルタイム視聴行為者率 ………………… 18
図 1.2.2　性別ごとの時間帯別のリアルタイム視聴行為者率の推移 ………………… 20
表 1.2.2　性別ごとの時間帯別のリアルタイム視聴行為者率 ………………………… 20
図 1.2.3　年齢層ごとの時間帯別のリアルタイム視聴行為者率の推移 ……………… 21
表 1.2.3　年齢層ごとの時間帯別のリアルタイム視聴行為者率 ……………………… 21
図 1.2.4　就業形態ごとの時間帯別のリアルタイム視聴行為者率の推移 ………… 22
表 1.2.4　就業形態ごとの時間帯別のリアルタイム視聴行為者率 …………………… 22
図 1.2.5　時間帯別のタイムシフト視聴行為者率の推移 ……………………………… 23
表 1.2.5　時間帯別のタイムシフト視聴行為者率 ……………………………………… 23
図 1.2.6　性別ごとの時間帯別のタイムシフト視聴行為者率の推移 ………………… 24
表 1.2.6　性別ごとの時間帯別のタイムシフト視聴行為者率 ………………………… 24
図 1.2.7　年齢層ごとの時間帯別のタイムシフト視聴行為者率の推移 ……………… 25
表 1.2.7　年齢層ごとの時間帯別のタイムシフト視聴行為者率 ……………………… 25
図 1.2.8　時間帯別のインターネット利用行為者率の推移 …………………………… 28
表 1.2.8　時間帯別のインターネット利用行為者率 …………………………………… 28
図 1.2.9　性別ごとの時間帯別のインターネット利用行為者率の推移 ……………… 29
表 1.2.9　性別ごとの時間帯別のインターネット利用行為者率 ……………………… 29
図 1.2.10　年齢層ごとの時間帯別のインターネット利用行為者率の推移 ………… 30
表 1.2.10　年齢層ごとの時間帯別のインターネット利用行為者率 ………………… 30
図 1.2.11　時間帯別のPCインターネット利用行為者率の推移 ……………………… 32
表 1.2.11　時間帯別のPCインターネット利用行為者率 ……………………………… 32
図 1.2.12　性別ごとの時間帯別のPCインターネット利用行為者率の推移 ………… 33
表 1.2.12　性別ごとの時間帯別のPCインターネット利用行為者率 ………………… 33
図 1.2.13　年齢層ごとの時間帯別のPCインターネット利用行為者率の推移 ……… 34
表 1.2.13　年齢層ごとの時間帯別のPCインターネット利用行為者率 ……………… 34
図 1.2.14　就業形態ごとの時間帯別のPCインターネット利用行為者率の推移 …… 35
表 1.2.14　就業形態ごとの時間帯別のPCインターネット利用行為者率 …………… 35

図1.2.15	時間帯別のモバイルインターネット利用行為者率の推移	37
表1.2.15	時間帯別のモバイルインターネット利用行為者率	37
図1.2.16	性別ごとの時間帯別のモバイルインターネット利用行為者率の推移	38
表1.2.16	性別ごとの時間帯別のモバイルインターネット利用行為者率	38
図1.2.17	年齢層ごとの時間帯別のモバイルインターネット利用行為者率の推移	39
表1.2.17	年齢層ごとの時間帯別のモバイルインターネット利用行為者率	39
図1.2.18	就業形態ごとの時間帯別のモバイルインターネット利用行為者率の推移	40
表1.2.18	就業形態ごとの時間帯別のモバイルインターネット利用行為者率	40
図1.2.19	PCインターネット利用における生活行動の内訳の時間帯推移	42
図1.2.20	モバイルインターネット利用における生活行動の内訳の時間帯推移	42
図1.2.21	PCインターネット利用における場所の内訳の時間帯推移	43
図1.2.22	モバイルインターネット利用における場所の内訳の時間帯推移	43
表1.2.19	PCインターネット利用における項目別行為者率の時間帯推移	44
表1.2.20	モバイルインターネット利用における項目別行為者率の時間帯推移	45
表1.2.21	テレビ受像機を利用した情報行動行為者率の時間帯推移	46
表1.2.22	モバイル端末を利用した情報行動行為者率の時間帯推移	47
表1.2.23	PC・タブレット端末を利用した情報行動行為者率の時間帯推移	48
表1.2.24	その他のメディアを利用した情報行動行為者率の時間帯推移	49
表1.3.1	情報機器の所有，利用状況	51
表1.3.2	性別にみた情報機器の個人利用率	52
表1.3.3	年齢層別にみた情報機器の個人利用率	53
表1.3.4	学歴別にみた情報機器の個人利用率	55
表1.3.5	就業形態別にみた情報機器の個人利用率	56
表1.3.6	都市規模別にみた情報機器の個人利用率	56
表1.3.7	世帯年収別にみた情報機器の世帯所有率	57
図1.4.1	「ニュース」領域の情報源	58
表1.4.1	もっともよく使う情報源：「ニュース」領域	59
図1.4.2	「趣味・関心事」領域の情報源	61
表1.4.2	もっともよく使う情報源：「趣味・関心事」領域	61
表1.4.3	属性別にみた「国内ニュース」の情報源	63
表1.4.4	属性別にみたもっともよく使う「国内ニュース」の情報源	64
表1.4.5	属性別にみた「ショッピング」の情報源	65
表1.4.6	属性別にみたもっともよく使う「ショッピング」の情報源	66
図1.5.1	各メディアに対する情報入手手段としての重要性認識	67
図1.5.2	情報入手手段としての重要性認識の経年変化	67
表1.5.1	属性別にみた情報入手手段としての重要性認識	68
図1.5.3	各メディアに対する娯楽手段としての重要性認識	69

図表一覧

図 1.5.4	娯楽手段としての重要性認識の経年変化	69
表 1.5.2	属性別にみた娯楽手段としての重要性認識	70
図 1.5.5	各メディアに対する信頼性認識	71
図 1.5.6	メディアの信頼性認識の経年変化	71
表 1.5.3	属性別にみたメディアの信頼性認識	72
図 1.5.7	迅速性に関するメディア選択の経年比較	73
図 1.5.8	信頼性に関するメディア選択の経年比較	74
図 1.5.9	趣味・娯楽性に関するメディア選択の経年比較	74
図 1.5.10	仕事上の有用性に関するメディア選択の経年比較	75
表 1.5.4	属性別にみた迅速性に関するメディア選択	76
表 1.5.5	属性別にみた信頼性に関するメディア選択	77
表 1.5.6	属性別にみた趣味・娯楽性に関するメディア選択	78
表 1.5.7	属性別にみた仕事上の有用性に関するメディア選択	78
図 1.6.1	各種メディアを介した動画視聴経験率	80
表 1.6.1	性別にみた動画視聴経験率	81
表 1.6.2	年齢層別にみた動画視聴経験率	81

2 メディア別にみた情報行動

表 2.1.1	この15年のインターネット利用率の年齢層別推移	84
表 2.1.2	属性別のインターネット利用率	85
図 2.1.1	機器別インターネット利用率の推移	87
表 2.1.3	日記式によるネット利用時間の推移	88
表 2.1.4	PCインターネット利用各項目の利用時間等	89
表 2.1.5	日記式調査によるPCインターネットの全体平均と行為者率,行為者平均時間	90
表 2.1.6	日記式調査によるPCインターネット利用の回帰分析	92
表 2.1.7	PCインターネット各項目の利用場所,利用時の生活基本行動	92
表 2.1.8	モバイルインターネット利用各項目の利用時間等	93
表 2.1.9	日記式調査によるモバイルインターネットの全体平均と行為者率,行為者平均時間	94
表 2.1.10	日記式調査によるモバイルインターネット利用の回帰分析	95
表 2.1.11	モバイルインターネット各項目の利用場所,利用時の生活基本行動	96
表 2.1.12	モバイルインターネット各項目の性差	97
表 2.1.13	モバイルインターネット各項目の全体平均の年齢層による差	97
表 2.1.14	モバイルインターネット各項目の行為者率の年齢層による差	98
表 2.1.15	モバイルインターネット各項目の行為者平均の年齢層による差	98
表 2.1.16	スマートフォンと従来型携帯電話利用者の比較	99
表 2.1.17	機器別インターネットの場所別,生活基本行動別分布	101
表 2.1.18	性別の機器別自宅インターネットの同時並行行動の比率	101

表 2.1.19	年齢層別の機器別自宅インターネットの同時並行行動の比率	101
表 2.1.20	機器別自宅インターネットの対象別同時並行行動の比率	102
表 2.1.21	機器別自宅インターネットの同時並行行動の比率（明細）	102
図 2.1.2	PC インターネットサービス利用頻度	104
表 2.1.22	性・年齢層別 PC インターネットサービス利用率	105
図 2.1.3	モバイルインターネットサービス利用頻度	106
表 2.1.23	性・年齢層別モバイルインターネットサービス利用率	107
表 2.1.24	性・年齢層別インターネット利用端末の違い	107
表 2.1.25	PC・モバイルインターネット双方利用者のサービス利用率・月間利用頻度	108
表 2.2.1	日記式調査によるテレビ放送の視聴時間と行為者率	110
表 2.2.2	テレビ視聴時間，テレビ視聴行為者率の回帰分析	111
表 2.2.3	録画番組のテレビ受信機による視聴実態（1 日あたり）	112
表 2.2.4	日記式調査による録画番組の視聴時間と行為者率，行為者平均時間	113
表 2.2.5	録画番組の視聴時間と行為者率，行為者平均時間の回帰分析	114
表 2.2.6	テレビと他の行動の同時並行行動（時間と並行行動率）	116
図 2.2.1	年齢層別にみたテレビとモバイルネット同時並行時間とテレビ視聴時間に占める割合	118
表 2.2.7	10 代におけるテレビとモバイル／パソコンとの同時並行行動	119
表 2.2.8	20 代におけるテレビとモバイル／パソコンとの同時並行行動	120
図 2.2.2	10 代におけるテレビとモバイルネットのながら（15 分ごとの並行比率）	121
図 2.2.3	ふだんよく見るテレビ番組	122
表 2.2.9	性・年齢層別「よく見ているテレビ番組」	123
表 2.2.10	ニュース接触率・接触時間	123
表 2.2.11	性・年齢層別ニュース接触率	124
表 2.2.12	性・年齢層別 1 日あたりのニュース接触時間	124
表 2.3.1	新聞閲読時間・行為者率と 2010 年調査結果との比較	126
表 2.3.2	新聞閲読に関する回帰モデルによる分析結果	128
表 2.3.3	書籍の閲読時間・行為者率と 2010 年調査結果との比較	130
表 2.3.4	雑誌の閲読時間・行為者率と 2010 年調査結果との比較	131
表 2.3.5	マンガの閲読時間・行為者率と 2010 年調査結果との比較	133
表 2.3.6	属性別ラジオ聴取時間・行為者率	134
表 2.3.7	場所別ラジオ聴取時間	135
表 2.3.8	機器別 DVD・ブルーレイの性・年齢層別利用状況	136
表 2.3.9	機器別オフラインゲームの性・年齢層別利用状況	137
表 2.3.10	固定電話による音声通話行動	138
表 2.3.11	モバイルによる音声通話行動（ネット通話を除く）	139
表 2.3.12	インターネットによる音声通話行動	140

表 2.3.13　機器別インターネットによる音声通話行動 …………………………………… 140

3　ソーシャルメディアと動画サイトの利用

表 3.3.1　性・年齢層別 SocM 利用率・アクティブ率 …………………………… 148
図 3.3.1　性・年齢層別 10SocM 利用・アクティブ利用分布 ………………………… 150
図 3.3.2　性・年齢層別 10SocM 利用数分布 ……………………………………… 150
図 3.3.3　性・年齢層別 10SocM 利用頻度分布 …………………………………… 151
表 3.3.2　10SocM・個別 SocM 利用に関する名義ロジスティクス回帰分析
　　　　　結果 …………………………………………………………………………… 151
表 3.3.3　社会経済的属性別 10SocM 利用率 …………………………………………… 152
表 3.3.4　10SocM アクティブ利用により有意差のみられた社会心理的変数
　　　　　（10 代〜30 代）……………………………………………………………… 153
表 3.3.5　10SocM アクティブ利用により有意差のみられた社会心理的変数
　　　　　（40 代〜60 代）……………………………………………………………… 154
表 3.4.1　10SocM 単独利用率・LINE 併用率 ………………………………………… 157
表 3.4.2　性・年齢層別 10SocM 利用率上位 4 位 …………………………………… 157
表 3.5.1　LINE，facebook，Twitter の利用パターン（fBLT）……………… 159
図 3.5.1　社会経済的属性別 fBLT 分布 ………………………………………………… 160
図 3.5.2　fBLT 別年齢層分布 …………………………………………………………… 160
図 3.5.3　fBLT 別婚姻状況分布 ………………………………………………………… 161
図 3.5.4　fBLT 別学歴分布 ……………………………………………………………… 161
図 3.5.5　fBLT により有意差のみられた社会心理的変数（I）……………………… 162
図 3.5.6　fBLT により有意差のみられた社会心理的変数（II）……………………… 163
図 3.6.1　性・年齢層別動画サイト利用率・頻度 ……………………………………… 165
図 3.6.2　社会経済的属性による動画サイト利用率・頻度 …………………………… 166
図 3.7.1　10SocM 利用と動画サイト利用との関係 …………………………………… 167
表 3.7.1　10SocM 利用ごとの動画サイト利用平均値の比較 ………………………… 168
表 3.7.2　10SocM，ネット動画利用・非利用の組合せ ……………………………… 168
図 3.7.2　SocM・動画各群ごとの性・年齢層分布 …………………………………… 169
図 3.7.3　SocM・動画による有意差のみられた社会心理的変数（I）……………… 170
図 3.7.4　SocM・動画による有意差のみられた社会心理的変数（II）……………… 170
図 3.8.1　性・年齢層別 TV 番組関連書込・投稿有無・頻度 ………………………… 172
図 3.8.2　性・年齢層別クチコミ効果による TV 番組視聴有無・頻度 ……………… 172
図 3.8.3　性・年齢層別動画サイト視聴における TV 番組映像割合 ………………… 173
図 3.8.4　TV 関連書込・投稿，クチコミ効果と動画サイト TV 映像割合との
　　　　　関係 …………………………………………………………………………… 173
表 3.8.1　クチコミ効果と TV 関連書込・投稿との関係 ……………………………… 174
表 3.8.2　TV 関連書込・投稿，クチコミ効果とメディア接触との関係 ………… 174
図 3.8.5　SocM アクティブ利用と TV 関連書込・投稿 ……………………………… 177

図3.8.6　SocMアクティブ利用とクチコミ効果 …………………………………… 178

4　この20年間でのテレビ視聴 vs. ネット利用
図4.1.1　年齢層別テレビ視聴時間の推移 …………………………………………… 183
図4.1.2　年齢層別テレビ視聴行為者率の推移 ……………………………………… 184
図4.2.1　年齢層別在宅時間の推移 …………………………………………………… 185
図4.2.2　年齢層別テレビ／ネット利用時間の対在宅時間比率 …………………… 186
図4.2.3　モバイルネット利用時間 …………………………………………………… 187
図4.2.4　PCネットとモバイルネットの利用時間推移（全体・10代・20代） … 187
図4.2.5　テレビとネット利用時間の推移（10代）………………………………… 188
図4.2.6　テレビとネット利用時間の推移（20代）………………………………… 188
表4.2.1　2000年調査のおもなメディア利用行動（10代〜60代平均）………… 188
図4.3.1　10代時刻別テレビ視聴行動率の推移（15分刻み）……………………… 189
図4.3.2　20代時刻別テレビ視聴行動率の推移（15分刻み）……………………… 189
図4.3.3　10代テレビ視聴行動率とネット利用率の時刻別推移（15分刻み）…… 190
図4.3.4　20代テレビ視聴行動率とネット利用率の時刻別推移（15分刻み）…… 190
図4.4.1　10代時刻別ネット利用の内訳（15分刻み）……………………………… 192
図4.4.2　20代時刻別ネット利用の内訳（15分刻み）……………………………… 192
図4.5.1　「配偶者あり」の時刻別テレビ，ネットの利用率（30代）…………… 193
図4.5.2　「配偶者なし」の時刻別テレビ，ネットの利用率（30代）…………… 193
図4.5.3　配偶者の有無によるテレビ，ネット平均利用時間（30代）…………… 194

5　移動と情報行動
表5.2.1　移動中の生活行動と情報行動 ……………………………………………… 200
図5.2.1　移動中の各情報行動の行為者率（男女別）……………………………… 202
図5.2.2　移動中の各情報行動の行為者率（年齢層別）…………………………… 202
図5.2.3　移動中の各情報行動の行為者率（学歴別）……………………………… 203
表5.3.1　コミュニケーションに関する意識の因子分析 …………………………… 204
表5.3.2　移動中の通信行動に関する重回帰分析 …………………………………… 205
図5.3.1　移動中の通信行動の行為者別にみたメディア利用 ……………………… 206

6　情報行動における年齢・時代・世代効果の検討
表6.4.1　情報目的の各メディアの重要性評価（平均値）のコーホート表 …… 217
表6.4.2　娯楽目的の各メディアの重要性評価（平均値）のコーホート表 …… 217
表6.4.3　1日あたりのテレビ視聴時間（平均値）のコーホート表 …………… 218
表6.4.4　1日あたりの新聞閲読時間（平均値）のコーホート表 ……………… 219
表6.4.5　1日あたりのウェブ利用時間（平均値）のコーホート表 …………… 219
表6.5.1　各メディアの情報目的の重要性評価に関する階層的APC分析結果 … 221
図6.5.1　各メディアの情報目的の重要性評価に対する時代効果の推定結果 …… 222

図 6.5.2	情報目的の新聞の重要性に対する世代効果の推定結果	223
図 6.5.3	情報目的のネットの重要性に対する世代効果の推定結果	224
表 6.5.2	各メディアの娯楽目的の重要性評価に関する階層的 APC 分析結果	225
図 6.5.4	各メディアの娯楽目的の重要性評価に対する時代効果の推定結果	226
図 6.5.5	娯楽目的の新聞の重要性評価に対する世代効果の推定結果	227
表 6.5.3	1 日あたりのテレビ視聴時間に関する階層的 APC 分析結果	228
図 6.5.6	1 日あたりのテレビ視聴時間に対する世代効果の推定結果	229
表 6.5.4	1 日あたりの新聞閲読時間に関する階層的 APC 分析結果	230
図 6.5.7	1 日あたりの新聞閲読時間に対する時代効果の推定結果	230
表 6.5.5	1 日あたりのウェブ利用時間に関する階層的 APC 分析結果	231
図 6.5.8	1 日あたりのウェブ利用時間に対する時代効果の推定結果	232
図 6.5.9	1 日あたりのモバイルウェブ利用時間に対する世代効果の推定結果	232

7 ソーシャルメディア利用と他のネット利用の関連

図 7.1.1	2012 年から 2014 年の年齢層別ソーシャルメディア行為者率	239
表 7.1.1	性・年齢層別のソーシャルメディア利用時間と行為者率	240
表 7.2.1	ソーシャルメディア利用時間と他のネット利用時間の相関（日別・機器別ネット行為者のみ）	242
表 7.2.2	ソーシャルメディア行為有無によるネット利用時間の差（日別・機器問わず・汎ネット利用者のみ）	243
表 7.2.3	ソーシャルメディア利用有無によるネット利用時間の差（日別・汎モバイルネット利用者のみ）	244
表 7.2.4	ソーシャルメディア利用有無によるネット利用時間の差（日別・汎ＰＣネット利用者のみ）	244
表 7.2.5	ソーシャルメディア利用日と非利用日の各ネット利用時間の差	245

執筆者一覧（執筆順）

橋元良明　　東京大学大学院情報学環（序 /0/2.1.1/2.2.2/4）
北村　智　　東京経済大学コミュニケーション学部（1.1/1.2/2.3.1/2.3.2/6）
森　康俊　　関西学院大学社会学部（1.3/1.4）
辻　大介　　大阪大学大学院人間科学研究科（1.5/1.6）
河井大介　　東京大学大学院情報学環（2.1.2/2.1.3/2.3.3/2.3.4/2.3.5/7）
小笠原盛浩　関西大学社会学部（2.1.4/2.2.3）
是永　論　　立教大学社会学部（2.2.1/5）
木村忠正　　立教大学社会学部（3）

編者略歴

1955 年　京都市に生まれる
1978 年　東京大学文学部心理学科卒業
1982 年　同大学大学院社会学研究科修士課程修了
現　在　東京大学大学院情報学環教授

主要著書

『背理のコミュニケーション──アイロニー・メタファー・インプリケーチャー』(勁草書房, 1989 年),『コミュニケーション学への招待』(編著, 大修館書店, 1997 年),『メディア・コミュニケーション論』(共編著, 北樹出版, 1998 年),『講座 社会言語学 2　メディア』(編著, ひつじ書房, 2005 年),『メディア・コミュニケーション学』(編著, 大修館書店, 2008 年),『ネオ・デジタルネイティブの誕生──日本独自の進化を遂げるネット世代』(共著, ダイヤモンド社, 2010 年),『メディアと日本人──変わりゆく日常』(岩波書店, 2011 年),『日本人の情報行動 2010』(編著, 東京大学出版会, 2011 年),『メディア学の現在(新訂第 2 版)』(分担執筆, 世界思想社, 2015 年),『よくわかる社会情報学』(分担執筆, ミネルヴァ書房, 2015 年).

日本人の情報行動 2015

2016 年 8 月 22 日　初　版

［検印廃止］

編　者　橋元良明(はしもとよしあき)

発行所　一般財団法人　東京大学出版会

代表者　古田元夫

153-0041 東京都目黒区駒場 4-5-29
http://www.utp.or.jp/
電話 03-6407-1069　Fax 03-6407-1991
振替 00160-6-59964

印刷所　株式会社三秀舎
製本所　誠製本株式会社

© 2016 Yoshiaki Hashimoto, editor
ISBN 978-4-13-050190-3　Printed in Japan

JCOPY 〈(社)出版者著作権管理機構　委託出版物〉
本書の無断複写は著作権法上での例外を除き禁じられています. 複写される場合は, そのつど事前に, (社)出版者著作権管理機構(電話 03-3513-6969, FAX 03-3513-6979, e-mail: info@jcopy.or.jp)の許諾を得てください.

松田　美佐 土橋　臣吾　編 辻　　泉	ケータイの 2000 年代 成熟するモバイル社会	A5版　5400 円
丹羽　美之 藤田　真文　編	メディアが震えた テレビ・ラジオと東日本大震災	四六判　3400 円
稲葉　昭英ほか編	日本の家族　1999-2009 全国家族調査［NFRJ］による計量社会学	A5版　5400 円
辻　　竜平 佐藤　嘉倫　編	ソーシャル・キャピタルと格差社会 幸福の計量社会学	A5版　3800 円
樋口　美雄 府川　哲夫　編	ワーク・ライフ・バランスと家族形成 少子社会を変える働き方	A5版　4200 円
佐藤　郁哉　著	社会調査の考え方［上］	A5版　3200 円
佐藤　郁哉　著	社会調査の考え方［下］	A5版　3200 円

ここに表示された価格は本体価格です．ご購入の際には消費税が加算されますのでご了承下さい．